영화의 의미작용에 관한 에세이 2

영화의 의미작용에 관한 에세이 **2**

PARADIGMA 5

크리스티앙 메츠

이수진 옮김

문학과지성사 2011

파라디그마 5
영화의 의미작용에 관한 에세이 2

제1판 제1쇄 2011년 11월 21일
제1판 제2쇄 2025년 4월 3일

지은이 크리스티앙 메츠
옮긴이 이수진
펴낸이 이광호
펴낸곳 ㈜문학과지성사
등록번호 제1993-000098호
주소 04034 서울 마포구 잔다리로7길 18(서교동 377-20)
전화 02)338-7224
팩스 02)323-4180(편집) 02)338-7221(영업)
전자메일 moonji@moonji.com
홈페이지 www.moonji.com
ISBN 978-89-320-2259-8
ISBN 978-89-320-2257-4(전 2권)

서문

1967년부터 준비 과정을 거쳐 1968년에 출간된『영화의 의미작용에
관한 에세이』제1권은 1964년부터 1967년까지 집필되고 1964년부터
1968년 사이 발표된 논문을 모은 책이다. 이어서 준비된『영화의 의미
작용에 관한 에세이』제2권은 이후 발표된 논문들을 모았다. 즉 1967년
부터 1971년 사이에 집필된 후 1968년과 1972년 사이 발표된 논문들을
말한다. 또한 제8장, 제9장 논문의 경우 1971년에 집필된 후 이 책에서
처음 소개되었다. 이 책의 제1부는 영화의 전통 이론을 중심으로 하여
기존에 발표된 연구 논문 두 편을 모았다.

* * *

영화를 주제로 한 글이더라도 너무 단순하거나 상황을 설명하는 데 초
점을 맞춘 논문들은『영화의 의미작용에 관한 에세이』제1권, 제2권에서
배제했다. 뿐만 아니라 1971년 출간된『랑가주와 영화 *Langage et cinéma*』
(라루스Larousse 출판사)에서 더 심화된 내용을 담고 있는 논문들 역시

포함시키지 않았다. 또한 영화 외적인 다른 문제를 다루고 있는 논문 역시 모두 제외했다.

* * *

이 책 제5장, 제8장, 제9장은 최근에 집필된 경우이다. 이 세 편을 제외한 다른 논문들은 『영화의 의미작용에 관한 에세이』 제1권에서 그랬듯이 전혀 수정하지 않았다. 왜냐하면 수정이란 책 전체 관점에서 통일성을 최대한 살리며 반복을 피하기 위한 작업인데, 그 과정에서 기존 작업의 아카데믹한 부분만을 강조하여 자연스러운 부분이 사라지는 역효과를 낸다고 보았기 때문이다.

아주 미비한 수정을 제외하고 이 책에 실린 논문들은 모두 처음 발표되었을 때 그대로의 형태이다. 어쩔 수 없이 반복된 몇몇 세부 사항을 빼고 각주 역시 당시 형태대로 실었다. 각 논문의 제목 하단에 집필 시기, 출간 시기, 발표된 학술지를 밝혔다. 몇몇 논문은 집필 시기와 출간시기 사이에 상당한 차이가 있기도 하다. 1971년 이 책을 준비하면서 새롭게 설명이 필요하다고 판단된 경우에는 별도의 표시를 하고 각주에 부연했다.

* * *

이 책에 실린 논문들이 최초로 발표된 다음 학술지에 진심으로 감사의 마음을 전한다. 『비평Critique』 『미학 연구Revue d'esthétique』 『말Word』(미국), 『사회과학에 관한 연구Information sur les sciences sociales』(유네스코), 『카이에 뒤 시네마Cahiers du cinéma』 『메시지Messages』(보르도), 『코뮈니카시옹Communications』 『세미오티카Semiotica』(국제기호학협회).

제4장 논문을 출판해준 헤이그의 무통Mouton 출판사와 제10장에 실

린 대담에 응해준 레몽 벨루르Raymond Bellour, 그리고 에른Herne 출판
사에도 감사의 뜻을 전한다.

1971년 10월 파리에서

일러두기

이 책에서는 메츠가 다양한 방식으로 강조하고자 했던 용어들을 다음과 같이 구분한다.

1) 다른 참고문헌의 직접 인용의 경우, " "로 표기한다.

2) 강조하려는 표현 혹은 문장에 사용된 《 》표기는 번역 과정에서 ' '로 대신한다.

3) 원전에서 사용된 — : ; 등 국내에서 문장부호로 잘 쓰이지 않는 부호들은 문맥에 따라 쉼표와 괄호로 대체한다.

4) 가급적 원전에 충실하여 번역하고자 노력했으나 문맥 이해를 위해 약간의 윤색 과정을 거쳤고, 저자의 문체 특징이라고 할 수 있는 만연체, 쉼표, 괄호, 부연 설명, 관계대명사의 빈번한 사용 등 한국어로 옮겼을 때 독서를 어렵게 만드는 부분은 가급적 괄호로 대체하거나, 두 문장으로 구분했다.

제1부

영화의 전통적 이론에 관하여

— 장 미트리의 이론을 중심으로

이 책 제1부를 통해 영화 이론 역사상 '전통적'인 관점을 견지하는 시기를 살펴보고자 하며, 이 과정에서 이정표가 될 만한 매우 중요한 작품 한 권을 중심으로 논지를 전개하고자 한다. 이를 통해 특히 1963년부터 1966년까지 문제가 되었던 주요 사안들이 무엇인지 생각해보게 될 것이다.

언급한 대략 3년 동안의 시기는 1968년부터 1969년까지 이론적인 쇄신이 일어나기 직전까지에 해당한다. (바로 직전이라고 할 수도 있겠지만 한편으로 아주 오래전이라고 할 수도 있다.) 이는 무성영화를 둘러싼 훌륭한 이론들이 등장한 시기를 한참 지나서였으며, 바쟁의 이론이 각광받은 직후였다. 영화학 filmologie에 관해서는 더 이상 논의를 멈춘 시기이기도 하다.

1963년부터 1966년까지를 일종의 공백기라고 부를 수 있을 텐데 심지어 이 글이 집필된 시점까지도 여전히 공백기 같다는 인상을 주고 있다. 이미 존재하고 있었지만 전환기를 겪으면서 잊힌 이론이 있고, 사람들은 이에 대해 충분한 관심을 쏟지 않기 때문이다.

특히 장 미트리Jean Mitry의 이론서는 주목할 만한 그 가치에도 불구하고 우호적이건 비판적이건 그 어떤 반향도 일으키지 못했다. 그의 저서는 여태껏 축적되어왔던 전통에 상당히 중요한 내용을 보완하는 역할을 할 수 있었지만, 출간 당시에는 제대로 인정을 받지 못했다.

이 시기는 사실 필자가 「영화——랑그인가 랑가주인가?」라는 글을 통해 영화 기호학의 야심찬 계획을 시작하던 때(1964)와 일치하기도 한다(『영화의 의미 작용에 관한 에세이』 제1권 제3장 참조). 앞의 글에서 이미 밝혔듯이 필자는 영화 기호학이 단독적으로 시작된 고유한 학문이라고 확신하지 않는다. 영화 기호학은 선행하는 모든 학문의 영향을 받고 있다. 선행 연구에 대한 이해는 단지 부수적인 목표가 아니라 영화 기호학이 학문으로서 가치를 인정받고 효율적이 되기 위해서 반드시 이루어야만 하는 작업이라고 할 수 있다. 진정한 혁신은 이와 같은 과정을 통해서 의미를 얻을 수 있다. 선행 연구를 외면하는 일은 결과적으로 착각과 오류의 가능성을 높일 뿐이다. 따라서 필자는 장 미트리의 저서를 꼼꼼하게 살피면서 영화 이론에서 중요한 위치에 놓을 수 있는 그 가치에 대해 역설하고자 한다.

* * *

장 미트리는 영화에서 이야기의 중요성을 피력한 바 있는데, 필자도 그와 마찬가지로 동일한 가치를 부여하면서 연구를 진행했다. 특히 필자에게는 유사성, 재현, 영화가 만들어내는 현실 효과 정도, '현상학적인' 특성 등이 주요 관심사였다. 시각 기호학의 초기에는 유사성에 기반을 둔 측면l'analogique과 약호에 기반을 둔 측면le codé을 서로 대립하는 것으로 보았다. (이 부분에 관해서는 이 책 제3부에서 상세히 살펴보기로 한다.) 기호학을 언어학에 포함되는 학문이라고 한다면, 언어학에서 자의적인 것과 약호화된 것은 잠정적으로 혹은 일시적으로 서로 뒤섞이기도 한다. 초기 기호학에서는 유사성이 그 자체로서 몇몇 약호의 결과로 생겨날 수 있다고 생각하지 못했다. 유사성을 만들어내는 약호작용에는 약호가 부재하는 것처럼 보인다. 오늘날에도 마찬가지이지만 현실효과를 비판하고자 한다면 제일 먼저 현실 같다는 착각을 일으키는 그 현실성에 대해 고려해야만 할 것이다. 동일한 맥락에서 자의적인 약호들과 유사성에 근거한 약호들 사이의 차이가 무엇인지에 관해서도 고려해야만 한다. 물론 오늘날에는 초기 기호학과 달리 유사성에 근거한 약호들 역시 약호로 간주하고 있다.

* * *

영화의 전통 이론은 고전적인 전통 영화에 관한 이론이기도 하다. 전통 영화는 연극을 표절하고 모방하는 차원에서 벗어나려는 시기를 거치면서 만들어졌다. 영화가 연극을 모방하는 일은 매우 쉬운 방식으로 작품을 만드는 유혹 중 하나라고 할 수 있다. 이후 소설이 걸어왔던 길을 따라 영화를 만들었고, 상당수의 영화가 이러한 방식을 따르고 있다. 반면 다른 종류의 영화는 새로운 시도를 행한다. (그리하여 이러한 종류의 영화는 지적인 이미지를 만들게 되었다.) 이 책에서 다루고 있는 글들은 소설-영화에 관한 이론이다. 그 배경에는 연극과 구별되는 차이점이 언제나 깔려 있다.

* * *

이 책에서 다루었던 문제들이 오늘날에 이르러서는 새롭게 조명되기도 하고, 당시에 중요한 위치를 차지했던 작가들에 관한 생각 역시 오늘날에는 새롭게 변화하기도 했다. 최근 몇 년간의 공백기를 거친 후에 이론적 논쟁에 대한 관심사가 증폭되었다. 이제 외면당했던 선구자적인 연구의 원전 상태를 살펴보면서, 필자의 이론을 시작하는 그 시발점으로 영화의 전통 이론을 삼고자 한다.

제 1 장

영화에 관한 사유의 1단계

장 미트리의 『영화의 미학과 심리학*Esthétique et psychologie du cinéma* — 구조*Les structures*』 제1권(Paris: Éditions Universitaires, 1963)에 관하여 1964년 집필. 이 글은 1965년 3월 『비평』 제214호(Paris: Éditions de Minuit), pp. 227~48에 수록되었다. * 이 글에서 메츠는 미트리의 책 『영화의 미학과 심리학』 순서대로 그 논지를 설명하고 있다. 따라서 설명 뒤에 특별한 각주 없이 인용된 페이지 번호는 모두 미트리의 책을 의미한다. (옮긴이)

장 미트리가 집필한 상당한 분량의 저서 중 제1권이 얼마 전 출간되었다(제2권은 1965년 중반에 『형태*Les formes*』란 제목으로 출간될 것이다). 이 책의 등장을 영화 이론의 역사에서 중요한 전환기로 봐야만 한다. 미트리의 저서는 세상에서 볼 수 있는 모든 영화를 전반적으로 다루는 방대한 연구이다. 미트리는 이덱IDHEC*의 교수이자 영화 역사가로서, 또한 유니베르시테르Universitaires 출판사의 '영화의 고전' 시리즈 감수자이자 단편영화 「드뷔시를 위한 이미지Images pour Debussy」 「태평양 231Pacific 231」을 연출한 감독으로 이미 알려진 인물이다. 요컨대 『영화의 미학과 심리학』의 저자는 영화 분야에서 전문가라는 뜻이다. 그의 책은 20여 년간의 독서와 사유를 거쳐, 영화계에서 직접 경험한 부분까지 포함한

* (옮긴이) 1943년에 건립된 영화고등교육기관L'institut des hautes études cinématographiques. 프랑스 파리 소재. 1986년 통칭 페미스Fémis(Fondation européenne des métiers de l'image et du son)로 불리는 교육기관으로 계승되었다. 페미스는 현재 최고의 프랑스 영상·음향 국립 고등교육기관École nationale supérieure des métiers de l'image et du son으로 인정받고 있다. IDHEC이 배출한 프랑스 감독으로 알랭 레네, 자크 로지에, 루이 말, 테오 앙겔로풀로스, 앙드레 테시네, 장-자크 아노, 아르노 데플레셍 등이 있다.

방대한 축적물인 것이다. 이 책은 도처에서 토론을 불러일으키기에 마땅하며 반대하는 입장도 필수불가결할 것이다. 그의 주장을 비판하는 의견들은 『영화의 미학과 심리학』이 워낙 다루는 문제가 많고 그 양도 상당하기에 어쩔 수 없이 따르는 이면이라고 할 수 있다. 다시 한 번 강조하건대 『영화의 미학과 심리학』은 오늘날 영화를 연구 대상으로 하는 수많은 저서 중에서 가장 진지한 태도로 영화에 관한 총체적이고 통합적인 진단을 시도한 책이라고 할 수 있다.

영화에 관한 상당수의 책은 단순한 기삿거리 수준의 평을 내놓기 일쑤이다. 우선 영화 서적이라고 비교적 명확히 구분할 수 있는 영화 비평과 영화 역사에 해당하는 책들이 있다. 이외에도 일반적으로 영화와 관련된 책 중에 우리가 '영화 이론'이라고 부르는 범주가 있다. 시네아스트 cinéaste가 직접 집필한 책들, 비평가들이 쓴 책들 혹은 영화 애호가들이 쓴 책들. 이상의 영화 이론에 속하는 책들은 영화 체제institution* 내부에 속하면서 영화를 무엇보다도 예술의 한 장르로 생각한다. 마지막으로 영화 이론보다 뒤늦게 등장한 분야로서 '영화학'의 관점을 도입한 책들을 들 수 있다. 이 경우는 영화 외부에서 영화를 바라보는 입장으로서 심리학, 사회학, 생리학, (드물게) 미학 등의 차원을 끌어들여 영화 작품을 하나의 현상으로서 파악한다. 영화 이론과 영화학은 종종 약간의 긴장관계 속에 놓이기도 한다. 원래는 서로 보완하고 도와주는 협력관계가 마땅함에도 불구하고 말이다. 이 두 분야는 영화 자체에 주목한다는 공통점을 갖고 있다. 또한 영화감독, 영화 장르, 제작 국가 등에 관심을 쏟는 다른 연구들과 반대 입장에 있다는 점에서 통한다. 약간은 '영화학자'가 되지 않고서 어떻게 영화를 이해할 수 있을까? 사실 영화는 그 경계를 넘어서는 다른 많은 현상을 작품 속에 담고 있지 않은가?

---

* (옮긴이) 메츠가 말하는 영화 체제는 영화 산업, 영화 담론부터 관객이 영화관에 가는 행위를 가능하게 하는 근본적 정신 에너지까지 영화 세계를 구성하는 생산, 소비, 담론 등을 모두 포괄하는 거대 단위를 의미한다.

약간은 '이론가'가 되지 않고서 어떻게 영화를 이해할 수 있을까? 사실 영화는 작품을 만드는 시네아스트 없이는 아무것도 아니지 않을까? 장 미트리 저서의 장점 중 하나는 앞서 언급한 두 범주의 입장을 모두 포함하면서 이 둘 사이의 화해를 도모한다는 점이다. 두 분야 모두를 고려하면서 심화된 사유 과정을 밟고 있는 것이다. 미트리는 당시까지 중요한 기여를 했다고 판단되는 여덟 명의 작가,* 벨라 발라즈Béla Balázs, 루돌프 아른하임Rudolf Arnheim, 장 엡스탱 Jean Epstein,** 에이젠슈테인 Eisenstein,*** 앙드레 바쟁André Bazin, 알베르 라파이Albert Laffay, 질베르 코앙-세아Gilbert Cohen-Séat, 에드가 모랭Edgar Morin 등을 참조했다. 하지만 여덟 명 학자의 이론에 귀 기울였다고 해서 장 미트리가 무턱대고 그들의 책을 남용하는 일은 결코 없었으며, 『영화의 미학과 심리학』은 매우 독창적인 연구임에 틀림없다.

* * *

『영화의 미학과 심리학』 제1권의 「서론」(pp. 9~45)에 이어 미트리는 '영화와 랑가주'의 관계를 정면으로 파고든다(pp. 47~63). 일반적으로

---

* 이 논문을 집필하던 당시와 비교해서 오늘날(1971)에는 이 판단에서 두 가지 정도 변화가 생겼다는 점을 밝히려고 한다. 첫째 장 엡스탱의 연구는 그 명민함에도 불구하고 너무 산만하고 정리되지 않았다는 결론이다. 그의 글은 너무 이상에 들떠 있다. 자의에 의해서건 타의에 의해서건 초기 영화가 불러일으켰던 열광적인 반응을 증명하듯 흥분에 휩싸여 있다. 두번째는 러시아 형식주의자들에 관해서인데, 당시에는 이 학파에 관해 아는 바가 전혀 없었기에 그 어떤 판단도 할 수 없었다. 지난 몇 년 동안, 특히 『카이에 뒤 시네마』의 노력을 통해 몇몇 학자의 저서가 번역되었다. 따라서 러시아 형식주의자들이 영화 연구에 심혈을 기울였다는 사실을 알게 되었고, 1960년대까지 중요한 업적을 남긴 학자들 사이에 거론되어야 한다는 생각을 하게 되었다.

** 1926년경부터 장 미트리는 엡스탱과 친분을 쌓고, 두 사람은 영화에 관한 책을 공동 집필할 계획을 추진했으나 안타깝게도 실현되지 못한다. 『영화의 미학과 심리학』 도처에서 엡스탱의 영향력을 발견할 수 있다. 물론 미트리의 입장에서 철저히 재再사유된 형태로 말이다.

*** 에이젠슈테인이 파리에 머무는 시기 동안 장 미트리는 몇 번의 대화를 나눌 기회를 가졌다. 『영화의 미학과 심리학』의 몇몇 문단에서 그 흔적을 찾아볼 수 있다.

영화는 랑가주가 아니라고 간주된다. 하위 수준에서 보면 영화는 현실을 재현한다. 단순한 모방인 셈이다. 약간 상위 수준에서 보면 영화는 상상의 구축물이다. 유사-세계pseudo-monde이며, 현실을 닮게 만들어진 세상이다. 요컨대 예술적인 창작물이지 랑가주의 생산물은 아니다. **사진적인** 특성을 고려하면 영화는 현실에 너무나 충실하다. 한편 편집*과 **배열**의 특성을 고려하면 영화는 너무나 자유롭게 구성된다. 따라서 언제나 영화는 랑가주의 수준에 약간 못 미치거나 혹은 그 수준을 훨씬 넘어선다. 조금 성급하게 결론부터 이야기하자면 이상에서 간단하게 언급한 이유 때문에 미트리의 주장은 이론가들 사이에서 논쟁의 대상이 된 것이다. 영화와 랑가주의 관계에 대한 일반적 의견에 반박한 글을 그의 책 53페이지에서 인용해보자.

영화는 우선 이미지들이다. 어떤 대상의 이미지들이다. 〔……〕 그러나 이 이미지들은 선택된 내레이션을 따라 배열된다. 〔……〕 이미지들은 단어와 같은 기호로만 생각할 수 없다. 이미지들은 우선적으로 사물이다. 〔……〕 무엇인가의 재현이란 차원에서 그리고 재현 덕분에 사물은 랑가주가 된다. 심화된 차원에서 이미지는 랑가주이다. 물론 이미지가 미학적인 특성을 배가시킬 수 있는 추상적인 형태는 아니지만 랑가주의 속성이 배가된 미학적 특성 자체라고 볼 수는 있다. 결론적으로 영화는 예술과 랑가주가 서로 혼합되어 있는 유기체이다.

영화를 구성하는 '재생산, 예술, 랑가주'라는 세 가지 심급 사이의 관계를 상정하는 방식은 대단히 흥미로운 가정을 제기한다. 영화에서 사

---

* (옮긴이) 프랑스어 montage는 일반명사로서 편집을 의미하기도 하지만, 무성영화 시대의 러시아 영화에서 발견할 수 있는 몽타주 기법, 그 형식적인 특성을 강조한 용어로도 사용된다. 한국어로는 후자의 경우 원어를 그대로 차용하고, 전자의 경우 편집으로 번역하는 경우가 일반적이기에, 이 책에서도 문맥에 따라 편집과 몽타주 두 단어로 번역하고자 한다.

진적인 복제 특성이나 예술적 구성에 이의를 제기한다면 결과적으로 명백한 사실을 이중으로 부인하는 셈이다. 영화 담론을 랑가주 영역으로부터 멀리 밀어내기 위해 사진적인 재현과 예술적 구성에 초점을 맞춘다면 이는 세부 사항에서 진지한 분석을 시작하기도 전에 기호학적인 접근을 원천봉쇄해버리는 행위이다. 이러한 입장은 랑가주의 현상들이 지니는 특성이나 확장 가능성을 부당하게 편견으로 막아버리는 것이기도 하다. 모든 의미작용 시스템이 음성 랑가주의 형태와 동일해야 한다는 주장의 근거가 될 만한 어떤 것도 없다. 몇몇 의미작용 시스템은 그 구조에서 음성언어와 같이 분절되는 랑가주가 아닐 수 있다. 바로 이 차이로 인해, 그 특성과 다양한 가능성으로 인해 (심지어 언어학자들에게도 연구 대상이 되어야 할 것이며[1]) 새로운 연구를 필요로 하는 대상이 존재하는 것이다. 소쉬르가 애초에 소망했던[2] 일반 기호학이 언젠가 실현될 수 있다면, 기호학은 무엇보다 우리의 음성언어와 매우 다른 랑가주를 연구 대상으로 삼아야 할 것이다. 이 경우 언어학적인 방법론은 더욱 그 가치를 인정받을 수 있다. 언어학적 방법론은 음성언어와 다른 랑가주 사이의 차이를 규명하는 데 매우 정확하고 적합한 방식으로 기여할 수 있을 것이다. 오랜 시간의 작업을 요하는 야심찬 계획이라고 하겠는가? 그래도 한번쯤 도전해볼 만하지 않겠는가? 기호학이라고 지칭되는 영역에서 다른 모든 '랑가주'를 제외시키는 일은 언어학을 가장 부정적인 방향으로 사용하는 길이다.

영화가 중요한 이유는 바로 우리가 영화를 새로운 유형의 랑가주라고 가정하기 때문이다. 그 내부에 현실을 재생산하는 파편들을 내포하고 있는 랑가주이며, 그 자체가 예술의 창작 노력으로 둘러싸인 랑가주이다. 예술과 기호학의 관계를 조명하기란 쉽지 않다. 게다가 아무도 기호학의 정통성에 특별한 관심을 기울이지 않는다. (이 주제에 관심을 가진 연구자로 에릭 뷔상스Eric Buyssens가 있다.[3]) 영화는 이 문제에 주목하면서 정확한 답을 제시할 필요가 있다. 부인하거나 외면하지 않고 말이다.

일반 언어학이나 기호학의 현재 연구 결과를 보면 영화가 현실을 유사하게 재현하는 사실이나 예술적 구성 때문에 랑가주의 다양한 형태를 포함하고 있는 영역에서 배제되어야 한다고 설득할 만한 근거가 없다. 의미작용에 관한 일반적인 연구의 입장에서 보면 어떤 내용을 이야기하고자 하는 의도에서 말해진 대상을 포함하는 모든 시스템을 랑가주의 현상으로서 간주할 수 있다(넓은 의미에서 대상을 관찰할 수는 있으나 특정 용어를 사용하기란 아직까지는 어려운 상황이다).[4] 비非언어 랑가주에서 이중분절이 없는 것은 중요한 특성이며,[5] 언어학적인 분석의 영향을 받은 방법론으로 그 차이를 규명할 때까지 연구해볼 만한 주제이다. 이러한 맥락에서 기호학자는 (미트리 본인이 스스로 그러했듯) 영화인의 작업을 포함할 수 있는 폭넓은 범주에서 문제를 생각할 필요가 있다.

이 주제와 관련해 뷔상스의 논지[6]를 발전시킨 미트리는 모든 상징체계는 필연적으로 어떤 생각을 전제로 한다고 설명한다(p. 59). 왜냐하면 바로 이 생각이 상징을 만들어내기 때문이다. 관념화는 분명 다른 시스템보다 언어와 더 밀접한 관계, 적어도 매우 분명한 형태로 나타나는 것을 고려하면, 언어와 가장 친밀한 관계를 맺고 있다. 그렇다고 해서 문제가 되는 선행성에 관해 어떤 답도 제시해주는 것은 아니다. (기호가 생각을 결정하는 것이 아니라) 기호를 결정하는 것이 바로 생각이라는 사실을 어떻게 부인할 수가 있겠는가?[7] 언어를 발명한 우리의 정신은 다른 랑가주를 만들어내기에 충분할 정도로 자유롭다. 영화는 천재지변이 아니다. 인류가 만들어내고 있는 비非언어적인 표현 시스템의 하나일 뿐이다. 영화 기호학은 따라서 일반 기호학의 한 분파이다.

『영화의 미학과 심리학』 제1권의 「단어와 이미지」(pp. 65~104)에는 시적 표현성과 영화적 표현성을 비교하는 글이 실려 있다. 미트리는 피우스 세르비앵Pius Servien이 정의한 '서정적 랑가주'의 개념에 기반을 두면서 영화가 의미작용의 부차적 차원을 포함하고 있다는 점에서 시를 닮았다고 주장한다. 시에는 단어로 표상되는 첫번째 의미에 덧붙여지는 순수하게 시적이고 창작적인 표현성이 있다. 마찬가지로 영화에는 사진적인 복제 특성 때문에 현실 자체의 의미작용으로 재현되는 첫번째 의미가 있고 여기에 추가되는 2차적 의미작용이 있다. '2차 의미'를 형성하는 편집 효과, 프레임 잡기 혹은 화면 구성cadrage 효과, 카메라 앵글 효과, 조형적 구성 효과 등은 따라서 은유, 이미지, 다양한 울림을 갖는 단어 등의 기호학적인 대응 항이라고 할 수 있다. 그리하여 전체 집합으로서 표현성을 획득하게 된다. 시는 언어보다 더 많은 것을 포함한다. 영화는 현실을 사진적으로 복사하는 것보다 더 많은 것을 포함한다. 다시 말해 이중 시스템으로서의 영화, (옐름슬레우의 개념을 따르자면) 외연dénotation-내포connotation 시스템으로서의 영화를 상정하는 것이다. 이미지 그대로의 의미는 외연의 심급 역할을 대신하고, 영화 예술은 내포된 심급 역할을 대신한다. 이 글의 논지 전개상 이 점에 관해 더 상세하게 살펴볼 수는 없으나, 영화에서 출발한 사유 과정이 굳이 의도하지 않았는데도 현대 기호학의 발전과 궤도를 같이할 수 있다는 사실을 발견하는 일만으로도 충분하다.*

'이미지 자체'에 관련된 문제들을 사유하면서(pp. 107~48) 미트리는 모든 영화 이미지가 이중의 '기호'라고 설명한다(pp. 119~20). 사진처럼 영화 이미지는 영화 이미지가 재생산하는 것의 기호이다. 완전한 유사성의 기호이기 때문에(여기에 연속적이고 비非분절적이고 비非약호적인 기호라는 특성도 추가하기로 하자) 비非언어적인 기호이지만 그래도 기호이다. 심리학에서 기호라는 개념에 부여하는 매우 확장된 의미에서, 즉 기호를 보고 동일한 대답을 이끌어낼 수 있는 대상의 대체물이라는 의미에서의 기호 말이다. 영화는 또한 한 개의 이미지로 구성되지 않는다. 이미지들의 연속이며 조직화된 연속이다. 이미지들이 연결되면서 만들어내는 일종의 합의된 조작 전체를 고려한다면 그리고 서사 속에서의 지

---

* 미트리의 책에서 밝힌 참고 서적이나 그의 글에서 알 수 있듯, 그는 기호학과 무관하지 않다. 단지 영화에 더 많이 매료되었을 뿐이다.

위(= 통합체적 위치)를 생각한다면 (기표와 기의 사이의 거리가 발생하기 때문에) 이미지의 연속은 언어학에서 말하는 기호에 더 근접하게 된다. 하지만 기호학적 관계 속에 자의성이 부재한다*는 중요한 특성에서는 여전히 언어학적인 기호와는 다르다(p. 121).

사물 자체보다 더 유동적이고 더 조작하기 쉬운 사물의 대체어, 어떤 의미에서 보면 **생각과 더욱 가깝다**고 할 수 있는 사물을 대신하는 기호는 담화적인 연속성 속에서 의도적으로 배열된다. 바로 이 지점에서 랑가주의 면모를 발견할 수 있다.** 음성 랑가주와 차별되는 모든 특성도 나타난다.

「전함 포템킨」에서 폭동을 일으킨 해군들이 배 너머로 러시아 제정주의자 의사를 던졌을 때, 의사의 코안경이 밧줄에 걸리는 유명한 장면을 생각해보자. 코안경 이미지는 우선 완전한 유사성으로 인해 실제 코안경을 상기시킨다. 이는 언어학적 의미에서는 아니지만, 심리학적 의미에서 기호이다. 서사 전체와 비교해서 같은 이미지가 놓인 위치에 따라 보충적인 의미를 획득하게 된다. 선박 밧줄에 걸린 코안경 이미지는 의사 자신이 축출된 것을 '의미한다.' 코안경은 여기에서 의사를 지칭한다. 약호화되지 않은 '자연스러운' 기표적인 관계는 이제 더 이상 닮음 관계를 의미하지 않는다(pp. 120~21). 이 관계는 '현실의 논리'와 유사한 **연계**(連繫, implication)**의 논리**(p. 120)를 따른다고 할 수 있다. 영화에서 연계의 논리는 디제시스diègèsis***의 유사-현실에 힘입어 작동한다. 관

---

* 미트리가 특별히 이 점에 관해서 언급하지 않았기 때문에, 이 글에서는 그와 약간 다르게 표현했다.

** 랑그langue가 아니라 랑가주임에 주목하자. 그 차이는 대단히 크다.

*** (옮긴이) "디제시스 개념은 영화학자 에티엔 수리오Étienne Souriau가 아리스토텔레스와 플라톤의 개념을 현대적으로 재해석하면서, 이후 영화 연구에 널리 사용되었다. 간단히 설명하자면 이야기의 화법을 디제시스와 미메시스mimèsis로 구분하여, 그 서술 방법에서 설명 측면이 강조될 경우 디제시스, 재현 측면이 강조될 경우 미메시스라고 한 것이다. 따라서 디제시스는 '상술된 이야기'란 개념으로 영화에 적용되면 보이는 이야기의 외연적 요소(연기, 대사, 배우, 의상, 장소 등)에 의해 구성되는 허구의 세계를 의미하게 된다. 디제시스는 영화의 서

객이 코안경에서 의사를 유추하는 과정은 분명 그 앞 장면에서 의사가 코안경을 쓰고 있는 것을 본 적이 있기 때문이다. 일상에서 쉬운 예를 들어보자. 만약 삼촌의 모자가 옷걸이에 걸려 있다고 할 때 이를 보고 나는 바로 삼촌이 집에 오셨음을 예측하게 된다. 어디에서건 추론의 원칙은 동일하다. 기호학자에게 연계의 원리라는 개념은 옐름슬레우가 통합체 축에서 상호의존성이라고 정의한 '상관관계'와 흡사하게 보인다.

미트리가 영화는 단지 의미작용의 1차, 2차 층위뿐만 아니라 3차 층위를 포함한다고 지적했을 법도 하다. 사진적인 유사성과 디제시스적인 연계의 논리 이외에 상징, 은유, 조형적이고 리듬적인 표현성의 효과(특히 편집 효과, 카메라 움직임의 효과, 시각적 리듬의 효과) 등이 전체적으로 만드는 차원이 있다. 요약하자면 디제시스 외부에서 작용하는 특성으로 정의되는 의미의 3차 층위*가 있다. 서사성이라는 2차 층위는 디제시스를 구성한다. 뿐만 아니라 현실을 닮은 재료들로 만들어진 1차 층위 단위들로 구성된다. 영화의 '있는 그대로의 의미'라고 지칭하는 것은 사실 1차 층위와 2차 층위의 혼합이다. 3차 층위만이 온전하게 내포와 연결되는 유일한 층위라고 할 수 있을까? 아직은 가정일 뿐이므로 차후

사가 진행되는 동안 서서히 구축되며, 그 내부 요소들은 모두 고유한 질서와 법칙을 따라 존재한다."(크리스티앙 메츠, 『상상적 기표—영화·정신분석·기호학』, 이수진 옮김, 문학과지성사, 2009, p. 56). "영화 이론이 아리스토텔레스와 플라톤에게서 빌려온 것은 일반적인 생각과 단어이다. 물론 그 도입은 왜곡 없이 이루어졌다. 그리스어로 diègèsis(그 상관어 mimèsis처럼)는 언어 표현lexis의 한 양태였다. 다시 말해 허구를 재현하는 여러 방법 중의 하나, 일종의 관계 맺기 기술(동시에 그것을 구술하는 행위)인 것이다. 이는 형태적 혹은 양태적 개념이다. 반면 현대 실질적 연구 작업에서 '디제시스'는 이야기된 것, 지시하고 있는 세계, 유사-현실을 공시하는 것을 포함한 신체로서의 허구 자체를 지칭하는 경향이 더 강하다. 이러한 맥락에서 오늘날 통용되는 '디제시스'는 (그 정확한 범위를 고려할 때) 영화 이론가들이 일반적 미학을 위해 소개한 새로운 개념처럼 간주될 수 있을 것이다. 더 자세히 말하자면 기호학 흐름에 10년에서 15년 앞서 영화학자들이 도입했다는 사실을 상기시키고 싶다. 특히 에티엔 수리오는 디제시스가 영화 분석에서 필수불가결한 기술적 용어라고 판단했다."(크리스티앙 메츠, 같은 책, p. 386)

* 이 맥락에서 필자가 생각하는 '3차 의미'는 롤랑 바르트가 1970년 같은 제목으로 『카이에 뒤 시네마』 제222호에 발표한 논문에서 의미하는 바와 같지는 않다. 이 글에서 필자가 제안하는 분류와 정확히 비교하자면 4차 의미가 될 듯하다.

에 좀더 부연하자.

미트리는 롤랑 바르트의 논문 「영화의 의미작용 문제」[8]에 관한 지지와 동시에 비판의 목소리를 제법 상세히 피력한 후(pp. 123~26), 이미지의 지위를 1차 층위의 완벽한 유사물(= 아날로곤analogon)로서 규정하려고 시도한다. 이 부분은 바로 사진과 관련된 문제이다(pp. 126~34). '충실히' 현실을 복제한다고 가정되는 고립 이미지는 그렇다면 이미지가 보여주는 대상에 그 어떤 것도 덧붙이지 않을까? 이 주제에 관해서 루이 델뤽Louis Delluc과 장 엡스탱 이후로 많은 영화 이론가가 열정과 관심을 쏟아부었음은 잘 알려진 사실이다. 미트리가 지적했듯이, 이 주제에 관한 가장 흥미로운 연구는 에드가 모랭Edgar Morin의 사진 복제성 duplication 이론[9]이다. 영화 이미지는 복제이다. 아주 오랜 기간 끊임없이 시도되었던, 현실을 완벽하게 복제하려는 인간의 끈질긴 욕망이 빚어낸 결실 중에서, 영화 이미지야말로 가장 완벽한 형태 중 하나이다. 복제품은 그가 복제한 대상에서 그 힘을 취하게 된다.

반면 미트리의 이론은 모랭의 접근과는 미세하게 다른 부분이 있다. 미트리는 사진 효과를 가능하게 하는 복제라는 사실이 문제의 핵심이라고 보지 않았다. 적어도 영화에 관해서는 말이다. 사실 사진 앨범 속 사진이 동일한 결과를 만들지는 않기 때문이다. 핵심은 **복제를 가능하게 하는 작용 전체**에 있다고 보았다. 현실을 복제하려는 과정이 시작될 때 사진의 모험 역시 시작될 수 있다고 본 것이다. 현실은 담화로서 조작되고 배열될 수 없지만, 그 복제는 가능하다. 세상의 사물 혹은 대상은 결코 사진 효과만을 내지 않는다. 이 대상은 모든 의미작용의 가능성을 내포하고 있으며, 필요한 의미에 맞춰 사용될 것이다. 의미의 다양하고 모호한 잠재성은 사라져버리고 대상은 사용자에게 한 가지 무엇으로 축소된, 일종의 평범한 의미를 갖는다(이 글에서는 평범함보다는 중립성neutralité 이란 용어를 사용하고자 한다). 반대로 어떤 의도에 맞춰 구성된 단 하나의 담화 속에 사용된 대상의 이미지는 의미를 강화시키면서 동시에 시적인 존재감을 드러내는 굉장히 매력적인 의미를 획득한다.

영화에 푹 빠진 젊은이들 상당수는 미트리가 언급한 대상의 현실성을 경험할 것이다. 그렇지 않다면 영화를 다 보고 나서 어두운 극장을 빠져나올 때 느끼는 공허한 감정을 어떻게 설명할 수 있겠는가? 혹은 치밀하게 배열되고 압축되어 있는 서사가 지닌 마력魔力이 사라져버린 세상을 갑작스럽게 맞닥뜨리는 감정을 어떻게 설명할 수 있겠는가? 몇몇 젊은이는 '실제 삶은 무미건조하다'라고 생각할 것이다. '무미건조 혹은 평범하다'는 아무것도 의미하지 않는다. 아니 이 감정은 오히려 오직 한 방향으로 촘촘히 짜인 구조가 부재함을 의미한다. 이 젊은이가 영화의 매력만이 전파해야 할 어떤 것이 아님을 이해하고, '인생'에는 종류는 다르지만 나름의 즐거움이 있다는 사실을 깨닫는 데 몇 년이 걸릴지도 모른다. 그는 아주 힘들게 혼란스러운 이 감정을 소화하는 법을 배우고 스크린 앞에 앉게 될 것이다.

미트리는 사진을 복제성과 매우 밀접하게 연관되어 있는 그 결과물로 여겼다. 이야기 속에 포함된 복제물은 항상 파롤parole이다. 구성할 수 있는 다양한 담화 사이에서 주저하는, 너무 순수한 대상 자체는 결국에는 아무것도 말하지 않게 된다. 미트리는 로제 뮈니에Roger Munier의 유명한 논문「매혹의 이미지」[10] 일부를 제법 길게 인용하면서 영화에서 대상은 언표énoncé, 오토auto-랑가주가 된다고 주장한다.

미트리에 따르자면 영화에서 재현된 대상은 그 재현 뒤로 소멸되지 않는다. 영화는 그림이 아니다. 영화에서 대상은 재현 속에 현존한 채로 남아 있다(p. 132). 물론 영화는 재현의 한 형태이며, 모든 영화는 언표이다.

영화 이미지는 이중의 지위를 누린다. 사실적인 이미지 덕분에 대상 자체로 여겨지는 혹은 적어도 매우 설득력 있는 초상으로 여겨지는 이미지는 랑가주이다. 서로 다른 두 가지 장점이 놀라운 방향으로 축적되면서 사진의 중요한 힘을 발휘하게 한다. 미트리는 이 점에 관해 다음과 같이 효과적으로 정의했다(p. 131). "영화의 근본적인 마력魔力은 사실적으로 제공된 것이 스스로의 독자적인 이야기를 만드는 과정에서 중요한 요소로 작용하면서 발생한다."

* * *

미트리는 이어서 '영화 문법'이라고 지칭할 수 있을 만한 연구를 개진한다. 우선 '숏과 앵글'에 관해 언급하는데(pp. 149~65), 기술 분야에서 지침서로 사용하는 방식을 제외하고 오늘날 볼 수 있는 가장 세밀하고 정교한 조사와 분류라고 할 수 있다. 필자의 판단에는 미트리의 책 중 특히 이 부분이 다른 많은 연구자에게 중요한 작업 도구를 제공하게 될 것이다. 미트리는 이 분야에서 찾아보기 힘들 정도로 엄정하고 치밀하게 '숏'의 개념 자체를 정의하고자 했다(p. 149). 그에 따르면 그리피스의 초기 시도부터 벌써 영화는 그 '기법'들에 이름을 붙이고 분류하기 시작했었다. 이때 중요하게 생각한 것은 화면의 심도를 카메라의 앵글을 따라 몇 개의 숏으로 나누는 작업이었다. 클로즈업, 근경 숏 등의 각 숏 명칭은 주인공 배우의 위치에 따라 붙여진 것이다. 그리고 동일한 범주에서 점점 더 세분화 작업을 진행하여, 크기의 비율을 결정적인 기준으로 삼았다. 미트리는 숏의 기준을 크기에서 촬영prise de vue의 단위, 즉 영화의 '유기체적인organique 단위'로 새롭게 정의한다(pp. 153~56). 감독이 '컷'을 외치는 순간부터 다음 컷까지 연속적으로 촬영되고 녹화되는 모든 것을 숏이라고 본 것이다. 촬영은 데쿠파주découpage와 몽타주montage의 목록인 셈이다. 미트리의 생각에 필자의 의견을 덧붙이자면, 촬영은 영화의 통합체 단위, 영화적인 문법 특성소taxème*이다.

---

* (옮긴이) 크리스티앙 메츠는 영화를 이미지들이 연쇄되는 통합체로 보고 숏은 여기에서 가장 작은 단위이고, 시퀀스는 그보다 큰 통합체 집합으로 간주하고 있다. 언어학에서 비슷한 개념을 찾아보면 '낱말'을 들 수 있다고 설명한다. 이를 옐름슬레우가 정의한 용어("La stratification du

반면 숏의 크기에 따라 구분하는 방식은 계열체적인 사고를 따르는 것
이다.

미트리가 제안한 분류 방법의 또 다른 좋은 면을 살펴보자. 미트리는
카메라 움직임이나 앵글, 다양하게 변화하는 숏을 완전히 고정된 내재
적 가치를 포함한 '기법'으로 고려하지 않는다. 숏, 카메라 앵글은 그들
이 구성하는 영화 서사 속에서 긴밀하게 연결되고 서사는 이들의 의미작
용 속에서 구성된다. 몇 년 전부터 **영화의 서사성**narrativité은 영화 연구에
서 반드시 생각해야만 하는 핵심 사안 중 하나로 자리 잡고 있다. 이와
관련해 에드가 모랭은 인류학적인 방식으로 접근한 반면, 미트리는 지
속적으로 영화의 중요성을 강조했다. 영화의 서사성을 주목하려는 시도
는 그리 새로운 것은 아니지만 여전히 연구할 여지가 남아 있다고 할 수
있다. 미트리를 따르자면 클로즈업은 서사 속에 개입된 위치와 편집[11]에
의해서만 진정한 랑가주 기법이 된다(p. 162). 이러한 맥락에서 미트리
는 그리피스 작품에 새롭게 접근한다(p. 163).*

이후 미트리는 영화학에서 사용하는 기술용어를 재검토하는 데 주력한
다. 그는 일찍이 코앙-세아가 제안한 시네마토그래픽cinématographique
현상과 영화적filmique 현상이라는 명칭은 그대로 수용하는 반면, 새롭게
제안된 다른 용어들은 거부한다. 필자가 보기에 이 선택은 다소 지나치
지 않았나 판단된다. 예를 들어 디제시스란 용어를 살펴보자. 미트리는
'디제시스'란 용어 대신 '드라마drame'를 이중의 의미로 사용하고 있다.
하지만 (필자 생각에) '드라마'란 용어에는 '디제시스'보다 재현된 세계,
유사-세계란 개념이 다소 약하다고 볼 수 있다. 뿐만 아니라 경직된 서

---

langage," in *Word* X, pp. 163~88. Repris in *Essais linguistiques*, Copenhague: Nordisk
Sprog og Kulturforlag, 1959, pp. 57~65)로 바꾸면 '문법 특성소'에 비교할 수 있다고도 설
명한다. 요컨대 메츠는 숏을 영화의 최소 분절체라고 평가한다. 왜냐하면 영화 혹은 영화 일부
분을 만들려면 숏 한 개는 반드시 필요하기 때문이다.
* 물론 선행 연구가 없었던 것은 아니다. 가령 조르주 사둘Georges Sadoul과 에드가 모랭이 멜리
에스 연구를 통해 이 부분과 관련된 작업을 시도한 바 있다.

사 배열의 개념이 '드라마'란 용어에 더 많이 들어 있다고 볼 수 있다. 이에 반해 디제시스는 고다르나 안토니오니의 영화에서 볼 수 있듯 변화 없이 심지어 흩어져 있다는 개념도 포함할 수 있다. 미트리가 영화에서 유사-세계를 형성해내는 추론의 논리에 대해 주목한 만큼 디제시스란 용어와 그 개념이 더 적절했을 듯하다. '드라마'란 용어는 영화적인 고유 현상을 효과적으로 환기시키기에는 부족한 반면, 주제와 다소 거리가 있는 내포를 상기시킬 가능성은 너무 높다고 할 수 있다. 이러한 맥락에서 마르셀 마르탱Marcel Martin이 『영화 랑가주Le langage cinémato-graphique』[12]에서 '디제시스' 용어를 사용한 것은 적합한 선택으로 보인다. 더 일반적인 범주에서 보면 에티엔 수리오[13]가 이미 영화학에서 사용하는 다수의 기술 용어를 면밀히 검토하고 정의한 바 있으므로, 대부분의 용어를 수용하는 편이 나았다고 여겨진다.

* * *

『영화의 미학과 심리학』 제1권(pp. 165~80)에서 미트리는 「프레임과 프레임이 한정하는 것들」이란 제목으로 직사각형 스크린의 현실에 관한 심도 있는 논의를 전개시킨다. 이 소단원이 작품 전체에서 가장 중요하고 핵심이 되는 부분이라고 해도 과언이 아니다. 현실적으로 지각되는 **스크린 효과**에 관한 알베르 미쇼트 반 덴 베르크Albert Michotte van den Berck[14]의 분석은 지각된 모든 스펙터클의 한계점은 현상적으로 '스크린'에 한정되는 것이지 인식된 현실까지 작용하지 않는다는 것을 보여준다. 다시 말해 우리가 보는 것의 일부분을 감추는 사물의 제한된 경계를 지각한다는 뜻이다. 우리는 한 순간도 스크린이 담고 있는 현실이 더 멀리 더 넓게 확장된다는 사실을 의심하지 않는다. 이와 관련해 리니에리[15]와 모랭[16]의 연구 역시 영화적 시야가 더 멀리 확장된다는 점에 주목했다. 영화는 세상이다. 영화는 스크린을 벗어난다. 우리의 지각은 직사각형 스크린을 자연스럽게 넘어서 무한대로 확장된다. 앙드레 바쟁[17]은 스크린은 프레임이 아니라고 주장했다. 그가 보기에 스크린은 연속성의 현실 위를 유영하는 움직이는 가리개이다. 이상에서 설명한 내용은 모두 프레임 찬미자라고 부를 수 있는 사람들의 입장을 대변한다. 그들에게 직사각형 스크린은 매우 귀중한 기반이다. 스크린 덕분에 영화는 조형예술에 속한다. 스크린은 가리개가 아니라 프레임이며, 이미지는 세상이 아니라 화폭이다. (스크린의 가장자리로 인해 어쩔 수 없이 지각할 수밖에 없는 한계인) 스크린의 수평-수직 좌표 쌍은 이미지를 조형적인 '형태'로 구성하게 하는 유일한 무엇이다. 예술가와 심리학자 사이의 갈등인 셈이다.

미트리가 바로 이 두 계열 간의 논쟁에 끼어들면서 서로 팽팽하게 대립하는 입장을 중재하는 역할을 하고 있다. 영화의 '특수한 면모' 중 하나라고 할 수 있는 매력은 영화가 재현된 세계이자 동시에 세상의 재현이라는 사실이다(pp. 170~94). 스크린은 '이미지로 주어진 것donné image'과 관련해서는 일종의 가리개(재현된 것)이고, '이미지를 만들면서 주어진 것donné imageant'(재현)과 관련해서는 일종의 프레임이다. 영화는 화폭으로 변한 세상이지만 동시에 여전히 세상으로 건재하다. 이 화폭은 직사각형 형태이지만 거기에 나타난 세상은 그 어떤 한계도 없다. 직사각형도 아니고 더군다나 어떤 형태라고 규정할 수 없다. 중요한 지적이 아닐 수 없다.

* * *

미트리는 영화 관객의 감정적인 참여에 관한 문제에도 접근한다(pp. 180~94). 그는 일반적으로 관객의 참여가 수동적이며 모방이나 최면 상태에 가장 근접한 현상이라고 설명하는 경향에 반대하면서 관객이 참여할 수 있게 만드는 '1차 심급의 수동성'(p. 184)만을 인정한다. 하지만 이 개념만으로는 긍정적인 측면을 고려하기에 충분하지 않다고 설명한다. 사실 관객은 어두운 영화 극장 자리에 앉자마자 현실의 세상에서 떨어져 나온다. 뿐만 아니라 상영 시간 동안 아무것도 일어나지 않는다는 사실을 잘 알고 있다. 영화를 보기 위해 시간을 낸 이 상태, 동시에 침착하고 안정된 이 상태는 앞으로 참여하게 될 과정의 필수 조건에 해당한다. 진정한 의미의 참여는 능동적인 여러 과정을 거쳐 발생하게 된다. 물론 영화를 보면서 지각적으로 예측하는 일은 영화가 진행되는 동안 지속적으로 빗나가게 마련이다. 왜냐하면 영화에서는 무엇이든 눈으로 보게 되고 편집은 끊임없이 이어지는 시선의 연속성을 깨뜨리기 때문이다. 이 부분에 관해서는 코앙-세아가 이미 잘 설명한 바 있다.[18] 하지만 논리적이고 서사적인 예측은 언제나 가능하고 필수적이다. 영화는 플롯이 있고 서사 전개의 끈을 따른다. 관객이 경험하는 것에 근거하여 능동적으로 이해하는 과정이 수반된다(p. 184). 다른 모든 영역에서와 마찬가지로 영화에서도(에드가 모랭이 지적했듯이) 참여와 이해는 서로 밀접하게 연관되어 있다(p. 185). 앙리 아젤Henri Agel은 그의 논문[19]에서 관객의 태도에서 능동성과 수동성을 규정하는 기준들을 제안하기도 했다.

　미트리는 관객으로부터 영화에 이르는 '능동적인' 과정에 해당하는 투사projectif의 형태로 영화적인 참여를 설명한다. 이는 영화로부터 관객에 이르는 '수동적인' 과정에 해당하는 동일시identification의 형태와 다른 것이다. 그가 보기에 협의의 동일시가 일어나는 과정은 관객이 스크린을 통해 좋아했던 주인공의 이미지에서 영향을 받을 때, 즉 영화를 보고 나서이다(pp. 185~86). 하지만 영화가 상영되는 동안 발생하는 영화적 참여는 오히려 일종의 '투사적인 연상'작용이다(p. 187). 미쇼트 반 덴 베르크는 영화의 등장인물에게 동일시하는 현상이 일반적인 심리학 차원에서 보면 얼마나 설명하기 힘든 낯선 현상인지를 지적하고 있다. 사실 스크린에서 우리가 보는 배우는 우리와 같은 키에 같은 체형도 아니고 우리 얼굴을 닮지도 않고 그의 몸이 있는 위치는 우리의 몸과는 동떨어진 곳이다. 좌석에 앉아 있는 동안 우리는 이상의 사실을 결코 완전히 잊어버릴 수가 없다(앙리 발롱Henri Wallon[20]이 말한 '자기수용성 계열' 개념.*) 미트리가 말하기를, 이상의 현상이 만약 설명할 수 없는 낯선 것이라면 그 이유는 그 현상이 일어나지 않기 때문이다. 우리는 결코 한 인간으로서의 주인공과 자신을 혼동하지 않는다. 우리는 단지 "주어진 어떤 상황에서 행동의 유사성을 느끼고 그 인물에게 투사하는 것뿐이다(p. 188)." 그 근거로 같은 영화에서 여러 인물에게 동일시할 수 있는 사실을 들 수 있다(이 부분은 클로드-에드몽드 마니Claude-Edmonde Magny[21]가 정의한 '대리vicariante 경향' 개념과 연결된다). 이상의 설명을 통해 (동일한 어떤 대상이 아니라) 유사한 대상에게 자신을 투사하는 경향이 더 이해할 만한 심리 현상이라고 생각해볼 수 있다.

미트리는 '참여'와 '투사' 문제에 관해서는 에드가 모랭의 관점을 공유하지만, '동일시'의 문제에서는 이견을 보인다. 모랭은 한 인물에게 완전히 동일시하는 일은 매우 특수한 경우라고 보았다. 반면 미트리는 본질적으로 동일시라는 개념 자체를 부인했다. 『영화의 미학과 심리학』 제1권에서 특히 이 맥락은 코앙-세아의 최근 주장[22]에 반박하기 위한 부분이라고 할 수 있다. 코앙-세아는 영화적인 참여 과정에서 새로운 마음 상태를 가능하게 하는 데에는 최면과 모방이 중요하게 작용한다고 설명했다. 이때 사회적 일관성이나 인간의 정신 구조를 해체하는 위험한 순간이 발생할 수도 있을 것이다. 미트리는 바로 이 끔찍한 비관주의에 대항하고자 한 것이다(p. 190).

---

* (옮긴이) 앙리 발롱에 따르면, 영화 상영 동안 관객의 반응은 명확히 구분되는 두 가지 부류로 나뉜다. 이때 두 종류의 반응은 서로 균형을 이루고 있다. 즉 '시각 부류'(메츠는 이 범주를 오히려 디제시스적이라고 부르는 편이 낫다고 설명한다)와 '자기수용적 부류'(관객의 육체에서 느끼는 고유한 감정, 따라서 약화된 방식으로 유지되기는 할지라도 현실적 세계에 속한다)로 구분한 것이다(크리스티앙 메츠, 『상상적 기표—영화·정신분석·기호학』, 2009, p. 386 참조).

* * *

미트리는 이어서 『영화의 미학과 심리학』 제1권의 「표현주의와 형태적 상징」(pp. 217~47)에서 영화 역사가의 면모를 보이면서 연대기 순으로 영화를 조형예술로 만들고자 했던 움직임의 다양한 경향과 학파의 미학을 분석한다. '표현주의'란 분류하에 공간 형태를 대단히 상징적으로 사용한 다양한 작품을 모은다. 이 카테고리에 프랑스의 '예술로서의 영화(필름 다르Film d'art)', 거대한 스펙터클을 강조한 초기 이탈리아 영화들, 표현주의 본래 의미에서의 독일 영화들 그리고 에이젠슈테인 후기 작품(「알렉산드르 넵스키」「폭군 이반」) 등이 있다. 이 영화들은 '재현된 것'과 '재현'의 이원성을 굳게 믿으면서 시도된 작업이긴 하다. 그러나 재현 쪽에 더 특권을 부여하기 위해 재현된 것을 어느 정도 희생시킨 경우라고 할 수 있다(p. 246). 즉 조형적인 의도로 인해 디제시스 내용이 갖는 현실성이 사라진다는 뜻이다. 이 영화에서 현실은 너무 표현적이어서 오히려 비현실적이 되어버리고 기호로만 인식된다(p. 245). 입체감이 있는 조형예술이라고 부를 수 있을지라도 영화는 사실상 회화는 아니다. 그림에서 직사각형 프레임은 화면 구성을 결정하지만 영화에서는 단순히 그 시작점이 될 뿐이다(p. 198). 이 차이는 두 가지 이유로 설명될 수 있다. 첫째 그림은 재현이지만 영화는 재현과 재현된 것의 혼합이기 때문이다. 그림은 움직이지 않는 대신 영화는 움직인다. 직사각형으로 둘러싸인 그림은 포함된 내용 내부로 집중하는 경향이 있는 반면, 영화에서는 모든 것을 직사각형 안에서 본다. 이때 우리가 보는 것은 끊임없이 변화한다. 요컨대 표현주의에 대한 미트리의 (통찰력 있으면서 조금 덜 형이상학적인) 의견은 앙드레 바쟁이 '이미지의 영화'와 '현실의 영화'라고 지칭한 개념[23]으로 연결지을 수 있다.

* * *

미트리는 이어서 편집과 관련된 문제를 다루고 있다. 편집의 초기 단계와 다양한 개념(이 부분이 미트리의 공적이라고 할 수 있다)을 체계적으로 정리한 일종의 편집 역사를 열거한다(pp. 269~83). 멜리에스, 브라이튼 학파,* E. S. 포터, 그리피스, 지가 베르토프, 쿨레쇼프 등. 이 부분은, 역사학자들은 쓸 수 없는 이론가만이 쓸 수 있는 역사적 기술이다. 영화는 사실을 기록한 역사에 속할 수 있으며, 영화의 체계적인 역사는 (즉 구조적인 역사에 대해 아무것도 말하지 않기 위해서) 여전히 연구 대상이라고 할 수 있다.** 따라서 미트리의 작업은 높이 평가받을 만하며 이러한 맥락에서 주목할 만하다.

편집에 관한 장에서 짧은 문단이긴 하지만 매우 중요한 부분은 바로 '쿨레쇼프의 실험 결과'를 언급한 곳이다(pp. 283~85). 그 결과는 대단히 신기하고 놀랍지만 그 본질에서는 모호한 쿨레쇼프의 실험을 어떻게 해석할 것인가? 그의 실험은 잘못 해석되면 영화 예술에서 정말 어

---

* (옮긴이) "영국에서 트릭영화는 브라이튼Brighton 학파가 선보였다. 이 학파는 영국의 '블랙 유머'의 전통을 이어갔다. '하녀가 등잔불로 난로에 불을 붙인다 → 폭발한다 → 하녀가 연통을 향해 날아간다' '사진사는 보행자를 찍는다 → 카메라의 접근 → 사진은 괴물처럼 거대해진 보행자의 입속으로 사라진다' 등으로 나타났다. 멜리에스의 트릭들은 마법이라는 제약된 세계에서 발생하는 것인 반면, 영국인들의 트릭은 일상을 배경으로 한다. 진부한 것과 신빙성 없는 것 간의 상호 긴장관계는 불합리한 혹은 해학적인 코미디를 위한 천혜의 토양을 창출한다."(유리 로트만·유리 치비얀, 『스크린과의 대화』, 이현숙 옮김, 우물이 있는 집, 2005, p. 19)
** 역사적 사건들을 단순히 재구성하는 것만으로도 영화 역사학자들에게는 상당한 시간을 요구하는 작업이다. 가령 이미 훼손된 영화 혹은 다시 찾아보기 어려운 영화 등을 전부 고려하는 일도 대단히 어렵다. 모든 일을 전부 철저히 하기란 힘들게 마련이다. 장-루이 코몰리는 미트리의 책 출간과 필자의 책 출간 사이에 이 주제와 관련된 의견을 제시한 바 있다("Technique et idéologie," Cahiers du cinéma, n° 229, 230, 231, 1971). 이 논문에서 코몰리는 미트리의 역사 부분 기술에 관해 혹독한 비판을 가한다. 근본적인 문제에서는 코몰리의 주장이 옳다고 할 수 있겠으나 미트리의 책을 세심하게 정독하다 보면 코몰리가 지적한 부분에 관해서 미트리 자신 역시 고민하고 있었음을 알 수 있다. 하지만 풀어야 할 숙제가 너무 어려웠던 것 같다.

려운 상황을 만드는 시발점이 될 수도 있고, 순수 영화란 개념(p. 284), 즉 각 이미지의 생생한 내용을 완전히 지워버릴 수 있는 이미지들 간의 연결 법칙을 가능하다고 믿게 할 수도 있다. 이 경우 영화는 추상적인 추론을 이끌어내는 데 집중한다. 쿨레쇼프의 유명한 실험 중 하나인 '모주힌과 벌거벗은 여인'을 생각해보자. 관객이 이해하는 것은 이 여인을 향한 모주힌의 진짜 욕망이 아니다, 사실 화면 속 세부 이미지들은 욕망과 관련된 그 어떤 것도 지시하거나 암시하지 않는다. 관객은 이미지들의 병치 속에서 욕망 자체를 드러내는 추상적 기호를 알아볼 뿐이다. 이미지 연쇄의 논리로 봤을 때 모주힌은 이 여자를 욕망하는 것이 틀림없다(p. 284). 이때 이미지는 표의문자idéogramme가 된다.[24] 극한의 경우 어떤 영화는 심지어 카메라로 촬영할 필요가 없기까지 하다. 구상 회화의 작은 이미지들이 종이에 그려진 형태를 연결하면 되니 말이다. 여기에서 중요한 것은 이미지들이 체계화되고 구조화되어 있다는 점이다(p. 285). 이러한 맥락에서 보면 쿨레쇼프 효과는 영화적 효과라기보다는 시각 효과이다. 쿨레쇼프 실험은 이미지들이 만들어내는 연계 논리의 사실성을 증명할 뿐이다. 이러한 맥락에서 쿨레쇼프 실험이 입증한 것은 모든 영화의 근간이 되는 부분이다. 이미지들은 고유의 풍요로움을 잃지 않으면서도 연계의 논리를 따라 정신적으로 서로 짜 맞춰진다. 따라서 쿨레쇼프 실험을 추리와 참조가 상호적으로 작용하면서 자연스럽게 일어나는 결과로서 이해할 수 있다.

쿨레쇼프 효과를 이렇게 해석한 접근은 높이 평가되어야만 한다. 몽타주 기법에 관한 열정적인 지지는 매우 오랫동안 영화계에서 지속되었으며 그 권력이 막강했기 때문이다. 물론 오늘날 몽타주 기법은 유행을 지나 다른 기법들과 대등한 위치로 낮아졌다. 하지만 당시 미트리의 해석은 몽타주의 권위에 도전하는 시도였다. 우리가 알고 있는 범위 내에서 그토록 유명한 효과에 신중하고 엄격한 해석을 제안한 학자는 미트리를 제외하고 벨라 발라즈가 거의 유일했다. 그러나 발라즈는 그의 책

『영화 정신Der Geist des Films』(1930, 인류학자 피에르 레르미니에의 책에 수록되었다)[25]에서 간단한 언급을 했을 뿐이다. 핵심 문장을 인용해보자. "이미지는 (……) 의미작용의 과정 중에서 필수불가결한 추론을 따라 서로 **내부적으로** (……) 연결되어 있다." 이는 미트리에게 주요 개념으로 꼽히는 연계 논리와 유사한 정의이며, 곧 영화의 서사성을 구성하는 랑가주에 해당한다. 영화는 랑가주이다. 랑그가 아니다. 적어도 완전한 랑그는 아니다. 쿨레쇼프 효과와 관련된 지나친 해석은 다름 아니라 영화를 랑그로 만드는 일이다. 이 관점은 영화적인 '통사 기법'이 파롤로 기능하는 과정을 선행한다고 보았다. 또한 이미지들의 세부 사항, 기본 단위의 실체 특성은 의미작용에 관여하지 않는다고 보았으며, 편집은 아무것도 없는 **무**無**에서 창조**된다고 믿었다. 편집이 최고의 자리에 오르기를 원하면서 일종의 통합체로 간주했고, 나아가 같은 지위를 누리는 계열체가 없다는 사실을 전혀 걱정하지도 않았다. 적합한 방식으로 배열되기만 하면 그 어떤 이미지도 사람들이 그것을 통해 말하고자 하는 바를 의미할 수 있다고 믿었다. 그들은 막연히 랑그라는 생각에 사로잡혀 있었다. 그 결과 이론적으로 (실제 작품에서는 보기 힘들지만) 유사-랑그, 언어 구조 흉내 내기가 된 것이다. 이러한 입장의 가장 대표적인 사례로 지가 베르토프가 구상한 '시네-랑그ciné-langue(영화-언어)'를 들 수 있다.[26]

* * *

미트리는 이어서(pp. 329~46) 영화 리듬의 문제를 다루고 있다. 우선은 영화를 매개 없는 음악적 예술('시각적 음악'이라는 개념)로 바꾸기 위한 몇몇 시네아스트의 작업들을 체계적으로 정리한 역사 기술 부분이 있다. 이 부분은 앞서 언급한 회화적인 표현주의에 관한 장과 함께 발전되었다. 역사 기술 부분에서 여러 시네아스트에 관한 유익한 정보를 얻을 수 있다. 아벨 강스, 뷜레르모, 루이 델뤽, 레옹 무시낙, 제르멘 뒬락, 페르낭 레제, 발터 루트만, 바이킹 에겔링, 한스 리히터, 마르셀 뒤샹, 만 레이, 프란시스 피카비아, 더들리 머피, 앙리 쇼메트, 레오폴드 서베지, 폴 푸아레 등. 미트리는 이 부분 마지막(pp. 337~46)에서는 이론적인 결론을 끌어낸다. 앙리 페스쿠르Henri Fescourt와 장-루이 부케 Jean-Louis Bouquet가 집필한 논문 「감각 혹은 감정」[27]과 공통된 주장을 펼치면서 결론적으로는 '순수 영화cinéma pur'를 비판하기에 이른다. 비판의 근거로 순수 영화와 정반대의 입장을 취하는 규범 미학을 주장하는 것은 아니다. 그랬더라면 별로 흥미롭지 않았을 것이다.* 미트리는 영화 리듬 자체의 근본적인 특성을 고려하면서 순수 영화를 비판한다. '순수 영화'는 영화를 음악 리듬만큼이나 엄정한 시각적 리듬의 묶음으로 만들려고 한다. 잘 알려진 것처럼 귀는 리듬 기관이다. 우리 귀는 소리가 얼

---

* 미트리가 영화 관련 글의 상당수에서 맹위를 떨치던 일종의 편집증적인 태도, 비대해진 규범 미학과 완전히 반대편에 있었다는 사실은 중요한 장점 중 하나라고 할 수 있다. 대다수의 논문에서 저자들은 주저 없이 본인의 가치 평가를 밖으로 내세웠다. 안토니오니를 좋게 본 비평가도 있고, 잉마르 베리만을 싫어한 비평가도 있고, 고다르를 좋아하는 사람들을 싫어하는 비평가도 있다. '가치'를 평가한 구분표는 한 해 걸러 한 번씩 격렬한 논쟁, 공방의 열기 속에 수정된다. 지속적으로 재평가되기 때문에 마치 주식시장을 보는 듯하다. 이론 논쟁은 과도하고 불확실한 방향으로 치우치면서 바람직하지 못한 결과를 낳는다. 영화에서 가장 기본적인 편 가르기는 '좋은' 영화와 '나쁜' 영화를 구분하는 일이다. 영화를 사랑하는 일은 곧 좋은 영화를 사랑하는 일이다. 미학적인 차원에서 좋은 영화와 나쁜 영화를 규범짓고 완성된 목록으로 만들면서 안심하고자 하는 마음의 어딘가에는 유치한 구석이 있다. 마치 어린 소년이 아버지가 단도직입적으로 미국 드라마 「어드벤처 인 파라다이스」의 주인공 트로이 선장보다 프랑스 드라마 「티에리 라 프롱드」의 주인공이 더 용감하고 '강하다'고 혹은 그 반대를 말해주기를 바라는 것과 같다. 영화 분야에서는 너무 자주 개인의 취향에 따라 조건 없는 칭찬을 하기도 하고 근거 없는 비난을 쏟아붓기도 한다. 우리는 모두 동일하다. 뿐만 아니라 갑자기 후퇴하거나 의견을 바꾼다거나, 또 포기한다거나 말하고 싶은 욕망이 샘솟는다거나 자신만의 정당한 이유를 갖고 있다는 감정 등 이 모두는 정상인이라면 가지게 될 인간의 한 측면이다. 그렇다면 도대체 왜 우리 안에 있는 비참한 면을 전면에 내세우는가? 왜 격렬한 충격을 불러일으키려고 하는가? 완벽하게 규범적인 비평은 사실 아직까지도 영화 전반을 지배하고 있다. 물론 비평가는 가치 판단을 하게 마련이다. 그의 임무는 중요하다고 판단되는 영화를 보도록 대중을 안내하는 것이며, 그러면서 비평가는 영화의 흥행 여부에 영향을 미칠 수 있다는 데 만족한다. 모든 분야에서 비평은 거의 언제나 규범적이다. 형식과 기법이 있다. 게다가 영화 비평은 영화 연구의 일부분일 뿐이다.

마만큼 지속되는지 금세 그 미세한 차이를 식별한다. 반면 눈은 형태와 윤곽에 익숙해진 기관이다. 따라서 시곗바늘과 같이 공간 속 지표에 집중하지 않는다면 시간적으로 얼마만큼 지속되었는지 알아차리는 능력은 떨어진다(p. 340). 하지만 핵심은 여기에 있지 않다. (구상 형태가 아닌) 소리 리듬은 우리를 감동시키고, 중요하게 작용할 때 어떤 의미를 갖는다. 어느 정도의 음악교육을 받은 사람이라면 노래 한 곡의 시간적 배열이 변화하면 곧 알아차리게 될 것이다. 그러나 시각 형태의 연속에서 그것이 추상의 형태일 때에는 특히 특별한 감정을 느끼거나 심리적 변화를 느끼지 못한다. '순수 영화'라고 간주되는 작품에서는 사각형, 삼각형, 원 등이 그 배치 순서에 따라 시각적 리듬을 창출한다고 추정된다. 하지만 그 배열에 거의 아무도 감동받지 못한다. 뿐만 아니라 배열 순서가 눈에 띄게 변해도 그에 따른 감정적 변화가 일어나지 않는 경우가 대부분이다. (미트리가 이텍에서 제자들과 실험해본 것처럼) 순수 영화에 해당하는 작품을 역순으로 보여준다고 하더라도 그 미세한 변화를 알아차리지 못한다. "이러한 '리듬'의 전환 가능성이야말로 비非의미작용의 증거이다(p. 341)."

따라서 영화에는 '순수'한 리듬은 없다. 리듬으로만 기표가 될 수는 없다. 반면 디제시스 내용은 그 자체만으로 기표가 될 수 있는데, 리듬은 여기에 어떤 암시를 추가할 수 있다(p. 341). 영화적 리듬은 언제나 내포된 것이라고 할 수 있다. 결코 외연적이지 않다. 이러한 맥락에서 영화적 리듬은 음악적 리듬보다는 시적 리듬과 유사하다(p. 341). 정확하고 엄정한 예술에서 발견할 수 있는 본연의 내부 제약이 없기 때문에, 영화적 리듬은 음악적 리듬보다 더 자유롭다. 리듬과는 다소 무관한 여러 시각 재현으로 구성되어야만 하기 때문에 음악적 리듬보다 영화적 리듬은 덜 자유롭다. 총체적으로 봤을 때 영화적 리듬은 '유연하다souple'는 의미에서 더 자유롭다(p. 345). 즉 각 영화에 고유한 리듬만이 있을 뿐이다.

* * *

미트리는 이어서 몽타주의 핵심 개념을 크게 네 종류로 구분하는 데
집중한다(pp. 354~84). 첫째, 미국 영화에서 처음 사용된 일반적인 편
집 혹은 '내러티브narratif 몽타주'(p. 358)가 있다. 오늘날에도 대다수의
영화는 내러티브 편집을 선호한다. 관객은 재현된 것을 내러티브 기능
에 따라 인식하게 되는데, 이 경우 편집은 심지어 눈에 띄지도 않는다.
미트리에 따르면 이 종류의 편집에 관해 이미 앙드레 바쟁이 '클래식 데
쿠파주'[28]라는 용어로 정의한 바 있다. 둘째, 푸도프킨의 작품에 등장한
'서정주의lyrique 몽타주'(pp. 359~62)가 있다. 이 경우 사건은 다수의
파편적인 시점으로 분절되는데, 그 결과는 이야기 전개에 거의 영향을
미치지 않는 대신 실재에 관한 시적인 탐색이나 미적 모색에 도움이 된
다.* 빠른 서정주의 몽타주는 느린 리듬을 만들어내기도 한다. 사실 미
트리는 당시 몽타주 효과에 원칙적으로 적대적이었던 『카이에 뒤 시네
마』의 몇몇 주장과 대립하기도 했는데, 소설-영화film-roman와 시-영화
film-poème는 다르다고 주장했다(시-영화에서는 필연적으로 몽타주 기법
이 중요한 역할을 한다).** 특히 푸도프킨의 '시'에 관하여 미트리가 『시

---

* (옮긴이) 타르코프스키가 말한 '시적 고리poetic links' 또는 시의 논리 개념과도 통하는 설명이
다. "영화 장면을 직선적·논리적으로 주제에 따라 시종 일관되게 연결하는 것보다 오히려 주제
나 연기로부터 벗어나 삶의 복잡한 현실을 어떤 고리로 다시 연결하여 그것을 해석의 순서에 따
라 어떻게 보여주느냐가 문제의 관건이다"(정성일, 「시인의 혼, 화가의 눈」, 『세계영화작가론
II』, 이론과 실천, 1994, p. 105). 푸도프킨에 관한 레옹 무시낙의 글도 인용해보자. "영화에서
의 움직임은 이미지 표현의 일부인데 움직임은 음악처럼 운율 속에서 정돈되고, 그 움직임은 질
서와 지속의 한 부분이라는 것을 그는 잘 이해하고 있다. 에이젠슈테인의 열정적인 예술은 우리
를 흥분시키며, 우리의 욕망 속에서 가장 절실하게 와 닿는 예술에 대한 모든 편견과 선입관을
뒤흔들고, 때로는 대책 없이 우리를 괴롭힌다. 반면 푸도프킨의 예술은 과학으로 우리를 감동시
켜 인간의 영원한 사색을 우리 속에 되살아나게 하고, 우리의 사고를 지속시킨다. 그리하여 그
의 영화는 우리의 저항을 정당화하고 우리 속에 내재된 가장 순수한 것, 즉 우리가 억압해온 유
일한 힘에 호소한다. 이 두 사람의 예술은 모두 인간의 가장 심오한 곳을 울리고 자극한다"(제
라르 베통, 『영화의 역사』, 유지나 옮김, 한길사, 1999, p. 49에서 재인용).

네-클럽Ciné-Club』 1948년 5월호에 발표한 논문은 옹호의 입장이 강하게 드러나 있다. 셋째, 생각을 표현하기 위해 편집하는 '구성주의cons-tructif 몽타주'(pp. 362~64)가 있다. 지가 베르토프가 처음 시도하여 결국에는 몽타주 영화라는 하나의 장르로까지 발전한다. 하지만 그 원리를 일반화하기란 쉽지 않다. 영화가 완전히 편집실에서만 만들어지는 경우에 해당하기 때문이다.*** 넷째, 에이젠슈테인과 그를 추종하는 사람들이 주장하는 '지적intellectuel 몽타주'가 있다. 에이젠슈테인은 시간 간격을 두고 점진적으로 다음 세 종류의 몽타주 이론을 발전시킨다. '견인attraction 몽타주', **** '변증법적 몽타주' '연상 몽타주.' 견인 몽타주

** 이는 롤랑 바르트가 논문 "L'imagination du signe"(Arguments, n° 27~28, 1962)의 마지막 부분에서 설명한 개념과 다소 유사하다. 시는 무엇보다도 확장된 의미에서의 '몽타주'에 근거한 통합체적인 활동이라고 할 수 있다.

*** 베르토프가 후대에 영향을 미친 부분을 이중적인 관점에서 살펴볼 필요가 있다. 우선은 직접 영화, 참여영화, 즉 사건 현장에서 직접 반응하는 영화라는 의미에서 또 즉각적인 개입의 영화라는 분야에서 선구자적인 역할을 했고, 아직까지도 그 영향력이 건재하다는 측면이다. 이 특성은 「키노-프라우다Kino-Pravda」('영화로 보는 진실'이라는 뜻, 베르토프 영화 시리즈)에서 지속적으로 등장한 '키노-오키kino-oki' '키노-글라즈kino-glaz', 즉 키노-아이 이론과 연결된다. 즉 자연주의적인 영감이 묻어나는 촬영에서 시작하여 몽타주만으로 영화를 구성할 수 있다는 이론이다. 주지하다시피 에이젠슈테인은 이 부분에서는 베르토프에 반대 의견을 주장했다. 에이젠슈테인은 영화가 '예술'임을 부인해서는 안 된다고 하면서 예술을 변화시키기 위해서는 영화 작업이 촬영 과정에서부터 시작되어야 한다고 했다. 몽타주를 향한 베르토프의 맹신은 차후 '시네-랑그' 개념을 이끌어내게 되는데, 사실 '키노-아이' 개념이 필연적으로 귀결되는 개념이 반드시 '시네-랑그'는 아님을 짚고 넘어가야 할 것이다. 이미 필자가 몇 번에 걸쳐 특히『영화의 의미작용에 관한 에세이』제1권에서 설명한 것처럼 베르토프 영화에 대해 무엇을 생각하건 간에 시네-랑그는 아무리 언어학이나 기호학적인 관점에서 수용될 것처럼 스스로를 포장하더라도, 실제 기호학과 언어학에서는 도저히 지지할 수 없는 개념이다.

**** (옮긴이) 매혹의 몽타주, 흡인의 몽타주라고 번역되기도 한다. 견인 몽타주는 일반적으로 특정한 주제 효과를 내기 위해서 임의로 선택된 독립적인 효력들attractions을 자유롭게 조합한 것을 지칭한다. 여기에서 attraction은 정서적 충격을 주거나, 감각적 혹은 심리적 효력을 미치기 위해 철저히 계산된 기본 구성 단위로 볼 수 있다. "예술의 신비와 비밀에 대한 과학적 접근법을 발견하려고 노력한 이가 젊은 엔지니어였다는 사실을 잊어선 안 된다. 에이젠슈테인이 공부했던 여러 학문 분야는 그에게 한 가지 사실, 즉 모든 과학적 연구에는 하나의 단위와 척도가 있어야 한다는 사실을 가르쳐주었다. 그래서 그는 예술이 창출하는 인상impres-sion의 단위를 찾아내기로 작정했다. 과학에 이온, 전자, 중성자가 있듯, 예술에는 매혹attraction이라는 기본 단위가 있다고 가정해보자. 일상언어는 기계 공구, 파이프, 기계류의

는 사실 에이젠슈테인 미학의 가장 핵심이 되는 원리들을 포함하고 있으며 이어지는 다른 개념들의 근간이 된다. 연상 몽타주*는 실제로 에이젠슈테인의 작품에서 사용된 (몇 가지 예외적인 경우를 제외하고는) 거의 유일한 기법이라고 할 수 있다(p. 365). 반면 변증법적 몽타주는 에이젠슈테인의 생각이 지나치게 과장된 형태라고 할 수 있다. 다행히 이 형태는 단 한 번도 에이젠슈테인의 작품에는 등장하지 않고 단지 이론적인 글에서만 언급되었다.

에이젠슈테인의 이론과 실제 작품의 간극을 이해하기 위해서는 그의 이론들을 모아놓은 저서 『영화 형태Film form』와 『영화 감각 The film sense』을 훑어보는 것만으로도 충분하다. 이 저서들에서 에이젠슈테인이 직접 자신의 작품을 설명한 글을 보면 실제 작품보다 훨씬 경직된 사고를 발견하게 된다. 미트리는 에이젠슈테인의 영화가 훌륭하다는 이유로 그의 이론에서 취약하다고 판단되는 부분들에 대해서 너무 관대했다.** '변증법적 영화'('시네-랑그'라고 하는 편이 더 나을 듯하다)는 어쩌면 에이젠슈테인의 생각이 발전하는 과정에서 지나치게 과장된 형태이거나 혹은 거쳐가는 과도기적 형태일 수 있다. 심지어 에이젠슈테인의 모든 글에서 그 흔적을 찾아볼 수 있다. 따라서 그가 말하는 '변증법적'이란 용어가 얼마나 대략적 의미에서 도처에서 사용되었는지에 관해 짚고 넘어갈

조립을 뜻하는 단어들을 산업에서 차용했다. 그중에서도 두드러지는 단어가 몽타주인데, 이건은 조합을 뜻하며 아직 그리 인기를 끌지 못하고 있지만 충분히 유행할 조건을 갖추고 있다"(R. L. 러츠키, 『하이테크네』, 김상민 옮김, 시공사, 2004, p. 147).

* (옮긴이) 연상 몽타주는 상징적이고 은유적인 제3의 의미를 발생시키는 몽타주를 지칭한다. 사건 그 자체보다 그것이 일으키는 연상작용에 가치를 둠으로써, 논제에서 이미지로, 이미지에서 개념으로 전환하는 방법을 사용한다. 즉 전달하고자 하는 하나의 논제를 위해 일련의 이미지들을 연결하고 그 연상작용에 의해 주제나 개념을 부각할 수 있도록 구성하는 것이다. 요컨대 상이한 단편들의 결합을 통해 새로운 개념이나 태도가 형성되도록 유도한다.

** 과도하게 체계화되고 문법화된 부분에 관해서는 엄정한 비판을 가하기도 한다(pp. 381~83). 같은 맥락에서 다음의 책을 참조하기 바란다("L'unité organique et le pathétique dans la composition du *Cuirassé Potemkine*", 1939; 프랑스어 번역판 *Réflexions d'un cinéaste*, Moscou: Éditions en langues étrangères, 1958, pp. 57~67).

필요가 있다. 적어도 에이젠슈테인이 쓴 글에서 '변증법'이란 용어는 이미지의 병렬에 지나칠 정도로 거대한 힘을 실어주고 있다. 이때 병치된 이미지는 별로 중요하지 않다. 미트리는 높이 평가한 글이지만, 에이젠슈테인 본인 영화에 관한 1938년 비평[29]이 어느 정도까지 모호한지를 살펴볼 필요도 있다. 이 글에서 몇몇 문단은 몽타주 기법에 열광하는 경향을 비판하기도 하지만 다른 문단에서는 영화에서 시도되는 '이야기의 언어적 전개' '비장하지 않은 서사', 에이젠슈테인의 '피할 수 없는 적' 등을 공격한다. 이상의 표현은 평소에 에이젠슈테인이 혐오하는 평범한 '자연주의naturalisme'를 지칭하기 위해 사용된 것이다. 다시 말해 연속적인 흐름으로 탄생한 창작의 모든 형태를 의미하고, 분산되고 재구성된 조각들이 아닌 전체 집합의 형태로 사건을 제시하는 방식을 의미한다. 몇몇 글에서는 에이젠슈테인이 몽타주와 병행하여 더 확장되고 유연한 개념으로 '구성'을 사용하기도 한다. 하지만 얼마나 많은 글에서 몽타주가 영화 창작의 전부처럼 평가받고 있는가! 에이젠슈테인은 매우 종종 영화를 언어처럼 묘사하고, 영화 창작은 순수하게 통합체적인 조작으로 설명한다. 그의 거의 모든 글에서 스펙터클을 작은 파편들로 잘게 조각내는 것, 이 조각들을 통합체 속에서 배열하는 것('이데올로기의 관점'에서 빛을 발하는 지점이다), 유사-언어적인 '기법'에 관한 신뢰 등은 언제나 변함이 없다.*

---

* 필자는『영화의 의미작용에 관한 에세이』제1권 제3장에서 설명했듯이 애초부터 에이젠슈테인의 이론(그의 영화에 관해서는 다르다)에 관해 상반되는 입장을 견지했다. 에이젠슈테인의 명료하고 강력한 주장 앞에서는 존경과 감탄을 금치 못하지만, 반대로 용어 사용에서 엄정하지 못한 태도, 너무 자주 같은 용어를 혼동해서 사용하는 태도, '예술가 스타일' 미래지향적인 시도 등으로 규정할 수 있는 아방가르드적인 탐미주의에는 실망하지 않을 수 없다. 하지만 필자의 양가적인 입장은 에이젠슈테인의 더 많은 글을 접하면서 점진적으로 사그라졌다. 아쉽게도 에이젠슈테인의 글이 전부 즉각적으로 프랑스에서 번역되지는 못했다. 차후에 소개된 에이젠슈테인의 글에서는 간혹 그 이전까지 비판의 대상이 되었던 부분이 사라지기까지 한다. 가령 1970년에 발행된『카이에 뒤 시네마』1920년대 러시아 영화 특집호에서 소개된 1925년 에이젠슈테인의「형태에 관한 물질주의자적인 접근이라는 문제에 관하여」를 들 수 있다. 이 글을 읽으면서 필자는 이전까지 소개된 몇몇 글, 즉『영화 형태』『영화 감각』그리고『시네아스트의 사유』를 소급하여 찬

미트리는 에이젠슈테인의 이론적 주장보다는 영화에 더 주목하면서, 에이젠슈테인이 시네아스트로서 실제 작품에 도입한 연상 몽타주에 관한 훌륭한 분석을 제시한다. 몽타주의 요소들을 (가장 일반적인 방식처럼) 디제시스에서 가져오긴 하지만 에이젠슈테인의 경우 이 요소들을 그 지각된 맥락에서 분리시켜 서사 전개와 별도로 전달하고자 의도된 의미를 위해 서로 연결한다고 본 것이다.

이와 같이 우회하는 방식으로 발전된 미트리의 생각은 특히 주목할 만하다. 앙드레 바쟁은 에이젠슈테인의 영화에서 이미지-기호들의 연쇄로 구성된 이데올로기 담론은 일종의 2차 플롯을 만든다고 설명한 바 있다.[30] 2차 플롯은 물론 엄밀한 의미에서 디제시스적인 이야기 구성에 겹쳐 포개진다. 다른 주제에 관해서는 서로 대립하는 경우가 많은 바쟁과 미트리도 이 주제에 관해서만큼은 공통된 의견을 제시했다. 사실 바쟁은 화면의 심도와 (에이젠슈테인의 맹신과 정반대인) 비非편집을 향한 열정을 지니고 있다. 하지만 미트리는 달랐다(p. 389). 바쟁은 그를 따르는 학파의 수장이고, 현대 영화는 바쟁의 생각과 주장을 증명하는 경우가 많이 있다. 이 부분에서 바쟁의 역할은 상당하다. 어느 시기 동안 바쟁의 이론은 영화를 몽타주로만 국한시키는 입장에 반대하는 사람들에게 매우 유익했고, 사실 양차 대전 사이에 너무 많은 책에서 몽타주를 찬양하는 의견들을 개진했다. 하지만 시대는 변했고, 전지전능할 것만 같았던 몽타주 기법을 향한 신뢰도 사라져갔다. 현대 영화가 다양한 모습으로 등장하기 시작했으며, 좀더 차분한 시선으로 편집을 다시 보게 되었다. 예를 들어 알랭 레네의 작품에서 편집은 여전히 살아 있다. 연속성을 최대한 살리는 촬영을 '선구자적으로' 작업한 오손 웰스도 심지

찬히 다시 읽어볼 필요가 있지 않을까 자문하게 되었다. 통합체적인 관점에서 말이다. 물론 이 저서에서 등장하는 개념은 여전히 유효하지만 용어로 규정한 방식에서 드러나는 것보다는 훨씬 덜 모호할지 모른다는 의심이 들었고, 바로 이러한 맥락에서 필자는 『랑가주와 영화』제11장에서 영화 언어의 표의적인 특성에 관한 에이젠슈테인의 이론, 애매모호하고 부정확한 용어 사용에도 불구하고 그 숨은 뜻은 매우 정확하다고 여겨지는 이론을 재고하게 된 것이다.

어 편집 효과를 무시하지 않았다. 「시민 케인」에서 플랑-세캉스의 정수처럼 분석된 수잔의 자살기도 장면이 존재하지만 동시에 바로 앞부분에서 몽타주 효과, 협의의 몽타주, 이중 노출과 내부 몽타주를 살린 시퀀스(수잔을 오페라 가수로 성공시키려는 케인의 과도한 노력과 외롭고 불행한 결혼 생활 동안 지속되는 수잔의 애원) 역시 존재한다.

미트리는 짧은 숏들을 연결하는 몽타주와 연속성을 살리는 촬영, 이 두 종류를 문체 양식stylistique으로 보고 둘 중 그 어떤 양식도 영화 미학을 곤란하게 하지 않는다고 보았다. 『영화의 미학과 심리학』 제1권 서론에서 미트리는 최고 자리에서 할 수 있는 전부를 시도해본 뒤 몽타주는 이제 그 자리에서 내려왔다고 지적한다. 더 이상 대단한 그 무엇이 아니게 되었다고 말이다. 이 변화 과정에서 또 한 번 극단주의를 찾아볼 수 있다. 사실 최소한의 편집은 영화에서 배제할 수 없는 필수불가결한 요소이다. 편집은 더 광대한 랑가주 현상의 집합 속에 포함된 한 가지 구성 요소로서 정의될 필요가 있다(pp. 10~11).

이어서 미트리는 편집의 결과로 발생하는 영화적인 불연속성 문제를 다루고 있다. 지각 과정의 단절을 중요하게 보았던 코앙-세아에 반대하면서 미트리는 사진 재료만이 유일하게 불연속적이라고 강조한다(p. 400). 우리는 파편들을 보고 통일된 시-공간을 인식하며, 동일한 맥락에서 이야기 역시 구성한다. 이미지는 불연속적이지만, 영화는 그렇지 않다. 이와 같은 지적은 그리 새로운 것은 아니다. 이미 『영화학 연구 Revue de filmologie』에 실린 논문 여러 편에서 찾아볼 수 있다. 미트리는 그중 르네 자조René Zazzo의 글이나 에드가 모랭의 저서[31]의 영향을 받았다. 그리고 훨씬 더 논리적이고 설득력 있는 결론을 이끌어냈다.

『영화의 미학과 심리학』 제1권 마지막 부분(pp. 404~407)은 편집의 움직임 연결 방식에 관한 거의 최초의 진지한 분석을 제시하고 있다.[32] 이 부분은 요약본을 읽기보다는 너무나 훌륭한 미트리의 글을 전부 꼼꼼히 살펴보는 것이 좋다. 지각의 심리적 측면으로만 이야기되던 편집 이

유나 원칙이 명백한 방식으로 설명되어 있기 때문이다. 이미지와 이미지를 연결하는 대신 몇몇 포토그램*은 '건너뛰는' 편이 낫다고 생각되던 이유가 더 이상 심리적인 것으로만 수렴되지는 않게 된 것이다. 새로운 접근 태도를 가능하게 한 시발점을 미트리의 연구로 볼 수 있으며, 이를 '미트리 효과'라고 부를 수도 있다.

* * *

필자가 짧은 글을 통해 미트리의 방대한 연구를 개괄하려고 했던 시도는 단연 많은 부분을 놓치는 결과를 낳았을 것이다. 『영화의 미학과 심리학』 제1권은 굉장히 두꺼운 책이며, 다루고 있는 주제들도 매우 폭넓고 다양하다. 따라서 세밀한 검토가 요구된다. 미트리의 책을 완전히 이해하려면 선행하는 200~300여 편의 참고문헌에 관한 지식이 필요하다. 두 가지 사례를 들어보자. 고정된 직사각형이 매번 변화하는 공간을 담아낼 수 있다는 프레임 이론의 중요성을 가늠하기 위해서는 장 엡스탱이 비슷한 논지에서 발전시킨 선행 연구[33]를 반드시 탐독해야만 한다. 앙드레 바쟁과 로제 뮈니에의 이론인 영화의 '본질적 사실주의' 혹은 사실주의의 '범우주적인 권력'을 비판한 미트리의 입장이 얼마나 합당했는지를 가늠하기 위해서는 루돌프 아른하임의 분석[34]을 반드시 참조해야

---

* (옮긴이) 프랑스어로 포토그램photogramme은 영화 필름 한 장을 의미하는 것으로, 영화 이미지를 구성하는 하나의 단위, 지각의 기본 단위로 보고 있다. 초당 24프레임을 구성하는 요소들, 즉 움직이지 않고 고정된 이미지를 의미한다. 다시 말해 포토그램은 프레임을 구성하고 프레임들이 모여 숏이 되고 숏들을 어떻게 연결하는가 결정하는 부분은 편집으로 이어진다. "이 가운데서 움직이는 사물들은 하나의 전체 속으로 재통합되고 전체는 계속해서 나뉜다. 이런 과정을 통해 포토그램은 정적인 구성 요소를 넘어서 운동으로 연장된다. 〔……〕 그렇다고 해서 이것이 기호학에서 음운론과 의미론에 따른 분절의 단위들을 가리키는 것은 아니며, 정확히 말하면 실체에 가깝다." 메츠가 사용하는 포토그램은 따라서 사진 분야에서 카메라 메커니즘을 사용하지 않고 감광 매체에 직접 빛을 비춰 얻는 사진의 일종을 지칭하는 것과는 다르다(데이비드 노먼 로도윅, 『시간기계』, 김지훈 옮김, 그린비, 2005, p. 180 참조).

하며, 장. R. 데브릭스Debrix가 쓴 영화 이미지의 지각적 비현실성에 관한 글[35]도 참고해야만 한다. 요컨대『영화의 미학과 심리학』제1권의 각 장은 각 주제에 관한 모든 시기의 사유를 종합적으로 반영하고 있다. 만약 이 책을 쓰는 과정에서 그만의 독창적인 이론을 형성하는 과정에서 미트리가 동의했거나 반대했거나 극복했거나 등의 영향을 받은 매우 복합적인 모든 과정을 증명하려고 한다면 대강의 독서로는 어림도 없다. 정밀한 독서 끝에 결론적으로 도달할 수 있는 종합적인 의견이 필요하다.

이제 필자의 글 역시 맺으려는 노력을 해야겠다. 장 미트리의 저서(제2권은 집필 중이다)는 영화 문학의 시기를 종결했다. 일찍부터 고유한 관점을 견지하면서 독자적인 분야를 구축해온 비평과 역사를 별도로 한다면, 예전부터 지금까지 항상 특정한 관점이 없이도 영화에 관해 이야기하는 글들이 있었다. 왜냐하면 영화적 현상은 그 등장 이후 새롭고 중요한 현상이 되었기 때문에 이를 설명하고자 혹은 이해하고자 하는 욕구가 넘쳐났기 때문이다. 사람들은 '영화에 관해' 책을 썼다. 여러 관점 중에서 굳이 하나의 특정 관점을 선택할 필요가 없었다. (언어학자의 용어를 따르자면 타당한 선택이라고 할 수 있는) 접근 방식을 결정하지 않아도 되었다. 왜냐하면 영화 자체만으로도 문제 삼을 것이 충분했기 때문이다. 하지만 이러한 상황은 몇 년 전부터 변화를 맞았다.

그 과정에서 미트리의 책이 출간되었고,『영화의 미학과 심리학』제1권은 영화를 전반적으로 개관하는 책이다. 몇몇 부분은 비판의 여지를 포함하고 있으나, 모든 책이 그러하듯 정상적이라고 할 수 있다. 이 책이 방대한 연구 결과임에는 틀림없다. 빠른 시일 안에 이만한 연구 서적을 다시 접하기 힘들 것이다. 이 책의 등장 이후 영화에 관해 일반적인 차원에서 평범한 수준에서 아무 내용이나 말할 수 있는 시대는 끝났다. 미트리의 연구와 더불어 선행했던 다른 중요한 연구들 덕분에 영화적 현상의 주요 특성들이 더 잘 조명되고 분석되기에 이르렀다.

격렬한 토론과 맹목적인 논쟁의 시기는 지나가버렸다. 또한 너무 일반적이고 평범한 연구마저도 수용되던 시기도 끝났다. 이제 영화에서 가장 근본적이라고 할 수 있는 특성에 대한 메타담론을 둘러싸고 일주일마다 반대 의견을 내놓고 수정하기를 반복하던 습관을 버려야 할 때가 왔다. 미트리의 책은 그 연구 대상이 일반적일지라도 정교한 연구를 요구하는 시대의 출발점이 되었다. 모든 연구는 방법론에서만큼은 모호하거나 불확실한 접근을 배제해야 한다. 미트리가 제안한 영화 접근 방식은 가히 놀랄 만큼 다양하고 방향 설정이 더 확실한 정치한 분석의 출발점이 되었다. 바로 이러한 맥락에서 우리가 그의 책에서 더 정확하게 논의되거나 재고되어야 하는 사안들을 살펴본 것이다. 이제 영화에 관한 총체적인 집대성을 만나게 된 사실을 기뻐하도록 하자. 미트리의 책이 (때로는 명석한 글도 있으나) 넘쳐나는 영화 글들로 잘못 채워질 수 있었던 시기를 종결지은 것을 말이다. 『영화의 미학과 심리학』은 영화에 관한 사유를 새로운 관점에서 진행할 시대를 연 중요한 연구이다.

제2장
영화 이론의 실제적 문제들

장 미트리의 『영화의 미학과 심리학*Esthétique et psychologie du cinéma*— 형태*Les formes*』 제2권(Paris: Éditions Universitaires, 1965)에 관하여 1966년 집필. 이 글은 1967년 4월 『미학 연구』 제20권(Paris: Klincksieck), 영화 특집호 pp. 180~221에 수록되었다.
* 이 글에서 메츠는 미트리의 책 『영화의 미학과 심리학』 순서대로 그 논지를 설명하고 있다. 따라서 설명 뒤에 특별한 각주 없이 인용된 페이지 번호는 모두 미트리의 책을 의미한다. (옮긴이)

장 미트리의 『영화의 미학과 심리학』 제2권은 원칙상 제1권을 읽은 후 순서대로 봐야 할 필요성이 있다. 왜냐하면 그 출간 시기 사이에는 (1963, 1965) 2년의 공백이 있다고 하더라도 두 권 모두 동일한 관점에서 같은 리듬으로 구상되었고, 공통적으로 다루는 사안도 많기 때문이다. 필자가 이 글에서 『영화의 미학과 심리학』 제1권을 요약할 필요는 없을 듯하다. (대신 이 책 제1장 「영화에 관한 사유의 1단계」를 참조하기 바란다.)

『영화의 미학과 심리학』 제1권은 **구조**의 문제를 중점적으로 다루고 있다. 다시 말해 영화적 표현의 가장 근본적이고 항구적인 특성에 초점을 맞춘다. 제2권은 **형태**의 문제를 중점적으로 다룬다. 앞서 연구된 구조의 보편적인 특성보다는 특정한 개별 양태에 주목하고 있다. 제1권에서 논의된 다양한 분석에서 도출된 결론들(랑가주 현상으로서 이미지 배열, 직사각형 스크린의 역할, 재현된 것과 재현의 이원성, 관객의 '참여'에 부여한 정확한 지위, 시각적 '리듬'의 특성 등)은 각각 어떤 영화이건 원칙상 적용될 수 있다. 반면 제2권을 구성하고 있는 분석들은 (현대 영화,

사실주의 영화, 초현실주의 영화, 초기 영화 등) 몇몇 특정 장르의 영화, (주관적이라고 지칭되는 이미지, 은유적이라고 지칭되는 이미지 등) 몇몇 종류의 이미지, (말, 음악, 색깔 등) 전체 총합의 몇몇 특정 부분에 기여하는 영화 구성 요소들, 소설과 연극이라는 다른 두 장르의 예술과 영화가 맺는 특별한 관계 등과 관련된다. 이상에서 대략적으로 언급한 주제 이외에도『영화의 미학과 심리학』제2권은 상당히 다양한 주제를 다루고 있다. 이 글에서 466쪽이나 되는 방대한 분량의 저서를 요약하기란 쉽지 않은 문제이므로 당연히 누락된 주제들도 많을 것이다. 그중에서 두 가지만큼은 앞서 열거한 주제 목록에 반드시 덧붙일 필요가 있다. 첫째 랑가주로서의 영화 문제를 다시 생각해보는 작업이다. 이 주제는 이미 제1권에서도 심도 있게 다루어졌으나 지난 2년간 새롭게 제기된 문제들이 있었기에 제2권의 출간에 맞춰 첨가되었다. 둘째「실재의 인식」(pp. 179~278)이라고 제목이 붙은 철학적 관점을 서술한 장이다. 영화 이론 저서에서 상당히 긴 철학 글쓰기를 접하는 일은 그리 흔하지 않다. 미트리는 이 장에서 그 이유를 직접 설명한다. 영화는 앎의 철학적이고 심리적인 다양한 문제를 생각하지 않을 수 없는 새로운 현실이다. 지각, 실재계와 상상계, 이미지 등. 미트리는 이러한 문제들에 정교하지 못한 철학을 통해 답을 얻기보다는, 지각의 심리-유형학, 현대 인식론, 형태 이론, 현상학 등의 도움을 받아 독창적인 이론을 만들어보고자 한 것이다. 이 노력의 결과는 현재 집필 중인 다음 저서에 포함될 것으로 보인다.* 미트리의 이론은 영화에 관한 사유에서 출발한 것이지만 결과적으로는 영화에 대한 개념과 견해를 발전시키는 데 기여했다. 미트리의 이론을 제대로 평가하기에는 부족한 점이 너무 많지만, 한 가지만은 짚고 넘어갈 수 있을 듯하다. 영화를 더 광범위한 문제로 확장시키는 방식은 좋은 선택으로 보인다. 하지만 미트리의 책이 택한 전략에 비해 이

---

*『물리적 실재와 감각 세계의 여건 Le réel physique et les données du monde sensible』.

부분만큼은 꽤나 서투르다는 생각이 든다. 사실 이 철학 글쓰기는『영화의 미학과 심리학』전체에 녹아들지 못하고 겉돈다는 느낌이 강하다. 게다가 미트리의 철학적 관점은 굳이 이 부분에서 일부러 언급하지 않을지라도 이미 책 전체에 분산되어 글 여기저기에 포함되어 있다. 미트리의 철학적 글쓰기는 이 분야에 특히 관심이 많고 그의 이론을 제대로 이해할 능력이 있는 독자들을 위해 필요할 것이다. 영화에서 출발하여 철학적 문제를 생각하는 사람들 말이다. 공식적으로 철학적이라고 내세우는 두꺼운 장에 가둬두는 것보다 책 전반에 걸쳐 철학적 관점을 포함한 영화 분석을 시도하는 편이 좋을 듯하다. 같은 맥락에서 비슷한 지적을 미트리의 책에서 교육적 측면과 관련지어 할 수 있다.

미트리가 제공하는 너무나 방대한 사유의 궤적은 종종 독자를 힘들게 하기도 한다. 특히 이 면모는 제2권에서 두드러진다. 같은 내용이 반복되거나 주제에서 벗어나거나 (그 자체로 비난받을 만한 큰 단점은 아니지만 미트리의 책에서는 제법 많이 발견된다) 혹은 너무 길거나 무겁거나 산만하거나 하면서 논지의 핵심이 발전되는 궤적을 따라가는 과정 자체를 힘들게 만들고 있다.『영화의 미학과 심리학』제2권의 각 장 제목에서 집약적으로 제시한 것과 달리 본문 자체의 일반적인 전개 방향은 모호하다. 사실은 서로 다른 질문들이 같은 맥락에서 제기되기도 하며* 역으로 책 곳곳에서 영화 이론의 다양한 문제에 관한 미트리의 생각이 묻어나기도 한다. 하지만 이상에서 언급한 단점에도 불구하고, 미트리의 저서는 영화 전반에 걸친 문제들을 집대성한 책으로는 최초라고 할 수

---

* 「사실주의와 현실」이라는 제목의 제78장(pp. 406~36)은 여러 문제를 정교하게 구분하지 않은 채 한꺼번에 이야기하고 있다. 게다가 앞의 제77장에서 '연속적인' 촬영이란 관점에서 검토되었던 생각들에 제법 긴 문단(pp. 412~20)을 할애하고 있다. 이 부분은 제78장의 주제와는 직접적으로 연관이 없다. 또한 배우 연기에 관한 부분적인 언급(pp. 420~21), 영화 이론이 중심이 되는 연구 서적에는 어울리지 않는 부르주아의 윤리적 타락 문제, 안토니오니 영화의 등장인물에 대한 언급(pp. 422~27), 현대 과학에서 시공간의 상대주의 학파와 그 예비 교육 과정을 세운 장 엡스탱에 관한 평가(p. 432), 영화적인 초현실주의의 세 가지 주요 유형 구분(pp. 427~34), 연극과 영화 비교(pp. 434~35) 등은 핵심에서 벗어난 듯 보인다.

있다. 바로 이러한 맥락에서 미트리의 책이 전문가나 이론가들의 논쟁을 이끌어낼 만한 전문성이 다소 결여되어 있는 단점이 안타깝게 여겨지는 것이다. 이미 많은 영화와 이론을 접해서 전문 지식을 확보하고 있는 이들은 좀더 정교하게 심화된 영화 이론을 기대하게 마련이다. 반면 영화에 관심을 갖고 막 공부를 시작하는 이들에게는 전반에 걸친 다양한 문제를 접할 수 있는 추천 도서임에는 틀림없다. 이쯤에서 교수들이 늘 어놓을 만한 괜한 트집은 그만두기로 하자.

1) 현대 영화

『영화의 미학과 심리학』 제2권 초반(pp. 9~61)은 현대 영화, 다소 성급하게 거론되는 바를 따르자면 '비≠편집' 영화에 관해서이다. 앙드레 바쟁[36]이 가장 먼저 스펙터클을 최소한으로 분절하는 새로운 촬영법에 관해 이야기했다는 사실은 잘 알려져 있다. 촬영장에서 분절해서 찍는다는 사실은 차후에 편집으로 재배열한다는 과정을 전제로 하지만, 연속 촬영은 현상적으로 눈앞에 펼쳐진 세상을 시공간적인 연속성을 존중하면서 전체적인 관점에서 찍는다는 것을 의미한다. (흔히 플랑-세캉스라고 하는) 긴 숏, 심도를 깊게 하여 촬영한 딥 포커스 숏(화면 근경에서 원경까지 소실점을 축으로 여러 소재와 관심 대상을 모두 펼쳐놓는 기법), 화면을 넓게 사용하는 와이드 앵글 숏(시네마스코프를 비롯한 새로운 종류의 와이드 화면 혹은 '일반 규격'의 프레임에서 화면을 넓게 활용한 미장센,*) ('컷'을 하지 않고 새로운 소재를 연결해서 보여주는) 카메라 움직임 등은 모두 우리가 '연속적인 촬영'(연속성은 공간과 시간의 차원을 동시에 충족시켜야 한다)이라고 부르면서 지칭하는 기술적·미학적 가능성의 집합 양태에 해당한다. 이상에서 언급한 새로운 미학은 오늘날에

---

* 유명한 예로 장 르누아르의 1938년 작품 「게임의 규칙」에서 추격 장면을 들 수 있다.

는 각 영화마다 필요에 따라 선택하는 일종의 문체적인 사항이지만, 1940년대와 1950년대 당시에는 상당수의 감독이 주저 없이 이 기법을 사용했다. 물론 (알랭 레네나 장-뤽 고다르처럼[37]) 몽타주 기법을 새롭게 사용한 경우도 있었다. 연속적 촬영과 분절된 기법 사이(대략 1922년부터 1929년까지* 무성영화 시절 말기에 '최고의 권위에 있었던 몽타주 기법')의 대립은 앙드레 바쟁의 글에서 볼 수 있듯 이론 간의 반목, 때로는 과도한 갈등으로 굳어지게 되었다. 반反영화 대對 영화라고 요약해볼 수 있다. 연속성의 촬영은 몽타주를 완전히 거부하는 경향처럼 소개되었다. 점진적인 시각적 독해를 요구하는 '몽타주 영화'는 심리적으로 반드시 수용해야만 하는 조건을 만드는 기법이라고 할 수 있다. 이는 연속성의 영화가 현실과 최대한 유사하다고 평가되면서, 관객이 스스로 지각할 수 있도록 자유를 보장하는 특성과 반대 입장이라고 할 수 있다. 전체 차원에서 행위는 그만의 깊이, 넓이, 유동성 그리고 상황에 따라 제시되는 것들의 연결을 통해 드러나고, 관객 각자는 본인의 해독 수준에 따라 선택적으로 받아들이게 된다. 이 경우 초기 영화들이 종종 남용했던 절대적 힘을 가진 '조각들'의 언어적 기능,[38] 즉 한 가지 의미만을 가진 기호는 찾아볼 수 없다.

현재는 잠잠해졌으나 당시에는 굉장했던 논쟁에 관해 잠시 언급해보자.** 미트리는 몽타주라는 용어에 관한 의미를 상대화시켰다. 연속적으

---

* 몽타주 기법은 프랑스 감독 아벨 강스의 1922년 작품 「바퀴」를 기점으로 본격적으로 시작되었다고 본다. 이후 1929년경 유성영화가 보편화된 시점에 이르러 더 이상 활발히 사용되지 않는다.

** 물론 그사이 몽타주를 둘러싼 논쟁이 다시 활발해진 적은 있으나 그 이전과 비교하면 대수롭지 않다. 현재의 논쟁은 전혀 다른 종류이다. 1971년 현재 '영화의 본질'로서 분절된 조각 대對 심도의 촬영을 팽팽하게 논의했던 대립 양상만큼이나 중요한 이론적 논쟁은 찾아보기 어렵다. 전체 관점에서 보면 편집의 역할을 중요하다고 생각하게 되었지만 오히려 눈속임수의 '투명함'을 거부하는 특정 문체로서 인식되는 입장으로 변화한 것이다. 이러한 맥락에서 보면 1970년대 논의되는 편집은 연결을 의미하는 좁은 의미의 편집만을 의미하는 것이 아니다. 뿐만 아니라 긴 숏이 반드시 배제되는 것도 아니다. 따라서 당시 두 '진영'에 상응하는 그 어떤 대립도 오늘날에는 없다고 할 수 있다. 반면 양 진영 간의 대립을 조명한다거나 이 갈등이 내포하는 의미를

로 촬영되었을지라도 영화에서 제공된 것은 배열된 스펙터클이다. 현실의 재구성이다. 따라서 복사본 전체의 비현실적인 차원을 전제하지 않는다. 화면 구성, 조명, 연출된 카메라 움직임, 배우들의 연기, 화면 내부에 피사체 배치하기, 숏의 변화 등 모든 것이 현대 영화에서도 구성이나 시네아스트의 의도를 전달하는 방식으로 편재한다. 복사본이 존재하지 않는 현실, 결코 예술이 될 수 없는 현실 자체에 대응하는 순수한 현실이란 있을 수 없다(p. 407). 게다가 예술 작품 앞에서 관객이 누리는 '자유'란 작품의 구성 요소들 중에서 선택하여 관람하는 것이 아니다. 단지 작품 전체에 관한 개인적 평가만이 자유로울 수 있다(pp. 46, 49, 50). 와이드 숏의 '플랑-세캉스'에서 일정하게 선명한 시야(피사체와의 거리는 50센티미터에서부터 굉장히 멀게까지 가능하다) 역시 사실은 영화의 고유한 컨벤션이다. 이는 현실에서 실제로 지각하는 방식과는 거리가 멀다(p. 40).*

미트리에 따르면 일반적으로 덜 자주 쓰이기는 하지만 현대 영화 역시 편집을 사용한다. 예를 들어 에이젠슈테인에게는 편집이 매우 중요해서 매 숏마다 사용되었던 반면, '연속성의 영화'는 전체 장면을 통해 편집된다(p. 399). 연결이라는 좁은 의미에서의 편집이 몇몇 현대 영화에서 그 중요성이 줄어들었다면, 넓은 의미에서 편집, 즉 **편집 효과**는 모든 영화의 기초로서 여전히 건재한다(pp. 21, 399). 장 미트리의 영화 미학에서 핵심 개념으로 **연계의 논리**(이 책 제1장에서 언급되었듯이)가 제시되었고, 이를 기반으로 하여 『영화의 미학과 심리학』 제2권에서는 실제 분석이 많이 제시되었다. 영화는 가장 근간이 되는 재료로서 현실 세상의 단편들, 사진이라는 기술적 메커니즘에 의해 복제를 이루어내는 조

살펴보려고 하는 시도가 새롭게 대두한 면모라고 하겠다.

* 그래도 한 가지 점은 짚고 넘어가자. 앙드레 바쟁 스스로도 인정했듯이 플랑-세캉스가 만들어 내는 '일정하게 선명한 현실의 육면체'는 현실적인 지각 방식에 대응하는 그 어떤 것도 없다 (*Qu'est-ce que le cinéma?*, tome I, pp. 159~60).

각들의 집합을 들 수 있다. 원칙적으로 이 조각들을 배열하고 그 사이를 연결하는 방식 때문에 영화가 현실 세상에서 분리되어 세상에 관한 담론이 되는 것이다.[39] 무엇보다도 영화는 광대한 조립의 장소이다. 미트리를 따르자면, 바로 이러한 영화의 근본적인 특성을 유념하는 이들에게 바쟁 학파가 극명하게 대립시킨 편집과 비非편집은 오히려 편집 효과의 두 가지 다른 양태로만 여겨진다(p. 21). 몇몇 기존의 영화에서 상당수의 숏은 한 가지 소재만을 고립시켰다. 그 결과 두 가지 소재를 가깝게 붙이는 일은 종종 두 숏을 연결하는 작업(엄밀한 의미의 편집)과 동일한 경우였다(p. 21).* 연속적으로 촬영된 영화에서는 카메라 움직임으로 두 소재를 서로 연결한다거나(첫번째 소재를 보여주고, 이어서 두번째 소재를 보여주는 방식, p. 22) 혹은 단순히 한 이미지 속에 두 소재를 동시에 넣기도 한다(여기에서 공간은 중요한 의미 추론의 실마리로 작용한다, p. 21). 이때 첫번째 방식은 두 가지 소재가 연속적으로 연결되므로 편집과 유사한 방식이라고 볼 수 있다(p. 22).

이상에서 설명한 미트리의 관점은 그 이전까지 편집에 관한 담론에서 보다 훨씬 더 풍성하고 폭넓다. 영화에서 나타나는 의미 추론(똑같은 상황에서는 이 표현이 '연계의 논리'라는 표현보다 나을 듯하다)에 관한 예를 들어보자.[40] 서부영화에서 마차 행렬 장면이 있다고 하자. 이어서 절벽 위에서 아래를 내려다보는 한 무리의 인디언 장면이 연결된다고 하자. 이미지에서는 실제로 그 어떤 내용도 암시하지 않지만 우리는 이 두 장면을 보자마자 곧 인디언의 공격이 임박했다고 위협의 의미를 읽어낸다. 이때 작용하는 것이 영화의 구성 요소들 간에 작용하는 '의미작용 과정'이다(벨라 발라즈가 언급한 바 있다[41]). 이 의미작용이 바로 **사진적인 닮은 꼴을 이야기로 변화**시키는 것이다.** 마차라는 소재와 인디언이라는 소재

---

* 미트리가 말하길, 실제적으로 다양한 방식의 추론 과정을 지칭하는 '편집 효과'라는 표현은 '몽타주' 용어를 여전히 사용하던 기존 영화 시절에 사용되었다. 이 시절에 두 소재를 연결하여 모으는 방식은 매우 종종 엄밀한 의미의 편집 작업으로 이루어졌다(p. 21).

를 서로 연결하는 실제적 양태는 사실 다를 게 없다. 엄밀한 의미에서의 편집을 통해, 즉 첫번째 이미지에서 마차를 보여주고 두번째 이미지에서 인디언을 보여주는 방식이나 혹은 같은 '숏' 안에 두 소재를 동시에 보여주는 방식, 즉 카메라 움직임을 통해 인디언 쪽으로 초점을 맞추는 식이나 (비非사진적이란 차원에서) **보충적 의미를 만들어내는** 메커니즘은 근본적으로 다르지 않다.

하지만 너무 과장해서 바쟁의 주장을 비판할 필요는 없다. 미트리 스스로도 바쟁의 분석에는 진정으로 새로운 관점이 포함되어 있다고 인정했다(pp. 21~22, 41, 415). 소재들을 서로 이웃하게 만드는 방법이 편집일 경우 감독이 직접 개입하는 일이 많아진다. 조립된 재료들은 기호로서 등장하는 경우가 많고 **논리적 관계**는 더욱 선명하게 **배열된다.** 반면 의미를 내포하는 요소들이 분절되지 않을 경우 관객은 진짜 현실 같다는 생각을 더 많이 하게 된다. 그 관계를 지각하지만 기호는 피사체보다 더 강조되지 않고, 감독의 표현을 재현하기 위해 단순히 모습을 '드러낼' 뿐이다(p. 22).

동일한 맥락에서 미트리는 카메라 움직임의 문제에도 접근한다(pp. 34~40). 사실 편집을 통해 공간을 이동하는 모든 가능성을 실현시킬 수 있기 때문에 카메라는 움직일 필요가 없는 듯하다. 하지만 편집을 통한 공간 이동은 최종적으로 얻어내는 결과물일 뿐이며, 눈에 보이게 만드는 방법일 뿐이다. 편집은 실제 움직임을 만들지 못한다. 편집을 통한 공간 이동에서 변화하는 장소는 역설적으로 움직이지 않는 결과물에 해

** 한 가지 덧붙이자면 의미 추론은 영화 장르 고유의 법칙만큼이나 현실 세상에 관한 선험적인 앎을 전제한다. 예를 들어 21세기 초반에 인디언들이 백인의 마차를 습격하는 일이 자주 있었다는 사실을 아는 것 말이다. 인디언의 마차 습격은 내러티브의 일면에 해당한다. 이러한 일은 현실에서보다는 영화에서, 다른 일반적인 영화에서보다도 서부영화에서 일어날 가능성이 높은 것이 사실이다. 관객은 이런 방식으로 얻어진 정보 차원의 기준을 갖게 된다. 또한 이미 먼저 본 영화들에서 유사한 방식이 자주 도입되었기 때문에 직관적으로 얻게 되는 기준이다. 이는 곧 영화 장르의 개념으로 통한다.

당할 뿐이다. (우리는 편집과 함께 궤적trajectoire*이 자취를 감춘다고 말할 수 있다.) 반면 카메라는 디제시스 공간 속 궤도를 따라 실제 움직인다. 이 부분에서 미트리의 의견은 벨라 발라즈[42]와 마르셀 마르탱[43]의 의견과 일치한다.

이어서 미트리는 연대기 순으로 '몽타주 기법의' 영화와 '연속적으로 촬영된' 영화를 구분하는 작업을 한다. 이 두 종류의 영화들은 영화적인 표현의 두 가지 주요 양상으로 살펴볼 수 있고, 대립하기만 한다고 볼 수 없다(pp. 35~38, 43~44). 두 가지 축은 관객 참여 형태의 두 가지 면모로 볼 수도 있다.** 물론 양 축 사이에는 여러 수준의 중간 단계가 있다. 편집을 통해 관객의 시야를 독단적으로 한 방향으로 이끌어갈 경우(매우 효과적인 지각 방식), 관객은 자연스럽게 영화에 사로잡히게 된다. 영화는 우선적으로 영향력을 행사하게 되고, 이때 관객의 참여는 강력하지만 부분적으로 수동적이고, 영화는 매우 종종 관객의 열정을 필

---

* '궤적'이라는 단어는 현대 영화에서 가장 자주 사용되는 카메라 움직임 중 하나를 지칭하기도 한다.
** 논문 집필 당시와 비교해 현재 영화 이론계에서는 이 주제에 관해 일종의 방향 전환이 일어났다. 『카이에 뒤 시네마』『시네티크』 등의 학술지, 마리-클레르 로파르스Marie-Claire Ropars(De la littérature au cinéma, Armand Colin, 1970; L'écran de la mémoire, Le Seuil, 1970)와 같은 저자 등은 각자의 관점에서 영화의 '투명성'이 자신의 기표를 자연스러운 척 은폐하는 방식으로 관객도 알지 못하는 사이 일종의 반감을 야기할 수 있다고 설명한다. 반대로 글쓰기(필자가 『랑가주와 영화』에서 설명했던 영화적 글쓰기를 의미한다)의 활성화 방식으로서 편집 행위는 분명하게 자신의 역할을 인정하면서, 어른 관객에게서 비판을 이끌어내기도 한다. 하지만 글쓰기에 관한 최근 이론들은 연속성의 촬영 역시 결코 배제하지 않는다. 어떤 방식으로 작업되는가에 따라, 연속적인 촬영은 영화 작업과 잘 어울릴 수 있다고 본다. 역으로 '짧은' 숏들로 연결된 편집은 그 자체가 목적이 될 수는 없다고 본다. 게다가 앙드레 바쟁은 '고전적인 데쿠파주'가 일종의 자연스러움을 만들어낼 수 있고, 숏 간의 봉합 흔적을 지울 수 있다고 설명한다. 고전적인 데쿠파주는 사실 플랑-세캉스를 거의 사용하지 않고 촬영장에서도 가능한 잘게 분절하는 방식임에도 불구하고 말이다. 반면 롱테이크 숏은 좀더 확장된 의미에서의 몽타주를 사용한다. 즉 화면 심도를 따라 소재를 배치시킨다거나 화면 내부로 들어가거나 나오는 방법, 시선의 방향 등을 모두 포함한 의미에서의 몽타주를 의미한다. 우리는 이와 같은 이론적 담론을 접하면서 근본적으로 생각의 반전이 일어났다고 결론을 내리기는 어렵지만, 생각을 움직이고 전진시키는 문제적 사고의 역사적인 발전 과정을 보면서 복합적이고 거대한 흐름을 느낄 수 있게 된다.

요로 한다(pp. 43~44). 반면 디제시스를 순수한 척 가장하는 경우, 현실의 무한한 다의성을 모방하는 경우, 관객과의 거리를 더 멀리 떨어뜨리는 경우, 명백하게 존재하는 대상 뒤에 전달하고자 하는 의도를 숨기는 경우, 카메라 움직임을 통해 부분적으로 솟아오르는 실제 형상을 강조하는 경우 등에서는 오히려 더 많은 관객의 주의를 필요로 한다. 이때 관객의 해석 방식은 더 능동적이고 개인에 따라 변화할 수 있다.* 확연히 눈에 보이는 경계를 가지고 완전히 닫힌 이야기는 이미 발생한 과거의 사건으로 인식된다. 관객은 이미지를 차례대로 한 방향으로 읽어내고, 영화를 보는 동안 이미 지나간 일련의 행동들은 지금 일어나는 것처럼 '현재화présentification'된다. 반면 경계가 훨씬 모호한 이야기는 사실상 다양한 가능성이 잠재되어 있기 때문에 영화를 보는 동안 만들어진다는 인상을 준다. 다시 말해 영화가 '현동화actualisation'시키는 것이다. 요컨대 예전 영화는 현재화라고 정리할 수 있고, 현대 영화는 현동화라고 할 수 있다(pp. 37, 43~44).

2) 주관적 이미지

미트리의 책 다음 부분은 '주관적'이라고 지칭되는 이미지를 세심하게 분석하고 있다(pp. 61~79, 138~140). 주관적 이미지란 영화에서 이야

---

* 카메라 움직임과 관련해서 미트리의 분석을 다시 한 번 상기할 필요가 있다. 우리가 움직임을 지각할 때에는 언제나 현실과 똑같은 것처럼 생각된다. 왜냐하면 움직임에는 물질성이 부재하기 때문이다. 배우의 신체와 달리 움직임은 만질 수가 없다. 움직임을 눈으로 지각하는 것을 스크린에서 재현하는 순간 곧 현실적으로 움직임을 지각하는 것과 똑같이 된다. 반면 사진과 같은 초상은 언제나 그 대상과 분리되고 구별된다. 왜냐하면 사진에는 접촉성이라는 직관적이고 현상적인 기준으로 봤을 때의 물질성이 없기 때문이다. 카메라 움직임을 포함하여 영화에 등장하는 모든 움직임은 영화가 만들어내는 현실 효과에 기여하는 바가 높다. 이 주제에 관해 필자의 다음 논문을 참조하기 바란다. 이 논문은 『영화의 의미작용에 관한 에세이』 제1권에 수록되어 있다("À propos de l'impression de réalité au cinéma", *Cahiers du cinéma*, n° 166~167, mai-juin 1965).

기 주인공의 시각을 대변하는 모든 종류의 이미지를 의미한다. 이는 디
제시스의 객관적이라고 간주되는 상태, 다시 말해 감독 혹은 작가의 시
각이라고 간주되는 상태는 결코 아니다. 왜냐하면 관객에게 디제시스는
애초에 '주어진 세계'를 대변하기 때문이며, 이를 통해 객관적이라고 생
각되는 심급이 존재한다.* '주관적' 이미지를 여러 종류로 구분해볼 수
있다. 우선 순전히 '정신적'인 이미지를 시각화하는 것들이다. 주인공이
상상하는 것, 꿈꾸는 것, 두려움과 공포에 질려보는 것, 바람과 희망 속
에 예견하는 것 등. 요컨대 주인공이 실제 **보지** 않는 것을 말한다. 많은
영화 이론가는 영화가 완전히 '내면적인' 상태를 번역해내기란 쉽지 않
다고 주장하곤 하는데, 미트리 역시 동의한다(pp. 65, 138~39). 영화
를 구성하는 숏은 시각적인 것만을 전달한다. 실제 볼 수 없는 것 앞에
서는 효력을 잃는다고 할 수 있다. 주관적이고자 하는 이미지는 언제나
객관적인 것처럼 관객에게 인식된다. 결국 영화 속에서 더 혼란스러운
인상을 남기게 된다. 왜냐하면 이 이미지들은 사실적인 시각으로서 영
화의 다른 이미지들과 비교했을 때 그만의 의미를 충족시키지 못하기 때
문이다. 결과적으로 영화는 주인공들의 상상적인 모습과 시야를 효과적
으로 번역하기에는 너무 '사실주의적인' 매체라고 할 수 있다.** 게다가

---

* 1920년대 주관적 이미지는 비평가와 이론가들의 지지와 많은 관심을 불러일으켰다. 미트리가
언급했듯이 '주관적'이란 용어는 예외 없이 주인공에게 초점 맞춰진 시각을 의미하거나 혹은 매
우 직접적으로 표현성을 내포하는 시각적 왜곡을 의미한다. 후자의 경우 시네아스트의 관점을
대변하는 것이다. 하지만 이미 잘 알려져 있듯 후자의 경우는 거의 사라져버렸다. 적어도 과격
한 왜곡의 형태는 보이지 않는다. 초현실주의적인 특정 장르에서는 여전히 왜곡의 형태가 사용
되지만 이때 전체 맥락에서 전혀 다른 의미를 획득하게 된다. 현재의 대부분 영화에서 작가의
'주관적 이미지'는 '사실주의적'인 외관과 서로 공존할 수 있다. 주관적인 이미지는 사실주의적
인 영화와 대립되는 특성의 영화에서만 등장할 수 있는 것이 아니라, 디제시스의 객관성을 구
성하는 한 요소가 된다. 과도하게 지나치지 않고서도 '누군가의 시각'으로 바라본 영화가 가능
한 것이다.
** 뿐만 아니라 영화가 너무 비사실적이라고 말할 수도 있다. 이 두 가지 특성 때문에 결국 정신적
이미지를 시각화할 수 없는 극도의 어려움을 경험하게 되는 것이다. 영화가 제시하는 유사-현
실은 관객에게는 항상 상상의 것으로 인식된다. 관객은 극장에 있다는 사실을 너무나 잘 알고
있기 때문에 '현실 효과'가 결코 진짜 착각으로 연결되는 일은 일어나지 않는다. 이러한 맥락에

이런 종류의 '시각'은 정의상 세부적으로 모든 것을 규정하기에 너무 어려울 수밖에 없다. 정신적 이미지를 시각화하기 위해서는 임의적으로 상상해내야만 한다. '꿈 전부'를 어떻게 모두 생생하게 기억하고 그려내겠는가 말이다. 미트리에 따르자면 주관적 '시각'의 내용은 타인도 알아볼 수 있어야 하고 이미지를 통해 획득한 객관화시키기가 왜곡을 전혀 만들어내지 않는다는 뜻은 아니다. 왜냐하면 객관화시키기 과정은 상상을 통해 만든 대상(이는 지각의 대상으로 변화한다)에서 심리학적인 특정 상황을 만들어내는 부재의 정도를 없애기 때문이다. **주관적인 것을 객관화하는**(p. 65) 작업은 따라서 피해갈 수 없다. 이 주제와 관련해서 미트리는 벨라 발라즈*나 1920년대 '아방가르드' 경향의 대부분과 다른 입장

서 디제시스의 주인공에게 부여된 비사실성을 드러내려면 영화가 곤란해질 수밖에 없다. 왜냐하면 '언제나 이미 거기에 있었다'라는 사실과 지금 보고 있다는 사실 간의 간격이 가장 먼저 작용하기 때문이다. 또한 2차 단계에서 특정한 심리학적인 비틀림이 작용하기 때문이다. 영화 주인공들이 (꿈이나 두려움과 같이 눈에 보이지 않는) 부재하는 것이라고 생각하는 대상들을 관객도 (영화이기 때문에) 부재한다고 생각한다. 또한 관객은 영화 주인공들이 존재한다고 생각하는 대상(이 대상과 같은 허구 세상에 등장인물도 속한다) 역시 (영화는 이야기이기 때문에) 부재하는 것으로 본다. 사실 관객이 생각하기에 영화 주인공은 다른 것과 마찬가지로 디제시스 구성 요소 중 하나일 뿐이다. 어쩌면 영화 이미지는 한 가지 지위만을 가질 수 있을지 모른다. 관객에게는 상상적인 것이고 주인공에게는 실재적인 것이라는 지위 말이다. 이는 영화 이미지가 너무나 사실적이면서 동시에 너무 상상적이기 때문에 발생하는 것이다.

* 벨라 발라즈는 두 종류의 주관적 이미지, 즉 '영혼의 세상'을 보여주는 이미지와 '세상 속의 영혼'을 보여주는 이미지로 구분했다(Theory of the film, Londres: Dennis Dobson, p. 179). 첫번째 종류는 순수하게 '정신적이고 내면적인' 이미지를 지칭하고, 두번째 종류는 '객관적'이고 지각될 수 있는 이미지, 주인공 혹은 시네아스트에게 보이는 것처럼 세상을 제시하는 이미지를 지칭한다. 발라즈는 이미 유사한 구분을 부분적으로 제시한 바 있다. 몇몇 영화 이미지는 '사물이 우리 마음에 나타나는 것처럼' 제시되기도 하고, 다른 이미지는 '제스처나 얼굴에 마음이 표현되는 것'을 보여주기도 한다. 사물이 우리 마음에 나타나는 것처럼 제시된 이미지는 다시 말해 정신적 이미지를 지칭하고 제스처나 얼굴에 마음이 표현되는 이미지는 관객에게는 온전하게 객관적(주인공의 감정이 태도나 표정에서 읽히는 것처럼)인 이미지를 말한다. 발라즈의 이와 같은 구분은 다음 책들에서 제시되었다. Der Geist des Films, Halle Saale: W. Knapp, 1930. Der Film, Wien: Globus Verlag, 1949. 그의 표현을 따라 '영혼의 세상' '사물이 우리 마음에 나타나는 것처럼' 제시되는 정신적 이미지와 관련해서 벨라 발라즈는 영화의 '아방가르드' 경향이 내면 영화, 정신의 흐름을 시각화한다는 원칙에 맞춰 이러한 종류의 이미지를 많이 사용했다고 설명한다(Theory of the film, p. 179). 또한 이런 종류의 영화를 '절대 영화'라고 부르기도 했다.

을 표명하고 있다.

다른 종류의 '주관적' 이미지의 경우에 영화가 덜 무장해제되기도 한다. 이는 **객관적인 것을 주관화하면서** 이루어진다(pp. 65, 76). 이러한 이미지는 겉으로 봐서는 다른 이미지와 유사하다. 이미지는 디제시스 사건의 사실주의적 외관을 제공하고, 주인공을 사실적으로 보여준다. 카메라 각도, 움직임과 같은 힘의 이동과 구조가 관객을 주인공의 시야에 결부시키는 방식으로 연출된다. '사실적인' 시각에서 지각되는 이미지는 주인공이 보는 것과 같다고 간주된다. 재현되는 것은 사실처럼 주어지지만 재현은 그 속에 포함된 인물의 한 시선에 초점 맞춰져 이루어진다. 예를 들어 윌리엄 와일러의 「제저벨」(미국, 1937)의 한 장면을 생각해보자. 여주인공 베티 데이비스가 사랑하는 남자를 기다리면서 초조해하며 장식품을 옮기고 꽃을 꼽는 등 거실을 서성거리고 있다. 카메라가 여주인공을 보여주면서('객관적' 이미지) 점진적으로 그녀의 마음 상태가 초조해지고 조급해지는 과정을 따라간다. 이때 카메라는 언제나 그녀처럼 그녀 곁에서 서성거리고 있다. 이러한 맥락에서 여주인공을 따라다니면서 관객은 디제시스 세상에 속한 것처럼 생각된다. 마치 그녀와 함께 그 세상 속으로 들어가는 것처럼 말이다. 바로 이런 이유에서 장 미트리가 이런 종류의 이미지를 '반-주관적' 이미지 혹은 '연상' 이미지라는 이름으로 지칭한 것이다(pp. 77~78).

엄밀한 의미에서 **주관적** (혹은 미트리의 용어를 따르자면 '분석적' pp. 77~78) 이미지, 그 속에서는 주인공들이 나타나지 않고 그들이 보는 것만을 관객이 보게 되는 이미지를 따로 구분한다. 이런 종류의 이미지는 종종 숏-리버스 숏 기법(이미지 1: 보는 사람의 얼굴, 이미지 2: 시선을 받는 대상)과 연결되어 나타난다. 이런 범주의 숏이 사용되기 위한 특정 조건이라고 할 수 있다. 숏-리버스 숏이 엄격한 형태를 쫓아 반드시 주관적 이미지와 함께 나타나야 하는 것은 아니다. 주관적 이미지가 정확하게 이해되기 위해서는 대상에서 너무 멀지 않은 숏에서 시선의 주인공이 나타나기만 하면 된다(p. 66). 사실상 관객은 주인공이 누구인지를 확실히 알아볼 때에만 임의적으로 주인공의 시각에 자기동일시한다(누군가의 시선을 내재화하려면 먼저 그 사람을 알아야만 한다고 할 수 있을 것이다). 바로 이러한 맥락에서 로버트 몽고메리의「호반의 여인」이 실패한 이유를 짐작해볼 수 있다. 매우 독특한「호반의 여인」은 작품 전체가 주관적 시점에서 만들어진 영화이다(p. 66).* 이 영화에서 주인공은 한 번도 실제 등장하지 않는다. 단지 행위 중에 그 모습을 조금씩 손, 팔목, 거울에 비친 모습 등을 볼 뿐이다. 촬영장에서 몽고메리는 가슴 앞에 가죽 띠로 카메라를 고정시키고 모든 사건이 정말로 주인공의 시점으로만 보이게 하려고 했다. 이런 방식으로 관객이 주인공에게 완벽하게 동일시되기를 의도했다. 하지만 감독의 의도는 빗나갔고 동일시는 일어나기 힘든 상황이 되었는데, 왜냐하면 관객이 영화에 등장하는 거울 속 이미지를 보고 그것이 주인공의 모습이란 생각을 하지 못했기 때문이다. 마찬가지로 화면에서 손을 보고도 그것이 주인공의 손인지 모르고, 인물이 계단을 올라갈 때 자기 자신이 올라간다는 느낌을 받지 못했다는 것이다. 평범한 영화에서 발생하는 '동일시'는 사실상 관객이 정신적으로 등장인물에게 자기 자신을 투사할 때, 다른 순간에 외부에서 주인공을 본 적이 있을 때, 일시적으로 발생하는 결합이라고 할 수 있다. 「호반의 여인」의 배우와 감독이 완전한 동일시를 얻고자 했던 욕망은 역으로 다른 영화에서는 부분적으로 일어나는 결합마저도 감소시키는 결과를 낳았다. 알베르 라파이는 이 영화의 동일시 현상과 관련해 매우 명석한 분석을 제시한 바 있다. "지각적으로 동일시하는 것이 불가능하기 때문에 상징적 동일시가 발생할 수 없는 것이다."[44] 몽고메리의 영화에 관한 유사한 지적들이 여러 비평가에 의해 제기되었다.[45] 엄밀한 의미에서 (미트리의 용어로는 '분석적') 주관적 이미지는 객관적 이미지와 결합되

---

* 1940년에 오손 웰스가 기획했던 'Heart of darkness' 프로젝트가 있긴 했으나 실제 촬영되지는 않았다.「호반의 여인」은 1938년에 구상되었고, 1946년에 연출되었다.

면서 약간의 비율로만 가능한 것이지 일반화될 수 있는 기법은 아니다.

미트리는 영화에서 기꺼이 많이 사용되는 주관적 이미지의 특정 범주를 두 가지로 구분했다.

첫째 객관적이라고 볼 수 있는 정도에서 상상적인 것을 구성하는 방식이다(p. 139). 그 예로 안토니오니의 「붉은 사막」(이탈리아, 1964)에 나타나는 일종의 동화에 해당하는 이야기 부분(p. 139)이나, 전설, 요정 이야기, 판타지 영화 등 더 일반적으로 모든 영화에 등장하는 의도적으로 비사실적인 부분을 들 수 있다. 이 경우 사실적인 숏으로 구성된 시퀀스 속에 정신적 이미지를 삽입하는 형식이 아니라, 전체가 환상적인 이야기이고, 더불어 전체 이미지 모두 상상적인 것이 되는 형식을 지칭한다. 즉 원초적인 상상 세계 속에서 모든 이미지가 '객관적'이며 모든 이미지가 공통적인 특성을 갖게 된다. 결국 다른 평범한 영화들과 같은 상황에서 단지 내용만이 '비사실적'이 된다. 그리하여 극복하기 어려운 관습적 장애물, 즉 한 가지 차원의 현실성만을 수용하는 상황에서 부닥칠 만한 어려움을 피하게 된다.

둘째 주인공이 기억을 더듬으며 언급하는 플래시백 형태의 기억 이미지이다(pp. 68~71, 107~12, 140, 403, 404). (장-피에르 샤르티에Jean-Pierre Chartier의 탁월한 분석[46] 이후) '1인칭 소리'라고 지칭되는 기법이기도 하다. 플래시백 이미지는 평범한 이미지와 다른 것이 전혀 없다. 일반 흥행 영화 관객은 극장 안에서 이야기가 '뒤로 돌아가는' 과정을 경험한다. 그리고 그 이야기가 현재 전개되는 것이라고 믿게 된다. 플래시백 이미지는 그 자체로 주관적이지 않다.[47] 현재 진행되는 코멘트 덕분에 시간적인 이분화가 이루어지고, 시각적인 것과 청각적인 것의 상호적인 연계작용에 따라(듣는 것을 통해 보고 있는 것이 과거에 일어난 일이고 '정신적' 이미지라고 규정하게 된다) 이미지에도 기억과 관련된 의미를 동등하게 부여할 수 있게 된다.* 이 경우 등장인물이 들려주는 이야기는 곧 기억 행위를 구체화하는 행위이기도 하다. 이미지의 묶음이 기억의 내용을 전달한다면 소리의 코멘트는 기억이라는 지향성을 드러내고, 이 두 요소의 결합은 거의 완전한 결과에 도달하게 한다. 이 부분에 관한 미트리의 입장은 알베르 라파이가 영화에서의 '초超-사진적인 개입'[48]이라고 하여 설명한 내용과 유사하다. 이 개념은 앞서 언급한 미트리의 '연계 논리'와 부분적으로 일치하는 것으로 영화에서 이야기가 개입되는 부분과 연관된다. 활성화된 사진 이외에 이미지와 영화를 구별짓는 특성을 의미한다.

이제 요점을 정리해보자. 미트리는 주관적 이미지라고 지칭될 만한 이미지를 다섯 가지 주요 범주로 구분했다. ① 순수하게 정신적인 이미지(일반적으로 영화에 적용되기란 어렵다), ② 진짜 혹은 분석적인 주관적 이미지(보는 사람이 없는 상태에서의 보는 대상), 최소한의 비율로 적용 가능함, ③ 반-주관적 이미지 혹은 결합된 이미지(보는 사람 + 보는 대상, 보는 대상은 반드시 보는 사람의 시점에서 제시되어야 함), 일반화시킬 수 있는 가능성이 가장 높은 기법, ④ 상상적인 것으로 시퀀스 전체가 주어진 경우, 특별히 문제를 제기하지 않는 경우, ⑤ 기억 이미지, 원칙상 정신적 이미지의 한 종류이지만 코멘트와 함께 등장하는 플래시백 형태로 제시될 경우 다른 정신 이미지보다 훨씬 편안하게 영화의 한 기법으로 수용된다. 이상에서 정리한 '구분 기준'은 현대 영화에 등장한 다양한 종류의 주관적 이미지를 보다 더 정교하게 구분하는 데 적합할 뿐만 아니라 기존의 담론들에서 제기된 구분들[49]을 일목요연하게 정리하는 데에도 상당한 도움이 된다.

3) 영화에서의 말

미트리는 다음 장에서 영화에서 말의 역할에 관해 언급하고 있다(pp.

---

* 장 미트리는 『영화의 미학과 심리학』 제1권에서 이미 플래시백 문제에 관해 언급한 바 있다.

87~116). 그는 말이 영화 서사에 현실성의 보완적 지표를 제공한다고 보고, (초기 유성영화가 등장할 무렵 저어했던 분위기가 완전히 사라지고 난 뒤에는) 영화가 최소한의 '사실주의'를 확보하는 데 결정적인 방식으로 작용한다고 설명한다(p. 91). 미트리는 (학설을 이루지는 않았을지라도) 유성영화 초기에 '영화적 특수성'을 강조하면서 무성영화를 그리워하던 몇몇 이론가를 반박한다(pp. 93~96). 그들은 심지어 촬영된 연극을 순수 형태로 강조하는 극단주의 경향이 있었는데, 이를 일컬어 영화 역사에서는 이미지와 소리의 '비非-싱크로니즘a-synchronisme 원칙' 혹은 '비동시성' '불일치' 등으로 부른다. 에이젠슈테인, 푸도프킨, 알렉산드로프의 유명한 **오케스트라적인 대위법 선언***이라든가, 비슷한 시기에 발표된 르네 클레르의 글[50] 등은 영화와 연극을 구별하는 확실한 특성을 찾아내고자 한 사람들의 입장을 잘 대변하고 있다. 게다가 벨라 발라즈의 경우처럼** 이 경향에 그다지 동의하지 않는 사람일지라도 20년이 지나고 나서도 '비-싱크로니즘'이 **꼭 지켜야 하는 원칙**이라고 계속해서 지지하기도 했다.

간단히 정의하면 '비-싱크로니즘'은 무슨 수를 써서라도 '중복법pléonasme'을 피하는 원칙을 말한다. 말은 이미지가 보여주는 것을 결코 말해선 안 되며, 소리 또한 그것을 암시해서도 안 된다. 시각적 요소와 청각적 요소 간의 중복 효과는 무조건적으로 삭제되어야만 한다. 만약 디제시스에 소리를 내는 대상이 포함된다고 한다면, 시동 거는 자동차, 박수치는 청중 등이 나타난다고 한다면? 이미지는 소리의 근원지를 보여

---

* (옮긴이) 1928년 토키 선언. 그들에게 소리는 시각적 의미로부터 독립된 몽타주를 위한 새로운 요소였고, 시각적 이미지와 음의 이미지가 충돌함으로써 '새로운 오케스트라적인 대위법'이 창조된다고 하는 대목에서처럼 몽타주에 새롭고 한층 완전한 형식의 가능성을 부여하는 것이라고 보았다. 특히 대사로서의 요소는 부정하지만 음향(음악)의 가능성을 긍정적으로 받아들이고 있는 점이 특이하다.

** 1952년 *Theory of the film*, pp. 194~203, 207, 209~10, 217, 218~19에서 'a-synchrone' 용어를 사용한다. 하지만 벨라 발라즈는 전체적으로 봤을 때 유성영화를 거부하려는 움직임이 소용없을 것이라는 의견을 피력하고 있다(pp. 221~22).

줄지라도 소리가 들려서는 안 된다. 연설자가 강연을 하는 상황에서 사운드트랙으로 그의 말을 들을 수 있게 되었을 때? 어떤 경우에도 이미지는 연설자를 보여줘서는 안 된다. 대신 경청하고 있는 청중을 보여주는 식이다. 르네 클레르의 『숙고된 사유Réflexion faite』, 벨라 발라즈의 『영화 이론Theory of the film』, 푸도프킨의 『영화 기술에 관하여On film technique』[51] 등에서 비동시성 효과에 관한 무수한 사례를 찾아볼 수 있다.

이러한 입장은 말과 소리의 사용 중 가장 단순하고 자연스러운 방식을 배제하기 위한 방법들을 총동원한다.[52] 그중에는 비뚤어지고 어색한 방법들도 포함되어 있다. 말과 소리의 자연스러운 사용 방식이란 예를 들어 말을 하는 사람을 보여주면서 그의 말소리를 들리게 하는 식, 증기기관 소리와 함께 열차가 출발하는 모습을 보여주는 식을 말한다.

사실 비동시성은 화자의 말을 듣는 동안 청자의 반응에 초점을 맞추는 식의 흥미로운 구조를 만드는 결과를 낳기도 한다.* 하지만 다른 경우에는 비-싱크로니즘의 기계적인 적용으로 인해 매우 부자연스럽고 인위적인 모습을 낳기도 한다. 이에 해당하는 사례로 르네 클레르의 「파리의 지붕 밑」(프랑스, 1930, 음향과 소리의 신기한 사용법을 강조한 영화. 의도적인 선동과 코믹하게 사용하려는 식으로 본문에서 설명한 경향을 잘 드러내고 있다)의 한 장면을 들어보자. 두 친구가 카페에 앉아서 이야기를 하고 있다. 하지만 유리창 너머로 보이는 그들의 말소리는 전혀 들리지 않는다. 더 전체적인 관점에서 볼 때 유성영화의 미래는 비동시성이 획득한 성과와는 완전히 다른 방향으로 진행되었다. 말과 소리는 영화 세계 속에 더 솔직하고 더 광범위하게 수용되는 방향으로 나아갔다. 오늘날의 영화('촬영된 연극'과 확실히 다른 종류의 영화까지 포함하여)는 인물들이 화면에 보이는 채로 정상적으로 자연스럽게 말을 한다. 우리가

---

* 이 기법은 르네 클레르가 『숙고된 사유Réflexion faite』, p. 153에서, 또 푸도프킨이 『영화와 유성영화Film e fonofilm』, p. 197에서 처음 제시했으며, 이제는 일반적으로 사용하는 기법이 되었다.

자동차 시동 소리를 듣는 순간 화면 안에 자동차가 보인다. 이제 영화에서는 우리가 일상에서 경험하는 것처럼 보는 것과 듣는 것이 서로 조화를 이뤄 결합되는 경우가 흔하다. 왜냐하면 몇몇 이론가가 거부하려고 했던 '중복성'은 현실 상황을 자연스럽게 포착하는 수단으로 작용하기 때문이며, 이때 소리가 발생하는 대상은 시각적인 화면과 비교해 그 어떤 특정 권리도 누리지 않기 때문이다.

미트리는 비동시성이 극단으로 치닫는 경우에 관한 세밀한 분석을 시도했는데(p. 95), 의도적으로 많이 줄어든 소리와 말이 이미지 밖에 머물게 하는 방식과 연관해 부분적으로 대위법contrepoint의 비연속적인 요소들을 사용한 것이라고 했다. 거의 모든 음향 요소의 '소리를 나지 않게' 했기 때문에 몇몇 '유성'영화는 사실상 무성영화라고 해도 과언이 아니다. 이 영화들은 음향 요소를 매우 조금만 곁들였고, 말 역시 간단히 언급되는 자막처럼 비연속적으로 사용되면서 시간 간격을 두고 들리게 했다(사실 논리적으로 생각했을 때 주인공들은 쉬지 않고 지속적으로 이야기하고 있음에도 불구하고 말이다). 그 결과 등장인물에게 말이 딱 맞아떨어지지 않게 되었다. 등장인물의 입술에서 말이 나오는 것이 아니고 마치 공기 중에 부유하는 것처럼 인물 옆 어딘가에 있는 것처럼 여겨졌다. 1930년부터 1933년까지의 몇몇 프랑스 영화에서 등장한 알베르 프레장(「파리의 지붕 밑」 남자 주인공을 맡은 배우)의 목소리를 생각해보면 미트리의 지적은 얼마나 지당한지……! 배우는 마치 간결하고 산발적인 텍스트를 읊는다는 인상을 준다. 선행하는 긴 침묵을 깨고 들리는 이 짧은 문장을 들으면서 관객은 약간의 미학적 충격을 경험하게 되며, 그 결과 일부러 말하지 않는 구조를 통해 배제된 가운데 성취하는 아름다움을 맛보게 되는 것이다. 미트리가 정확히 지적했던 것처럼(p. 95), 비동시성을 주장한 이론은 결국 영화에서 말에 대한 근본적이고 심층적인 거부감을 드러내고 있다. 다시 말해 회피의 가치를 포함한다. 미트리의 이러한 입장은 필자가 『영화의 의미작용에 관한 에세이』제1권, 제3장「영

화──랑그인가 랑가주인가?」에서 밝힌 유성영화의 출현에 관한 생각과
도 일치한다.

1932년부터 루돌프 아른하임은 비동시성 원칙에 관해 반박하면서 미
학적 '측면'에서 미래에 다가올 전망을 제시했다.[53] 아른하임에 따르면
유성영화의 미래는 지엽적인 '효과'로만 그치지 않을 것이었다. 그가 말
한 '병행론(竝行論. parallélisme)', 즉 소리의 근원지와 소리를 동시에 확인
하는 원칙은 많은 영화에서 정상적인 기법이 될 것이라고 보았다.[54] 그
에 따르면 **병행론은 중복성을 의미하는 것이 아니며,**[55] 중복성과 비-싱크로
니즘 사이에서 양자택일해야 한다는 강박관념에 사로잡힐 필요도 없다.
영화의 등장인물은 같은 순간일지라도, 소리를 통해 말하는 내용에 따
르는 정보 그리고 이미지를 통해 얼굴 표정이 전달하는 정보와 같이 각
기 다른 정보를 전달할 수 있다. 아른하임이 말하길, 더 확장된 차원에
서 보자면 '병행론'은 '대위법'과 함께 공존할 수 있는 기법이다.[56]

* * *

(좀더 확장된 의미에서 그리고 병행론을 배제시키지 않는 범위에서) '대
위법' 이론에 관해 미트리는 그의 저서(pp. 96~99)에 설명한다. 싱크
로니즘인가 비-싱크로니즘인가는 중요하지 않다. 문제는 시각적인 것과
언어적인 것의 끊임없는 상호작용이다. 흔히 영화의 연속성은 연결 '숏'
들 간의 관계를 명백히 하는 시각 요소를 통해 확보된다.* 하지만 숏의
최종 의미작용은 이미지와 대화의 연계를 근간으로 이루어진다. 이때
연계란 확장된 의미에서 편집을 의미한다. 결과적으로 유성영화에서 담

---

* 물론 예외는 있다. 대다수의 다큐멘터리 영화, 교육영화 혹은 몽타주 영화에서는 이미지를 통해
  간헐적으로 발생하는 연속성을 바로 언어적 요소가 보장한다. 에드가 모랭의 표현을 따르자면
  말은 '편집을 고정'시키는 역할을 한다. 덜 분명한 형태이긴 해도 픽션영화의 몇몇 부분에서는
  유사한 구조를 찾아볼 수 있다.

화로 확보된 연속성의 이론적 메커니즘은 1번 숏의 시청각이 만들어낸 전체 의미에 2번 숏의 시각적인 부분을 연결시키고, 또 2번 숏의 시청각이 만들어낸 전체 의미에 3번 숏의 시각 요소를 연결시키는 식으로 진행된다. 영화에서 인물의 언어적 언표는 반드시 근접한 것끼리 연결되지 않는다. 언어 언표는 무엇보다도 공존하는 시각 요소와 상관관계를 맺는다. 대화는 매우 종종 파편적이거나 미완성일 뿐만 아니라 (배경이나 장소를 보여주는 것처럼) 많은 경우에 침묵이 흐른다. 영화에서는 연극의 연속적인 텍스트에 상응하는 그 어떤 것도 존재하지 않는다. '촬영된 연극'의 트랙을 제외하고는 말이다.* 영화에서 등장인물 간에 나눈 이야기가 얼마나 많은지 그 양에 따라 다른 장르의 예술과 '영화적으로' 진정한 영화 작품을 구별할 수는 없다. 반면 작품 전체 구성 요소 집합과 비교해서 말의 지위에 따라서는 가능하다(p. 99).

이어서 장 미트리는 '무대의 대화'와 '행동의 대화'를 구분한다(pp. 99~100). 미트리에 따르면 '무대의 대화'는 연극에서 사용되는 기법이다. 즉 말을 통해 드라마적인 요소들을 선명하게 드러내고 가장 근본적인 것까지 말하게 한다. '행동의 대화'는 영화에 등장한다. 또한 일상생활에서도 마찬가지이다.[57] 이 기법의 특성은 의미를 내포하는 것뿐만 아니라 표현적이라는 데 있다.[58] 말한 것을 넘어 그 이상을 드러내는 말 (혹은 말한 것과 다른 것을 드러내는 말), 인물이 말하고자 하는 것을 말하지 않았을 때 스스로를 속이는 경우, 주인공의 얼굴, 걸음걸이, 옷, 행동, 생활 방식 등으로 알 수 있는 정보와 같은 방식으로 주인공에 관한 단서를 제공하는 말, 그 주변 환경이나 궂은 날씨, 좋은 날씨 등에 관한 말 등. 요컨대 '빗나간' 말이라고 할 수 있다. 여러 학자가 주장했듯이[59] '현상학적인' 혹은 '행동주의' 예술인 영화는 세상 속에 포함된

---

* 로렌스 올리비에의 「햄릿」「헨리 5세」, 오손 웰스의 「맥베드」「오셀로」, 장 콕토의 「무서운 부모들」 그리고 마르셀 파뇰의 작품에서 항상 볼 수 있는 특성인 '영화적인 연극'과 혼동해서는 안 된다.

말을 표현하는 수단으로 사용한다. 물론 원칙상 '무대의 대화'를 결코 배제하는 법은 없다(p. 100). 왜냐하면 말의 표현성을 살린 사용이 적절하다고 판단되는 기준은 그럼에도 불구하고 이야기 플롯이기 때문이다. 또한 우리의 일상에서도 정말 말로 상황을 전부 설명하는 경우 (가령 말싸움, 매우 중요한 대화 등에서) 그리고 자연스럽게 연극의 텍스트와 같은 말을 하는 경우도 있기 때문이다.

하지만 이와 같은 경우는 그리 자주 발생하지 않으며, 일상적으로 말은 미트리가 지적한 '행동의 대화'가 수행하는 모호한 역할을 맡는 경우가 더 많다. 그리하여 우리는 연극과 영화를 비교하면서 연극은 진실의 예술이라고 영화는 현실의 예술이라고 단정짓곤 한다. 약간 다른 표현을 써서 이 두 예술을 정의해보자. 우선 연극은 영화가 갖지 못한 텍스트를 갖는다.* 여기에서 '텍스트'는 엄밀한 의미에서 언어의 연속적인 짜임, 그 총합만으로 담화 상황이 충분히 설명되는 촘촘한 구성의 언어 조직을 지칭하는 것이다. (알랭 레네의 1959년 작품 「히로시마 내 사랑」에서의 서정적 독백처럼) 몇몇 영화에서는 텍스트 일부분을 포함하기도 한다. 하지만 그 어떤 경우에도** 작품 전체에서 공통의 외연적 의미를 갖는 연속적인 텍스트에 기반을 두지는 않는다. 반면 이 구성은 연극에서는 매우 일반적인 경향이다. '영화에서 **진정한 텍스트**라면 **이미지트랙**일 것이다.'*** 영화는 말을 사용하지 (아직까지는) 텍스트를 사용하지 않

* 라파이의 의견을 따르면, 영화에서 말은 인물이 말해야 하는 텍스트로서 구상되기보다는 마치 인물의 기분을 표현하는 것처럼 구상되어야 한다.

** 물론 예외는 있다. 다큐멘터리, 교육영화, 서정적인 단편영화 등에서는 화면 밖 소리를 사용하여 시적인 텍스트를 중요한 구성 요소로 삼는다.

*** 미트리의 저서에서 이와 같은 생각이 지속적으로 반복되고 있다. 필자가 인용한 연극과 영화의 다른 특성에 관한 설명은 당시 미트리의 의견에 거의 그대로 동조한 것이다. 약간은 도발적이라고 할 만한 내용이기에 약간의 보충 설명을 덧붙이고자 한다. 두 가지 점을 확실히 해둘 필요가 있는데, 첫째 전통 연극에서 사용되는 것과 같은 연속적인 언어 텍스트가 영화에는 부재한다는 사실은 이제 많은 이의 지지를 얻고 있다. 하지만 영화가 대신 이미지를 제공하는 것으로 충분하다는 논의는 재고될 만하다. 필자가 『랑가주와 영화』에서 발전시킨 것처럼 좀더 확장된 의미에서 영화 '텍스트'는 (그림과 회화, 동상과 조각의 관계처럼) 영화 개별 작품이

는다. 영화는 전지전능한 말을 사용하지 않는다. 바로 이 특성이 연극과 영화를 구별짓는 두번째 지점이다. 연극의 말은 그 권력이 대단하다. 왜냐하면 말이 최고의 힘을 누리며 디제시스 자체를 창조하기 때문이다. 사실 연극에서 무대장치만으로 드라마의 허구를 재현하기란 녹록하지 않다. 영화의 말은 전지전능하지 않다. 왜냐하면 그 말은 디제시스에 종속된 일부분이기 때문이다. 영화에서는 이미지의 생생함과 풍요로움으로 인해 거의 사실적인 허구 세상이 창조된다.

앙드레 말로는 대화를 세 종류로 구분한 바 있다.[60] 우선 관객이 사건 행위의 최초 단서들을 알게 도와주는 '노출exposition의 대화'가 있다. 연극에서 자주 사용되는 기법이지만 영화나 소설은 시각적 서사이건 언어적 서사이건 서사로 그 기능을 대신한다. 두번째는 '어조ton의 대화'이다. 어조의 대화란 등장인물이 말을 통해 특정 성향이나 뉘앙스를 전달하면서 인물의 특성을 표현하는 기법을 지칭한다. 이 기법은 장 미트리가 '행동의 대화'라고 언급했던 특성과 유사하다. 차이점을 들자면 앙드레 말로는 소설에 비해 연극과 영화는 모두 이러한 종류의 대화는 사용하지 않는다고 본 사실이다. 말로에 따르면 연극과 영화에서 인물의 성격은 보일 수 있다. 반면 미트리는 시각적 기여가 있다고 해서 행동의 대화가 중요한 역할을 맡지 않으리란 법은 없다고 주장한다. 이런 종류의 대화는 분명 인물의 성격을 드러내는 데 작용한다고 본 것이다. 이미지에 속하는 말, 다시 말해 인간이 만들어내는 소리이고, '인물의 내면을 반영하는 요소'이기도 하다.[61] 세번째는 '무대의 대화'이다. 장 미트리가 사용했던 용어와 개념이 동일하다. 앙드레 말로 역시 무대의 대화는 연극에 적합한 기법이라고 주장했다. 기술적 제약 때문에 발생한 기법이라고 할 수 있을 텐데, 연극 무대에서는 드라마의 모든 요소가 배우의 입을 통해 직접 언어로 관객에게 소통되어야 하기 때문이다. 반면 소

다. 총체적 차원에서 전개되는 것, 구체적인 흐름, 이미지, 말, 소리, 음악, 자막 등이 한데 어울려 있는 영화 한 편이다.

설과 영화에서 무대의 대화는 간헐적으로 사용된다. 대화 장면이 있을 때 '대화가 발생하고,' 나머지 시간 동안 전개되는 부분은 소설의 경우에는 작가가 직접 전달하는 따옴표 없는 문장들을 통해, 영화의 경우에는 순수하게 시각적인 요소들을 통해 전달된다.

* * *

앤드레 말로나 장 미트리의 입장을 고려하다 보면 소설과 영화의 공통점을 찾을 수 있다. 즉 이 두 장르는 모두 **드라마적인 순간**을 부분적으로 포함하고 있는 **내러티브 장르**란 것이다. 반면 연극은 드라마적인 순간이 작품 전체에 해당한다. 벨라 발라즈가 이미 언급했듯이[62] 연극의 쌍둥이 영화는 사실상 소설과 유사한 특성을 공유하고 있다. 영화와 연극은 둘 모두 행위로서 사건이 제시된다는 점, 주인공들이 행하는 일종의 모방을 통해 제시된다는 점에서 유사하다. 소설과 비교해보면 영화는 보이지 않는 화자(즉 이야기되는 내용과 상관없는 외부에 존재하기 때문에 소설가와 유사한)가 관객의 눈앞에서 펼쳐지는 이미지트랙*으로 이야기한다는 점에서, 이 방식이 마치 소설가가 독자에게 직접 전달하는 문장이 펼쳐지는 소설 서사와 유사하다는 점에서 소설과 공통점이 있다. 알베르 라파이를 따르면[63] 연극의 말은 언제나 대화라는 한 가지 지위만을 갖는다. 반면 소설과 영화는 세 종류의 말을 포함한다. '대화'라는 인물 간에 오고가는 말, 소설의 '내면 독백' 혹은 영화의 '1인칭 소리'와 같이 인물의 생각을 번역해내는 말, 그리고 작가의 말. 작가의 말로 소설에서는 따옴표 속에 포함되지 않는 말, 영화에서는 사건 외부에 있는 익명의 화자가 말하는 코멘트를 들 수 있다. 영화의 경우 작가의 말에 해당하는 경우는 곧 모든 영화에서 '유일한 잠재적 언어 심급'이라고 할 수 있는

---

* (옮긴이) 프랑스어 bande-images를 옮기는 과정에서 사운드트랙과 대응적 의미로 이미지트랙이란 용어를 사용하기로 한다.

'모든 의식의 주재자' '그랑 이마지에grand imagier'[64]를 상기시킨다. 결국 미트리는 소설과 영화에서 사용된 '말'의 다른 점에 관해서는 비슷한 결론에 도달하게 된 것이다(p. 113).

「영화와 소설」 장에는 더 사회학적인 분석도 첨가할 필요가 있을 것이다. 영화 혹은 소설을 소비하는 과정에서 근본적인 고독의 문제(이는 연극 관람 시 집단적인 소비를 전제로 하는 사회적 노출증과 정반대라고 할 수 있다)를 다룬 앙드레 바쟁, 장 지로두, 클로드-에드몽드 마니, 장 드 프랭 등의 연구를 살펴볼 필요가 있다. 또한 비밀스러운 감수성의 보고, 개인 행동의 모델 창고, 새로운 도전의 근원지, 인생 학교 등과 같은 영화의 사회적 기능에 관한 프랑수아-레지 바스티드, 에드가 모랭 등의 연구도 참고할 필요가 있다. 이 부분은 곧 소설이 전성기를 누리던 19세기에 맡았던 사회적 기능과도 유사하다. 여러 학자의 연구를 참조하면서 영화와 소설*이 공유하는 특성에 대해 더 심층적인 견해를 가질 수 있으리라고 본다. 시간이 흐를수록 영화와 소설이 서로 다르다고 주장하던 기존의 생각은 사라지는 추세이고, 훌륭한 현대 영화 한 편과 연극 한 편이 근본적으로는 서로 충돌한다고 보는 의견은 증가하게 되었다.**

4) 영화 음악

미트리는 이어서 영화 음악 문제를 다룬다(pp. 116~24). 미트리는 이 분야에서 권위자인 모리스 조베르Maurice Jaubert[65]의 연구를 중요하게 참조하고 있다. 조베르의 연구는 영화 음악 분야에서 선행된 이론을

---

* 우리는 전통 소설 양식에 관해서만 언급하고 있는데, 사실 '누보로망(현대 소설)'은 다른 문제를 제기하고 있기 때문이다. 특히 사회학적인 측면에서 논하자면 상업 대중영화가 전통 소설이 차지했던 지위나 역할을 대신하고 있다는 주장에 동조하게 될 것이다.
** 연극과 영화는 실제 작업 과정에서 미장센과 연출 과정이 원칙적으로 굉장히 다르기 때문에 겉으로 보기에는 훨씬 더 다르다고 여겨지지만 근본적으로까지 모든 것이 완전히 구별된다고 보기는 어렵다.

분석하고 규명한다. 조베르의 핵심 논지에 관해서 정리해보자. 예전부터 일반적으로 많이 사용되는 영화의 나쁜 음악은 끊임없이 행동을 코멘트하고 내용을 묘사한다. 이 과정에서 일종의 '영화적 음악 랑가주'를 만들어내는 중복의 대응 항들로 구성된 비교적 견고한 시스템이 작용한다. 그 속에서 음악은 자신의 위엄을 버리면서까지 다양한 '심리 상태'를 지엽적으로 모방하는 데 심혈을 기울인다. 예를 들어 사랑을 나누는 장면에서 바이올린의 글리산도가 흘러나오거나, 공격 혹은 추격 장면에서 타악기, 금관악기 등이 어지럽게 급박한 상황을 보조한다거나 하는 식이다. 영화 음악의 역할은 사실 모든 장면을 모방하기보다는 단지 몇 몇 지점에서 개입하는 편이 낫다. 그러면서 이미지와 상호작용하는 가운데 오디오-비주얼 리듬을 명료하게 만든다. 음악이 염려해야 할 것은 드라마 요소가 아니다.

미트리는 조베르의 연구에서 미흡했던 부분 혹은 보완해야 했던 부분에 관해 몇 가지 추가 작업을 더한다. 우선 이미지와 음악 간의 '대위법'이 다소 변질된 개념이라고 반박한다(pp. 118~19). '대위법'이란 용어는 음악 이론에서만 정확한 의미를 갖는다. 영화 분야에 적용되면 다른 형태로 변할 수밖에 없다. 이미지와 음악 간의 대위법을 말하는 사람들은 이 용어를 통해 두 가지 의미, 두 가지 감정, 두 가지 분위기 등의 상호작용을 이야기하고자 한다. 하지만 사실 음악에서 대위법은 직접적으로 의미와 연관이 없는 어조, 리듬, 음색이 모두 관련된다. '대위법'을 지지하는 사람들은 일반적으로 이미지와 음악 간의 '대조contraste' 형태를 생각하곤 한다(이러한 맥락에서 대조란 용어가 그들의 의도를 표현하기에 더 적합할 듯하다). 반면 음악에서의 대위법은 전복, 대립, 병행 등 다양한 결합이 가능하며 그 관계들 중에 대조가 포함된 것이다.

조베르의 연구를 좀더 발전시켜 할 필요성은 오래전에 제기되었으나 미트리의 연구에서야 적절한 논의가 전개되었다고 할 수 있다. 이러한 미트리의 업적은 피에르 셰퍼Pierre Schaeffer[66]가 음악과 이미지 간의 상호작용 종류를 ('숨기기masque' '대립opposition' '싱크로니즘synchronisme' '동조syntonie' 등) 네 가지로 구분한 연구에 기대고 있다.

영화는 그 첫 등장부터 (무성영화 시절에도 극장 안에 피아니스트가 있어 직접 음악을 연주하던 것처럼) 항상 음악을 동반했다. 미트리는 이상의 사실을 설명하는 기존의 이론들을 더 정교하게 보충한다(pp. 116~17). 영화에 수반된 음악 배경은 두 가지 기능을 수행한다. 첫째 음악 배경은 (초기에는 기술이 부족하여 유난히 시끄럽던 영사기 소음과 같은) 극장 내부의 다양한 소음을 감추기 위한 방편이었다. 둘째 영화를 심리적으로 잘 받아들이기 위한 편안한 청각적 분위기를 만들고, 관객이 꿈의 세계를 수용하는 조건을 만들고, 현실 세계에서 멀어지게 하는 소리 상자에 영화 자체를 끼워 넣게 하는 기능을 수행한다. 그리하여 관객으로부터 지각적 전이가 일어날 수 있도록 돕는 것이다. 기존의 이론이 설명한 음악 배경의 두 가지 중요한 기능을 인정하면서도 미트리는 그 논의에 핵심이 누락되어 있다고 주장한다. 미트리에게 중요한 음악 배경의 역할은 시간성에 있다. 사실 무성영화는 현재 영화가 만들어내는 현실 효과보다 훨씬 그 영향력이 약했다. 실제 소리로 들리지 않는 말, 포개지는 '장면' 흐름으로 만들어지는 드라마, 자막으로 갑작스럽게 끊기는 흐름, 뻣뻣한 카메라 움직임 등. 이와 같은 요소들 때문에 관객이 실제로 경험하고 있는 시간성을 느낄 수 없었다. 관객이 디제시스의 시간을 이해한다면 이는 플롯의 논리에 근거한 추론을 통해서이지, 느껴지는 것이 아니었다. 당시에 부족한 부분은 디제시스 시간과 원초적 시간 (= 상영 시간 동안 관객 자신이 느끼는 시간) 사이의 공통된 박자라고 하겠다. 바로 음악이 이 박자를 영화에 부여하는 임무를 맡게 된 것이다. (끊김 없이 가득 찬) 재현의 시간과 (다양한 영화의 에피소드에 맞춰 이어지는 소재들과 '연결된') 재현된 것의 시간 사이에서 관객이 어느 정도 지속 시간을 경험할 수 있도록 도와주면서 말이다. 굉장히 새롭기도 하고 흥미롭기도 한 미트리의 주장은 필연적으로 음악, 특히 끊어지지 않

고 지속되는 형태의 음악이 현대 영화로 올수록 점점 덜 필요하게 된다
는 결론으로 이어진다. 현대 영화는 말과 현실의 소리를 포함하고 있고,
시간의 흐름을 암시하기에 적절한 이미지 기법(가령 편집 효과, 카메라
움직임, 디졸브* 등) 역시 포함하고 있다. 미트리의 주장은 왜 현대 영화
에서 음악이 점점 줄어들고 거의 사용되지 않는가에 관한 명쾌한 답을
제공한다.

* * *

흥미로운 지적에도 불구하고 아쉬운 점이 있다면 미트리가 일반적으
로 사운드트랙에 관한 언급을 생략했다는 점이다. 영화가 우리에게 주
는 현실 효과에는 말, 소리, 음악이라는 세 가지 요소가 중요하게 작용
한다. 좀더 단순한 심리적 기준으로 구분해본다면 유성영화에 포함된
'현실 지표'들을 크게 두 종류로 구분해볼 수 있다. 첫째 현실에서 가져
온 요소들이다. 사물, 신체 등의 경우 영화는 현실에서 지각하는 것과
같이 온전하게 재현하지 못한다. 다시 말해 시각적인 외관은 현실에서
보는 것과 동일하지만 촉각적 현실이나 무게감, 볼륨 등은 재현할 수 없
다는 뜻이다. 둘째 현실에서와 똑같이 영화에서도 재현하는 현상적 차
원의 요소들이다. 즉 눈으로 지각할 수 있는 인간 몸의 **움직임**** 그리고
청각 요소들 전체. 만약 현대 영화가 디제시스를 구축하는 데 일정한 신
빙성을 확보하게 되었다면, 그 이유는 바로 그래픽 윤곽에 색깔을 포함
하여 진짜 움직임과 진짜 소리에서 나오는 현실성이라는 무게를 부가하
게 되었고,[67] 그리하여 육체가 제시하는 초상을 부풀려 입체감을 만들었

---

* (옮긴이) 영화 용어 디졸브dissolve를 프랑스어로 'fondu'라고 하는데, 영어 dissolve가 '액체
  로 용해하다, 녹이다'의 뜻이 있는 것처럼 fondu의 원형 fondre 동사에도 같은 뜻이 있다. 오
  버랩overlap이라고도 일컬어지는 디졸브는 프랑스어 'fondu enchaîné'를 옮긴 것이다.
** 이 주제에 관해서는 필자의 책 『영화의 의미작용에 관한 에세이』 제1권 제1장 「영화의 현실 효
  과에 관하여」를 참조하기 바란다.

기 때문이다. 요컨대 영화 지각 과정에서 심리적 측면의 핵심의 주요 요소는 시각적인 것과 청각적인 것의 양 축이 아니라 '미완성된 재현'인가 (시각적으로 제공되는 움직임과 청각적인 요소들과 같이) '완전한 복제'인가 하는 두 범주이다. 발라즈가 "소리는 이미지가 없다"[68]라고 주장한 그 본질적 의미를 이해하려면 좀 전에 설명한 내용을 포함한 확장된 범주를 고려해야만 할 것이다.

5) 영화에서의 색色

『영화의 미학과 심리학』제2권 다음 장(pp. 124~40)은 색의 문제에 접근한다. 세상에 색깔이 있기 때문에 원칙적으로 현실의 보완적인 지표가 될 수 있는 색은 영화에서는 상당한 시간 동안 오히려 관객의 신뢰를 떨어뜨리는 결과를 낳았다. 왜냐하면 당시까지만 해도 기술적으로 현실의 색을 그대로 재현하는 기술이 발전되지 않았기 때문이다. 당시 컬러는 흑백의 대조가 명백한 필름 위에 손으로 색을 칠하면서 오히려 비사실적인 효과를 내었고, 영화를 마치 일러스트 이미지처럼 변형시켜 버렸다. 이러한 채색 이미지는 요정 이야기를 다루는 영화, '뮤지컬'적인 요소가 포함된 영화, 로렌스 올리비에의「헨리 5세」, 장 르누아르의「황금마차」와 같은 '채색영화', 특정 장르의 영화에만 어울릴 법했다. 하지만 1953년 이스트만 코닥 회사의 컬러 시스템 기술을 사용한 영화가 일본에서 소개되었다(기누가사 데이노스케의「지옥문」). 이스트만 컬러 기술은 매우 세밀한 색의 변화를 표현할 수 있었고 이전에 나왔던 테크니컬러technicolor와 같은 기술보다 더 보완된 점이 많았다. 이후 영화는 채색영화 시절을 거쳐 컬러영화의 시대로 접어들게 된다(pp. 127~28).

영화에서 색의 기능이 오직 사실성을 부여하는 것만으로 축소될 수는 없다. '현실의 색'을 재현하는 데에만 초점이 맞춰질 필요는 없다. 사실 모든 예술은 재해석과 함께 시작되고 가능해지고 또 다른 것을 희망하게 된다. 물론 오늘날 영화에서 색을 가지고 이러한 시도를 하는 작품을 찾아보기란 쉽지 않지만 말이다. 20여 년 전 잡색이라고 치부되었던 채색 영화에서는 오히려 강요된 양식화樣式化, 애초부터 그럴 수밖에 없었던 양식화, 사진 필름 기술이 부족한 탓에 생긴 일종의 스타일이 있었다. 반면 현재 사람들이 시도하고자 하는 진정한 스타일 만들기란 이미 굉장히 사실적으로 현실의 색깔을 재현할 수 있는 기술이 모두 갖춰진 상태에서 이루어지는 작업을 의미한다. 이 부분에 관한 미트리의 입장(p. 127)을 살펴보자. 영화 미학자들 중에서 루돌프 아른하임, 장 R. 데브릭스, 앙리 에젤과 같은 학자는[69] 예술적 창조성은 반드시 비현실성으로 풀어낼 수 있다고 믿었다. 다행히 미트리는 그들의 의견에 동조하지 않았다. 사실 영화 기계들은 기술 발전에 따라 점점 더 실제 삶에서 지각되는 형태를 더 완벽하게 복원하는 방향으로 나아간다. 에티엔 수리오가 주장했듯이,[70] 만약 예술의 성공 여부를 빈곤함을 풍요로움으로 바꾸는 능력이라고 한다면, 이 원칙은 미학적 과장을 군이 행하지 않아도 목표에 도달할 수 있게 도와주는 기술적 풍요를 쉽게 수용하게 될 것이다. (이 원칙을 지지하는 사람들은 초라한 지점에서 출발하여 웬만한 높은 곳에 도달하기보다는) 최종 목표를 더 높은 곳으로 바꿔 잡으면서 출발 지점에서의 풍요로움을 수용할 것이다. 그리하여 우리가 영화 역사에서 매우 진솔하게 새로운 시도를 한 감독들을 만나게 되는 것이다. 예를 들어 최근 최초의 장편 컬러영화 작업을 마친 「영혼의 줄리에타」의 페데리코 펠리니, 「붉은 사막」의 미켈란젤로 안토니오니, 「뮈리엘」의 알랭 레네 등. 재현하는 재료가 갖는 최초의 풍요로움과 재현된 세계에서 얻어지는 최종 효율성 사이의 변증법은 영화 역사에서 말이 처음 도래했을 때, 색깔이 출현했을 때 그리고 시네마스코프가 등장했을 때와 같은 순간에 매번 긍정적 혹은 부정적인 반응 모두에서 발견되는 핵심 개념이라고 할 수 있다.

                            * * *

이어서 미트리는 영화에 나타나는 색의 상징 문제를 다룬다(pp.
130~40). 미트리가 여러 번 인용하고 추가 설명을 덧붙인 에이젠슈테
인의 이론[71]은 분명 이 분야에 기여한 바가 크다. 색채 감각에 관한 정
신생리학은 '감성 범주'(미켈 뒤프렌의 용어) 혹은 '감정적인 추상성'(에
티엔 수리오의 용어)과 색깔 사이에 어느 정도 고정된 상관관계가 존재
한다고 설명한다. 하지만 사회에서 작용하는 것과 같은 색깔의 상징주
의는 대부분 문화적으로 관습화된 결과일 때가 많다. 매우 임의적이지
만 동시에 매우 상세한 일종의 프로토콜을 만들면서, 실체적으로는 자
유로운 어떤 부분에 자연스럽게 일치한다고 보는 것을 연결시키는 과정
이라고 할 수 있다. 반면 예술 작품의 색일 경우 사회적인 약호를 외적
으로 적용하지 않는다. 자연스럽게 일치한다고 보는 프로토콜이 있는
것도 아니다. 예술에서 색의 의미작용은 각 색깔과 각 감정의 유사관계
에 의존하지 않고, 여러 색과 여러 '감정'이 서로 재조정되면서 얻는 전
체 대응관계에 근거한다고 할 수 있다.[72] 색깔들의 관계가 의미를 만들
어내는 것이다. 예술 작품은 저마다 자신에 맞는 고유한 기표적 대응을
구축하고, 이는 자신의 디제시스와도 밀접한 관계를 맺는다. 적어도 색
깔이 쓰인다면 항상 무엇인가의 색인 재현 예술에서는 확실히 그러하
다. 순수 예술을 지향하는 색의 사용은 내러티브 영화에서는 사실 전체
작품의 유기적 단위로서는 해로운 이중적 의미를 만들어내게 된다. 왜
냐하면 플롯의 의미작용은 색의 배열을 별도로 취급하게 될 것이기 때
문이다. 색깔들의 기표적 관계는 따라서 전체 집합으로서 작품에 나타
나야만 한다. 다시 말해 작품에 적용되는 것이 아니라, 작품 속에 **내포
되어야** 한다(p. 134). 이러한 맥락에서 영화에서 색의 의미작용은 항상
유연有緣**적**이다. 어쩌면 바로 이 지점에서 '자연스럽다'라는 표현을 할 수

도 있겠다.

이 특성은 다양한 예외의 경우를 고려하면서 예술가가 사회적으로 용인된 색의 상징주의를 재발견하고 재사용하는 과정에도 동일하게 적용될 수 있다. (비단 색에만 해당되는 이야기가 아닐 것인데) 미학적인 시도와 작업에 반드시 필요한 창조성은 완전한 자유를 얻을 때에만 가능하다는 주장에 의심을 품게 된다. 모든 법칙의 사회적 약호가 예술에서 반드시 부재한다고 볼 수는 없다. 오히려 뒤틀리거나 변형되거나 왜곡되거나 비꼬아진 형태일 수 있다. 예술가는 사회·문화적인 평범함에서 뒤로 물러나 거리를 두는 것이 사실이다. 이 점이 중요하다. 사회·문화적으로 평범한 것과 간격을 유지한다는 사실. 그 결과 예술가가 최종적으로 확보하게 되는 '독창성'은 항상 예전에 (변형되고 왜곡되고 잘 드러나지 않았더라도) 평범함이 정복했던 그 부분의 흔적을 내포하게 된다.

6) 엄밀한 의미에서 '오디오-비주얼' 영화

이어서 미트리는 실제 음악 한 곡과 밀접한 관계를 맺도록 구상된 영화들에 관심을 보인다(pp. 141~66). 흔한 경우로 시적인 에세이, 서사 플롯이 부재하는 영화를 생각할 수 있지만 가끔은 서사영화의 일부 시퀀스에 해당될 때도 있다. 예를 들어 작곡가 프로코피예프의 도움을 받아 만든 에이젠슈테인의 「알렉산드르 넵스키」(소련, 1938)의 빙판 위 전쟁 시퀀스를 들 수 있다.[73]

만약 이런 장르의 영화를 창작할 수 있고 계속해서 발전시킬 수 있다면 진정한 오디오-비주얼 예술이라고 부를 수 있을 것이다. 영화 역사를 둘러보면 다양한 방식으로 유사한 시도가 있었음을 확인할 수 있다. 어떤 경우에는 (컬러가 있건 없건) 순수 형태, 비非구상의 모티프로 이미지트랙이 구성되며, 오스카 피싱어Oskar Fischinger, 렌 라이Len Lye, 노먼 매클래런Norman McLaren과 같은 아방가르드 작가들은 '추상'의 형태만을 사용하기도 한다. 하지만 미트리는 이러한 장르의 영화에 대해 회의적인 입장을 견지한다. 그가 보기에 '시각적 리듬'이란 사운드트랙에 녹음된 음악의 힘 때문에 가능한 것이다. 이 주제에 관해서 이미 『영화의 미학과 심리학』 제1권에서 자세히 다룬바 있다. 제르멘 뒬락의 경우 '구상적인' 길을 선택했으나 그에 따른 위험 부담에서 벗어나지는 못했다. 다시 말해 음악 한 곡의 시각적 테마(존재한다고 가정한다면)를 그에 적합하다고 간주되는 이미지로 묘사하는 것이다. 예를 들어 물의 느낌이 잘 전달된다고 생각되는 음악에 잔디 위로 떨어지는 빗방울의 이미지를 결합시키는 방식이다. 이는 음악에 쓸데없이 필요 이상의 '요소를 첨가하는' 형국이며, 그러면서 이미지를 부수적인 요소로 낮추고, 음악에 포함된 것보다는 그 동기나 소재에 주목하게 하여 전체 작품을 놓치는 결과를 낳게 하는 시도이다.

에이젠슈테인이 말하길, 이러한 장르에서 중요한 사안은 음악과 이미지가 서로 상충되는 만큼 '내용' 역시 비슷하게 맹목적으로 연결하려는 시도가 아니라 시각적 혹은 음악적 '움직임' 속에서, 작품을 구성하는 근본 구조에서만 찾아질 수 있는 이 두 예술의 '공통분모'를 찾는 데 있다. 하지만 이러한 장르의 영화에 포함된 그림은 한 가지 고정 이미지의 조형적 역선(力線. ligne de force)에만 기대곤 한다. 에이젠슈테인이 무엇을 이야기하건 간에, 관객은 그 규칙 속에서 결코 음악의 연속적인 움직임에 대응하는 그 어떤 것도 지각할 수가 없다. 미트리에 따르면 오디오-비주얼 구조는 오직 영화 시퀀스 수준에서만 가능하다. 에이젠슈테인마저도 「알렉산드르 넵스키」의 몇몇 부분에서 이러한 해결책을 사용했다.

그러나 무無에서 창조되는 추상적인 리듬, 음악의 삽화처럼 사용되는 이미지의 빈곤함 등은 궁극적인 해결책이라고 보기에는 힘들다. 이 두 방법이 아닌 새로운 해결책, 독창적이고 창의성이 넘치는 방법을 알렉산드르 알렉세예프Alexandre Alexeieff의 작품 「민둥산에서의 하룻밤」(프랑스, 1933)에서 찾아볼 수 있다. 핀 스크린 기법*으로 만들어진 애니메이션 영화인 「민둥산에서의 하룻밤」은 유령 같은 형태, 부정확한 형태 등을 사용하지만 반면 이 형태들은 음악 리듬과 조화를 이루기에 충분할 정도로 부드럽게 움직이면서 유연하다.**

미트리는 본인이 직접 연출한 오디오-비주얼 에세이를 통해 앞서 언급한 이론적 개념을 구체화시키고자 하였다. 그 예로 「드뷔시를 위한 이미지」(1951), 「태평양 231」(1949)이 있다. 미트리는 「드뷔시를 위한 이미지」에서 물을 찍은 숏과 같이 현실 세계의 이미지들을 사용했으나, 이미지들을 이어지는 재현이나 하나의 이야기를 구성하기 위해 모으지도 않았고, 드뷔시의 음악에서 나타난다고 여겨지는 시각적 테마를 삽화적으로 묘사하려는 시도도 하지 않았다. 미트리의 영화는 물이라는 주제에 관한 시적 명상, 편집을 통해 (물 이미지와 같은) 재현된 요소를 점진적으로 '탈물질화시키는' 과정에 주목한다. 그 결과, 물에 내재된 근본적인 흐름, 유연성, 이동성과 같은 존재론적인 테마를 부각시키게 된다. 드뷔시의 음악은 이미지에 의해 수반되지도 않고 이미지를 수반하지도 않는다. 오히려 이미지로 만들어지는 구조의 리듬에 절대적으로 필요한 촉매 역할을 하며 이미지를 활성화시키는 구조적인 보조 장치이다. 포이에시스poiésis(예술적 생산, 시의 창조적 차원)적인 작업에 형태적이고

---

* 핀 스크린 기법이란 바탕화면에 수천 개의 핀을 꽂아 그 각각의 박힌 정도를 조절하면서 (물론 조명이 크게 작용한다) 매우 부드러운 형태를 그려낼 수 있는 애니메이션의 형태를 말한다. 매 이미지마다 핀을 조절하는 공정이 필요하다.

** (옮긴이) 알렉세예프의 「민둥산에서의 하룻밤」은 러시아의 작곡가 모데스트 페트로비치 무소륵스키(1839~1881)의 관현악 교향곡이 전편에 흐르는 영화이다. 무소륵스키는 러시아 고유의 선법과 대담한 화성, 변칙적인 리듬 등을 구사해 근대 인상파 음악의 선구자로 평가받고 있으며, 「민둥산에서의 하룻밤」은 러시아 남부 트라고라프 산에서 매년 6월 24일마다 열리는 성 요한제의 전설에서 영감을 받아 작곡되었다고 전해진다. 전설에 따르면 성 요한제의 전날 밤에는 온갖 마녀와 귀신들이 민둥산에 모여 악마를 기쁘게 하는 잔치를 벌이는데, 그들이 벌이는 기괴한 연회 장면이 독창적으로 표현되어 있다. 단편 애니메이션 알렉세예프의 「민둥산에서의 하룻밤」(8분)은 실제 마녀와 귀신을 사실적으로 재현하기보다는 흑백의 둔탁한 배경으로 형태가 자유자재로 변하는 동물, 사람, 자연 풍경 등이 끊임없이 움직이면서 음악의 분위기를 표현하고 있다.

건축적인 요소를 제공하며, 포이에시스적인 작업 속에서 시네아스트는 기존의 소설-영화가 하던 작업을 거부한다. 즉 실재 세계를 매개하는 예술가의 시선(시인이 하는 작업)이 배제된 채 허구 세계를 담아내는 일을 하지 않는다는 것이다. 사실 실재 세계에서 이미지들은 삽화를 만들기 위해 연결되는 원칙을 따르지 않는다. 대신 세계 자체에서 생겨나는 독해 과정처럼, 이미지들의 연결 가운데에서 영혼으로부터 느껴지는 심오한 유사성과 대응 항을 찾고자 한다.* 미트리는 본인이 의도한 바가 실제 작품에서 제대로 실현되었는지 확신은 없었다. 하지만 독해라는 아이디어, 물질 세계에서 느낄 수 있는 본질적 유사성 등과 같은 시도에 담긴 정신만큼은 또 다른 찬사를 받기에 충분한 (프루스트적인 어떤 것) 무엇인가를 내재하고 있었다.

7) 영화 분야에서 점진적으로 배제된 연극 공식

「시각적 표현 방법으로 촬영된 연극」(pp. 281~329)에서 미트리는 영화 초기 역사를 기술하고 있다. 우리는 이미 미트리가『영화의 미학과 심리학』제1권에서 두 번, 즉 회화적인 표현주의(pp. 217~47)와 리듬의 영화(pp. 329~46)에 관해 두 번이나 역사적인 발전 과정을 살펴보았다는 사실을 알고 있다. 요컨대 이 부분들에서 미트리의 접근은 영화적 형태가 진화하는 과정에서 등장한 특정 경향에 관해 서술하는 방식이었다. 미트리는 영화가 그 본연의 미학을 완성하기 전에 세 가지 중요한 흐름에서 연속적으로 (혹은 동시적으로) 영향을 받았다고 보는데, 회화적 경향, 음악적 경향 그리고 연극적 경향이라고 요약할 수 있다. 미트리는 이제 세번째 경향에 대해 언급하고 있다. 솔직히 연극적 경향에 관한 역사적 기술 부분은 앞 두 부분에 비해 훨씬 방대하다. 왜냐하면 초

---

* 「태평양 231」은 아르튀르 오네게르의 음악을 기반으로 다른 테마를 가지고 연출되었으나 이론적 개념은 동일하다.

기의 거의 모든 영화가 (그리고 그 계승자들까지) 연극적 경향에 해당되기 때문이다. 이러한 맥락에서 영화 분야에서 연극 공식이 점진적으로 배척되고 사라지는 흐름을 역사적으로 추적하는 과정은 초기 영화 역사 전반에 모두 해당된다. 따라서 미트리는 모든 내용을 전부 담아내려고 하기보다는 비교적 단순하게 영화가 연극으로부터 해방되어 자유를 찾는 과정에서 중요한 역사적 국면을 살펴보려고 했다(이 부분에서는 좀더 명료한 논지 전개 과정이 다소 아쉽다).

이 부분의 전체적인 주제는 명확한 편이다. 즉 영화의 극작법drama-turgie과 미장센을 구별하는 작업이다(p. 317). 극작법이란 시나리오의 개념을 말하는데, 영화 서사의 구조에 해당한다. 미장센은 내레이션의 과정에서 구조를 이미지로 번역하는 작업을 말한다. 미장센 분야에서는 무성영화 시절 후반기에 이르면 이미 연극의 영향권에서 벗어나게 되지만, 극작법과 관련해서는 오늘날에 이르러서야 겨우 가능해졌다고 할 수 있다.

초기 영화의 미장센은 정말로 연극적이었다. 고정된 카메라, 변하지 않는 피사체와의 거리, 가슴높이나 눈높이에 맞춰 고정된 정면 숏 등. (조르주 사둘의 유명한 표현을 따르자면[74] '오케스트라 지휘자의 시점'이 지속되는 셈이다.) 그러나 이러한 종류의 미장센은 편집, 카메라 워크, 클로즈업, 다양한 앵글 등 시각적 표현법이 발전됨에 따라 금세 극복되었다. 이는 루돌프 아른하임,* 벨라 발라즈,** 앙드레 말로,*** 에드가 모랭**** 등 많은 이론가가 지적했듯이, 그리고 미트리의 더 정교한 설명

---

* 지각 이미지Weltbild와 영화 이미지Filmbild 간의 차별적 특성에 관한 이론. 만약 영화를 예술이라고 한다면 이는 영화가 사물에 대한 특정 재현을 가능하게 하기 때문이다. 이와 관련해 다음 책을 참조하기 바란다. *Film als Kunst*, chapitre III, "Wie gefilmt wird(Die Kunstmittel der Kamera und des Bildstreifens)," pp. 49~156.

** '창조적 카메라' 개념. *Theory of the film*, chapitre 6, pp. 46~51. 카메라는 단순히 재생산으로만 그치지 않는다. 이미지들이 세심하게 배열되는 과정을 거쳐 영화에 나타나는 최종 스펙터클은 영화적 발명의 진정한 생산물이다.

*** 영화는 우선 인생의 스펙터클 혹은 연극의 스펙터클을 '재생산하는 수단'이었다. 이후 차차

이 입증하듯이(『영화의 미학과 심리학』제1권 참조) 영화 역사상 굉장히 중요한 발전이라고 할 수 있다.

반면 극작법의 개념은 미트리가 기존의 담론에서는 찾아볼 수 없는 새로운 담론을 추가하고 설득력 있는 사례들을 제시하면서 독보적인 생각을 발전시킨 분야이다. 미트리의 핵심 생각은 유연하게 움직일 정도로 상당히 '자유로워진' 카메라, 현대 영화가 제시하는 움직임에 가까운 워크를 보여주던 카메라마저도 이야기를 묘사하는 데 집착한다는 것이다. 그리고 이 특성은 바로 연극적인 경향이다. 영화가 탄생하던 초기 시절, 연극과 비교해서 행위의 장소와 시간대가 점차 더 다양해지고 많아지기 시작했다. 하지만 여전히 영화는 닫힌 구조의 순간에 집착하고 있었으며, 연극 무대의 각 '막'처럼 서로 완전히 구별되어 있었다. 당시 영화라고 지칭된 것은 시간의 연결 혹은 장소의 연결(혹은 동시성)이라고 요약할 수 있을 것이다(pp. 308~309). 이 개념은 상당히 오랫동안 지속되었으며, 유성영화 시절이 되어서야 겨우 변화를 겪기 시작했다. 따라서 여전히 오늘날에도 발견할 수 있는 상황이다.

앞에서 설명한 특성 때문에 오랜 시간 대부분의 영화를 비극이나 멜로드라마가 지배했다고 할 수 있다. 설사 내러티브 요소에 특별히 비극적인 부분이 없다고 할지라도 애매모호하고 뒤틀린 사건 전개로 인해 결코 분명히 이렇다 설명될 수 없는 외관을 지니게 되었으며, 그런 모습에서 필연성, 운명 등을 내포하게 되었다. 다시 말해 사건이 전개되는 과정이 자연스럽게 연속적으로 발전되지 않고 파편적으로 환기되기 때문에 작게 나눠진 조각들을 가로지르면서 얻어지는 결과를 가지고 사건을 이해하게 되었다는 뜻이다. 결정적으로 중요한 것은 완성된 현상이었다. 가

'표현의 수단'이 되었다. 따라서 영화는 기술적 발명에 이어 예술적 발명까지 두 번 발명되어야 했다(*Esquisse d'une psychologie du cinéma*, pp. 374~75 dans le recueil de Marcel L'Herbier).

**** 초기의 단순한 '시네마토그래프'와 그 이후의 진정한 '시네마' 구분(*Le cinéma ou l'homme imaginaire*, chapitre Ⅲ, Paris: Éditions de Minuit, 1956, pp. 55~90).

장 평범한 사건도 선택 가능성이 있는 그 전前 상황을 배제한다면 그저 운명처럼 비극의 외관을 취하게 된다(pp. 308~309).

영화가 시간 예술이 되기 전에 앞서 공간 예술이 되어야 했던 이유를 바로 이 지점에서 찾을 수 있을 것이다(pp. 311~13). 솔직히 별로 어려운 일이 아니었다. 이미지면 충분히 우리가 지금 이 공간에서 다른 공간으로 벗어나는 데 충분했으며, 여기에 약간의 시와 광활한 풍경만 있으면 되었다. 드넓은 평야, 말을 타고 달리는 대지, 탁 트인 수평선, 계절을 느낄 수 있는 자연 등이 영화 예술의 아름다움을 창조하는 원초적인 재료였으며, 연극에서 해방되는 첫번째 방법이었다. 반면 ('시간을' 단순히 '펼쳐놓는' 것과 별개의 문제인) 시간의 탐색은 더 복잡한 문제를 제기했다(pp. 311~12). 이미지만으로는 부족했던 것이다. 영화적 담화를 위해 계산된 배열이 필요했고, 이를 연결하는 (플래시백, 비非연대기적 편집 등) 특정 편집 형태도 필요했다. 2~3분, 길어야 10분 정도의 초기 영화보다 훨씬 긴 분량도 요구되었으며, 협조자로서의 말, 언어가 필수불가결했다. 여기에 반드시 고려해야 하는 요소로서 편집 광학 기법을 추가하고자 한다. 즉 사진 이미지만으로는 얻을 수 없는 시각적 효과를 의미한다. 예를 들어 당시 디졸브는 (오늘날에는 널리 수용되고 있지만) 점진적인 시간의 변화를 암시하는 데 매우 효과적인 방법이었다. (단조롭고 길게 지속되는 행위를 간단히 소개하기 위해 사용되는 반복fré-quentatif 편집*은 디졸브 기법 덕분에 그 길이와 단조로움을 효과적으로 전달할 수 있는 것이다.)

이 주제와 관련해 미트리는 다음과 같은 결론을 내리고 있다. 영화는 연극적 형식에서 벗어나면서 소설적인 방향(오늘날에는 지배적인 경향)

---

* 반복 편집의 예로 전 세계를 돌며 순회공연을 하는 가수의 일대기를 그린 영화를 생각해보자. 열광하는 대중의 반응, 예술가의 평판을 대서특필한 신문, 이 도시 저 도시를 이동하는 증기기관 열차 등의 이미지를 디졸브로 연결하는 경우. 이런 종류의 편집을 '지속'이라는 용어로 지칭하기도 한다.

으로 발전하게 되는데, 이 과정에서 초기에는 시간의 지속을 경험하게 하는 기법이 발전되지 못했다. (시간이 지속된다는 경험 후에는 필연적으로 심리적 변화를 쫓아가는 이해 능력, '내면성'이라고 지칭되는 감정을 불러일으키는 효과 등이 따르게 마련이다.)

영화가 오랫동안 연극과 유사했다고 한다면 **스펙터클**이라는 공통된(그렇지만 피상적인) 범주에 속하기 때문이 아니다. 영화는 우선은 **극예술**art dramatique이고, 따라서 겉으로 보기에 가장 비슷한 대상이 연극이기 때문이다. 이 표현에서 '극의dramatique'라는 용어는 매우 협소하고 단순한 의미로 사용되었다. 연극처럼 영화는 **이야기이기 전에 행위**action이고 이야기는 행동으로 전개된다. 등장인물의 연기로 사건이 진행되는 것이지 외부에서 화자에 의해 들려지는 것이 아니다. 요컨대 극은 (서사시 혹은 소설과 같은) **서사시**épique와 반대되는 장르이다. 영화의 서사시 재능(오늘날에는 너무나 명백해 보이는 특성)을 자각하는 데 오랜 시간이 필요했다면, 영화의 탄생 당시에는 **이미지로 구성된 담화**가 소설가의 단어들이 엮어내는 내레이션과 유사하다는 사실에 확신을 가지지 못했기 때문이다. 당시에 행위로 진행되는 소극을 녹화하는 편한 수단으로서 이미지를 생각한 것이 당연하다.

8) 영화와 연극

통시적 관점을 벗어나서 미트리는 연극과 영화의 구조를 비교하는 내용으로 넘어간다(pp. 330~42). 이 부분은 앙드레 바쟁의 분석에 근거하고 있다.[75] 바쟁은 '연극적인 것théâtral'에서 '극적인 것dramatique'을 별도로 구분한다. 바쟁에 따르면 극적인 부분은 연극에서 가장 잘 사용되는 미학 범주이다. 하지만 극적인 것은 역시 대부분의 영화, 절반 정도의 소설에도 나타난다. 반면 연극적인 것은 연극만을 만든다. 바쟁이 보기에 연극적인 것은 텍스트 안에 온전하게 담겨 있다. 연극 텍스트는 모든 변질과 왜곡으로부터 연극 작품을 튼튼하게 지켜주는 방패와 같다.

바쟁에 따르면 연극과 영화의 진정한 차이점은 **배우의 현존**과 상관이 없다. 연극에서 배우가 실제 무대에 존재하는 형태나 영화에서 사진으로만 존재하는 것이나 그 효과에서는 동일하다. 두 예술의 근본적인 차이점은 배우가 텍스트를 말하는 방식에 있다. 연극에서 텍스트는 매우 양식화되어 있으며 인위적이다. 진짜이긴 하지만 현실에서 우리가 사용하는 방식은 아니다. 반면 영화에서 텍스트는 좀더 겸손하고 일상적이고 더 '자연스럽다'(이 차이는 텍스트뿐만 아니라 연기에도 해당한다. 차후 부연하기로 하자). 연극 텍스트는 제식의 위대한 법칙에 맞추면서 무대라는 공간, 무대로만 집중하는 구심력의 공간에 맞춰 있다. 무대의 벽은 반사하는 거울의 역할을 하면서 조물주의 권력을 지닌 최고의 말에 집중하게 만든다(물론 관객과 무대 사이 제4의 벽도 있다. 연극이라는 제식에 같이 참여하는 관객 쪽에 위치한 보다 생생한 벽). 반면 영화의 말은 영화 세계라는 거대하고 불확실한 공간, 원심력의 공간에 맞춰 있다. 이 공간은 전 방위로 활짝 열려 있지만 내부로 닫힐 줄은 모르며, 결코 성스럽지 않은 세속적인 공간이다. 알베르 라파이의 관점은 영화 공간,[76] 연극의 말과 영화의 말을 비교하는 작업[77]에서 바쟁의 주장과 일치한다.

미트리는 (오늘날에는 전형이 되어버린) 바쟁의 개념을 수용하긴 하지만 중요한 사안에서 약간의 수정을 가하면서, 바쟁이 미처 언급하지 못한 부분에 관해서는 앙리 구이에Henri Gouhier*의 의견을 더 선호한다. 즉 연극에서는 배우가 실제 무대에 육체적으로 현존하지만, 영화에서는 반쯤 부재한다는 점이다(pp. 336~37). 연극에서 무대 장식은 몇몇 컨벤션적인 지표만을 가지고 구성되면서 매우 빈곤한 반면, 배우의 현존감은 굉장하다. 따라서 그 대조가 매우 뚜렷하다. 연극 무대의 배우는 무대장치와 동종의 공간에 있다고 할 수 없다. 오히려 관객과 동일한 공

---

* 앙리 구이에의 유명한 표현을 상기해보자. "무대는 현존감을 제외하고 모든 착각을 불러일으킬 수 있다."

간에 있다. 그러면서 모든 관심을 오로지 자신에게로만 가져온다. 반면 영화에서 배우는 나름의 방식으로 존재하지만 그를 둘러싼 세상보다 더한 '현존감'은 없다. 왜냐하면 둘 모두 스크린 위의 빛으로 존재하기 때문이다. 배우는 관객과 같은 공간에 없다. 오히려 그를 둘러싼 세상과 동일한 공간에 있다. 영화에서 주변은 장식에 그치지 않는다. 등장인물의 세상이 되는 것이다. 바로 이 점, 상황 속에 인물을 배치하는 점이 영화의 고유한 특성이라고 할 수 있다.[78]

동일한 맥락에서 좀더 논의를 발전시킬 수도 있다. 다시 말해 **무대장치** décor와 **디제시스**의 개념을 엄격히 규정해보는 것이다. 무대장치는 인물을 둘러싼 장식, 지표, 기호들의 집합을 지칭하기 위한 개념이다. 이때 이 집합은 인물 혹은 행위를 둘러싼 현실과 같은 차원에 속하지 않는다. 요컨대 무대장치는 항상 배경일 뿐이다. 이러한 맥락에서 **영화에서 무대장치는 없다.** 이에 반해 영화학에서 정의하는 디제시스 개념[79]은 하나의 완전한 세상을 지칭한다. 인물, 행위, 장소, 시간, 사물 등 이 세상을 구성하는 모든 요소는 현실과 같은 차원이다(영화의 경우 사진적인 현실, 소설의 경우 문자적인 현실). 이러한 맥락에서 **연극에서 디제시스는 없다.** 연극 작품은 무대장치에서 전개되는 행위이고 영화와 소설은 동질의 유사-세상이다.

미트리의 입장을 다시 살펴보자. 미트리는 영화와 연극에서 각각 배우의 존재 방식을 비교하면서 결론을 맺는다(pp. 336~37). 영화의 현존감은 인물과 세상의 현존감이고, 연극의 현존감은 배우와 말의 현존감, 극적 허구의 현존감이다. 배우의 살아 있는 신체, 그의 몸짓은 연극에서 관객을 이야기에 몰입하게 하는 유일한 끈이다. 연극에서 배우는 텍스트를 말하는 역할 이외에도 말을 책임지고 구현하는 역할을 한다. 배우의 목소리와 신체를 통해 극작법이 구상해낸 단어들이 힘을 발휘하게 된다. 알베르 라파이,[80] 장 지로두,[81] 로젠크란츠[82] 등은 모두 무대 상연 동안 발생하는 배우와 관객의 상호 현존감의 중요성을 강조했다.

이 입장은 사실 앙드레 바쟁의 입장보다는 장 미트리와 앙리 구이에의 입장에 더 가깝다. 하지만 이 이론가들의 주장이 다소 달라 보이는 점은 보기보다 심각하지 않다. 바쟁이 사진적 현존감과 무대의 물리적 현존감의 차이를 주목하지 않은 것은 사실이지만 결국 동일한 결론에 이르는 연극 규칙 이론을 설명한다. 바쟁에 따르면 연극에서 배우와 관객이라는 양측은 의식적으로 제식을 함께 치르기 위해 공모한다. 반면 영화에서 관객은 익명으로 홀로 숨어서 자신의 존재를 알지 못하는 스펙터클을 지켜볼 뿐이다. 요컨대 바쟁은 배우 자체의 육체적 현존감을 대신하여 상연에 참여하는 관객의 자발적인 측면에 더 초점을 맞춘 것이다.

* * *

이러한 맥락에서 주요 이론가들은 영화와 연극의 근본적인 차이점을 강조하는 데 모두 동의한 셈이다. 반면 연출가들은 대략 15년 전부터 두 예술 간의 간격이 점점 좁아지고 있다고 이야기한다. 하지만 영화와 연극을 비교하는 방식은 크게 보면 대립되는 의견이 아니라고 할 수 있다. 언급하는 문제에 따라 그 차원이 달라지기 때문이다. 구체적인 연출 방식에 직접 연관된 예술가들은 영화의 기술적인 부분과 연극의 기술적인 부분 사이의 실제적 간섭에 주목하게 마련이다. (연극 공연에 포함된 시퀀스 영상 상영, 영화의 '내레이션'을 상기시키는 무대의 레치타티보, 연극 무대 내부에서 다양한 '숏'과 공간을 암시하는 조명 등*) 영화와 연극의 상

---

* 1966년 셰레Schérer와 알랭 비르모Alain Virmaux 교수가 주축이 되어 소르본 대학교의 연극 연구소 주관 '연극과 영화―― 상충하는 예술 혹은 닮은꼴 예술?'이라는 컨퍼런스를 개최했다. 당시 발표와 토론에 적극 참여했던 대부분의 연출가는 연극에서 영화의 테크닉 수용에 관한 이야기에 열심이었다. 이 컨퍼런스에 참여한 사람들 이외에도 (비스콘티, 베리만, 웰스 등) 상당히 많은 현대 연출가가 영화와 연극 모두에 몸담았다는 사실은 잘 알려져 있다. 그리고 여기에서 그 어떤 모순도 발견할 수 없었다. 우리는 서로 다른 두 가지를 모두 잘할 수 있다. ('필름 다르' '촬영된 연극' 등) 사실 **반목**이라는 용어를 **빼고**는 연극과 영화의 차이를 논할 수 없던 시절이 있었다. 당시에는 영화와 연극을 비교 분석하면 항상 두 예술 중 한쪽이 더 '우월'하다는

호작용은 두 예술 모두에 유용한 것이었지만 근본적인 차이가 존재한다는 사실을 아예 없애버릴 수는 없다. 영화의 '항구적이고 영원한 본질'(연출가들이 이론가들에게 반박하기 위해 사용한 표현을 따르자면)은 연극의 본질과 다르다는 사실은 변하지 않는다. 적어도 두 예술은 각 장르를 규정하고 구성하는 제약에 따라 서로 다른 심리·미학적인 조건이 달라진다(동영상에 이미지로 나타나는 배우와 실제 배우의 현존, 열린 공간과 닫힌 공간 등 비슷한 종류의 제약들을 새로운 법칙이 만들어지기 전까지는 결코 넘을 수 없을 것이다).

* * *

연극은 재현représentation의 예술이고, 영화는 제시présentation의 예술이다. 이 표현은 미켈 뒤프렌의 『미학 경험의 현상학*Phénoménologie de l'expérience esthétique*』[83]에서 처음 제안되었다. 연극에서 작품의 실제 상연은 차후에 이루어진다. 매 공연은 예술 행위이다. 이러한 의미에서 연극은 음악과 비슷하다. 영화에서 실제 상연은 이전에 이루어진다. 영화가 끝났을 때 각 상영은 (이는 새로운 행위와는 전혀 상관이 없다) 작품을 위해 선택된 유일한 실제 상연의 보충적인 제시일 뿐이다. 이러한 의미에서 영화는 그림과 비슷하다. 미트리는 이 생각을 좀더 발전시켜 새로운 의견을 추가한다(pp. 434~35). 미트리에 따르면 현재를 실제 경험하고 있다는 느낌은 연극에서 훨씬 더 강하다. 왜냐하면 무대에서 행해지는 재현이 실제 배우들의 공연이기 때문이다. 매 공연은 약간씩 변화하고 결코 모든 공연이 동일한 법이 없다. 매번 다시 시도되는 공연

선언으로 귀착되고 말았다. 물론 이러한 상황은 오늘날에는 모두 극복되었고, 연출가들이 이 상황을 맘껏 누리는 일은 다행스럽다. 그렇다고 해서 근본적인 차이가 사라지지는 않는다. (앙드레 바쟁이나 알베르 라파이와 같이) 최근 이 문제에 관심을 갖는 이론가들은 사실 영화와 연극을 동시에 열렬히 사랑하는 사람들이다.

(영화에서는 절대 발견할 수 없는 특성)은 연극의 근간을 만드는 중요한 원칙이다. 하지만 그렇다고 해서 공연의 차이가 확연해서 새로운 연극이 탄생되는 것은 결코 아니다. 사소한 차이만이 존재할 뿐 본질은 항상 유사하고 중요한 원전을 중심으로 일어날 뿐이라서 결국은 연극에서 배우의 역할은 동일하고 매일 밤 같은 행위를 반복하는 셈이다. 요컨대 작품은 이미 항상 시작되기도 전에 결정되어 있고 모든 연극 작품은 자신에게로 닫혀 있는 과거의 담화라서 다소 비극적이다. 이에 반해 영화는 수천 번 상영된다고 하더라도 결코 배우가 직접 연기하는 모습을 대할 수가 없다. 배우는 단 한 번 연기한다. 그리고 그의 연기는 현재진행형이다. 가령 15년 전에 배우가 연기를 했다고 하자. 그의 현재는 필름 위에 고정되어 오늘날 우리가 그 영화를 관람하는 동안 현재로 다시 살아난다. 영화는 따라서 ('재현되는' 것이 아니라) '제시된'다. 왜냐하면 매번 상영할 때마다 지나간 현재가 다시 현재화되면서 예측할 수 없는 무엇인가를 감춘 채 새롭게 현동화되기 때문이다. 녹화된 이미지트랙은 거기에 모든 것을 담고 있다. 그 속에는 샘솟는 삶의 신비마저도 다른 많은 것과 함께 들어가 있다. 그리고 상영 때마다 다시 활성화된다. "상영 때마다 매번 카우보이는 예고된 시각에 역마차와 마주칠 것이다. 하지만 그가 치명적인 총격을 당하는 순간에만 비로소 예견할 수 없었던 그의 운명을 알게 되는 것이다. 이 운명 또한 바로 이미지 속에 갇혀 있다(p. 435)." 다시 한 번 언급하자면 영화는 연극보다 훨씬 소설에 가깝다.

9) 영화와 소설

미트리는 이어서(pp. 343~68) 바로 이 문제, 영화와 소설을 비교한다. 소설에서 공간은 관념화되어 있다. 왜냐하면 단어로만 의미를 부여받고 설명되어야 하기 때문이다. 하지만 시간은 강렬하게 느껴진다. 왜냐하면 작품 자체가 시간의 흐름에 따라 이어질 뿐 아니라 독서의 지속

시간도 포함하고 있기 때문이다. 영화 역시 연쇄의 구조를 포함하기에 소설처럼 시간도 느껴질 수 있다. 게다가 현대 영화의 걸작으로 꼽히는 작품들에서는 시간이 느껴지기도 한다. 하지만 영화에서 이와 같은 결과를 얻으려면 소설에서보다 훨씬 더 어려운 작업이 요구되며 영화 이미지를 단순히 연결한다고 해서 얻어지는 결과물은 아니다. 영화의 공간은 (소설의 공간과 달리) 관념화 과정 혹은 추상화 과정을 거치지 않고 바로 눈으로 지각된다. 영화에서 공간은 시간에 언제나 선행한다. 예를 들어 고정 숏이라든지 영화가 시작되고 보는 최초 이미지 등에서 이와 같은 사실을 어렵지 않게 경험할 수 있다. 원칙상 공간이 부각된다고 해서 시간이 전개되는 과정을 훼손하지 않는다. 오히려 도와준다고 할 수 있다. 영화에서의 시간은 우리가 일상에서 느끼는 것처럼 항상 공간과 연관이 있다. 시간을 느끼게 하는 것은 끊임없이 공간이 변화되는 이미지 자체이다. 공간이 우선권을 갖기 때문에 종종 영화에서는 '아름다운 이미지'의 경우처럼 시간이 흐르지 않는 것처럼 고정시키는 일이 발생하곤 한다. 영화에서 공간은 반드시 존재해야 하기 때문에 시간보다 더 중요하다고 여겨지며 그 결과 시간은 소설보다 더 다루기가 힘들어진다. 왜냐하면 영화감독이 시간을 변화시키고자 할 경우(플래시백처럼) 반드시 공간을 부가적으로 이동시켜야 하는 조건에 처해 있기 때문이다. 시간이 항상 부각되는 소설에서는 공간을 위해서 특별한 노력을 기울여야 한다. 반대로 공간이 항상 먼저 부각되는 영화에서는 시간을 위해 특별한 노력을 기울여야 한다(p. 354). "소설은 세계처럼 조직된 이야기이고, 영화는 이야기처럼 조직된 세계이다."(같은 책) 이 문장에 담긴 미트리의 생각은 곧 라파이의 저서 『영화의 논리Logique du cinéma』[84]의 핵심 주제 중 하나와 통한다.

인생에서처럼 영화에서도 우리는 결코 시간의 흐름을 알아차리지 못한다. 공간은 바로 지각하지만 시간은 공간의 변화를 통해 지각한다. 물론 기다림, 지루함 등 빈 시간의 경우에는 시간이 직접적으로 느껴지기도 한다. 하지만 평범한 상황에서는 시간이 흐르는 동안 우리는 같은 장소에 머무는 경우가 대부분이어서 즉각적으로 시간의 경과를 경험할 수 없다. 시간의 흐름이란 "세계와 나 사이의 지속적인 관계"일 뿐이다(p. 355). 현재만이 존재한다. 과거는 더 이상 존재하지 않고 미래는 아직 존재하지 않는다. 영화 이미지 역시 이와 같은 논리를 따른다. 영화 이미지는 항상 현재진행형이다. 시간의 흐름은 우리가 그것을 '경험했을' 때에만 비로소 지각되는 것이다. 현재의 순간이 과거의 순간과 관계를 맺을 때, 즉 우리 주변의 것들이 오늘날의 모습과 다르던 그 순간과 비교되었을 때이다. 시간의 흐름을 느끼는 기준은 항상 시간 외부에 존재하는 무엇인가에 근거한다. 우리의 과거 역시 마찬가지 맥락이다. 과거는 더 이상 우리 자신에게 속한 것이 아니다. '주관적'이라고 지칭되는 시간의 흐름 역시 사실은 객관적인 무엇인가를 여전히 내포하고 있다. 시간의 흐름에 관한 심리학은 상당 부분 기억의 심리학에 해당한다. 영화는 소설과 비교했을 때 시간의 특성을 구현하기에 어려운 점이 많다. 왜냐하면 영화 이미지는 기억을 있는 그대로 번역할 수 없기 때문이다. 종종 영화에서는 '1인칭 소리'라고 불리는 기법을 빌려, 이 기법 역시 소설의 영역에서 영감을 얻은 것이지만, 회상의 의미를 부여한다. 그렇다고 해서 소설에서 타인의 '기억'을 소설가 자신의 기억처럼 생생하게 재현하는 일이 쉽지는 않다. 시네아스트나 소설가나 기억의 문제 앞에서는 모두 비슷한 어려움을 겪는다. 미트리는 그래도 소설은 보여주는 것이 전혀 없고 쓰기만 하면 되니까 그나마 조금 더 쉽다고 덧붙이고 있다(p. 355). 소설은 독자가 스스로 이미지를 만들게 하기 때문에 독자 스스로 그 이미지가 마치 자신의 것처럼 여기게 하는 장점이 있다. 반면 영화는 외부에서 제공되는 이미지이기 때문에 자신의 이미지란 생각은 들지 않는다.

이와 같은 미트리의 주장은 분명 기존의 담론에 비해 새롭고 명석하다. 하지만 짚고 넘어가야 할 부분을 포함하고 있는 것도 사실이다. 과

연 독서 행위가 단어를 점진적으로 '시각화하는' 과정에 해당하며, 텍스트는 내면영화의 발판 혹은 계기가 될까? 이 가정이 사실이라면 영화의 우월성*을 주장하기 위해 책을 폄하하는 것은 아닐까? 오히려 소설은 상상할 그 어떤 것도 제공하지 않는다고 말하는 편이 옳을 듯하다(물론 상당수의 독자가 개인적으로 허구의 이야기를 꾸며내는 데 소설을 이용하지만 말이다). 소설은 기표와 기의로 구성된 텍스트만을 제시한다. 이 텍스트는 그 내면에 절대적인 멈춤의 힘을 내재하고 있다. 바로 이 특성이 소설의 본질을 규정하는 것이라고 할 수 있다. 문학 작품은 음악, 그림, 영화 등과 마찬가지로 지각의 대상이지 상상의 대상이 아니다.[85] 유일한 차이라면 소설 독자는 언어를 지각하고, 영화 관객은 이미지를 지각한다는 점이다. 소설이 (영화는 성취하기 힘든) 시간성과 '내면성'의 힘을 소유하고 있다면, 이는 소설이 영화와 달리 (영화가 그 능력이 없어서라기보다는) 언어적인 대상이기 때문이다. 단지 그 이유 때문이다. 랑가주는 모호하고 폭넓은 힘을 지닌다. 그중에서도 특히 언어로 소리 높여 말하겠다고 결정한 모든 장소에 세상의 중심을 옮겨가는 힘이 있다. 그렇게 함으로써 어떤 공간이든지 의식의 심급을 만들어낸다. 전통적 의미의 소설가는 모든 것을 알고 어디에나 편재할 수 있는 입장을 취하면서 위엄을 드높였고, 본인의 소설에 등장하는 주인공의 의식 속에 얼마든지 들어갈 수 있었다. 소설가는 언어로 책임질 수 있는 현실적인 권력을 사용하는 데 집중했을 뿐 언어로 책임질 수 없기 때문에 생기는 농간이나 기만의 힘을 남용하지는 않았다. 필자는 솔직히 미트리가 미처 언급하지 않았던 내용들을 더 부연하면서 그와 대립하고 싶은 마음은 없다. 따라서 다시 본론으로 돌아오자.

---

* 이미 입증된 우월성을 이야기하는 것이 아니라 장르마다 잠재되어 있는 원천적인 부분에 관한 이야기이다. 미트리는 영화가 '소설적인' 위대한 작품을 거의 만들지 못했다고 주장한 최초의 인물이라고 할 수 있다.

* * *

　미트리에 따르면 소설에서 어렵지 않게 느낄 수 있는 시간의 흐름은 항상 과거인 디제시스 시간과 항상 현재인 독서의 시간 사이의 영원한 차이 때문이다(p. 336). 사실 이야기를 하기 위해서는 항상 사건은 종료되어야만 한다. 소설의 독자는 이중적 시스템을 마주 대하면서 그 양축 사이에 시간이 흐르고 있다는 인상을 받는다. 반면 영화에서 디제시스 시간은 현재이고 관객의 관람 시간과 일치하기 때문에 소설과 유사한 형태로 양축의 시간을 구분하는 방법이 없다. 영화의 매 순간 관객은 주인공과 함께하고 작품의 시간과 영화를 보는 시간 사이에는 간격이 없다.

　그렇다면 미트리의 설명이 모두 확실한가? 영화 이미지는 항상 현재에 해당하지만, 영화는 소설처럼 (둘 다 서사이기 때문에) 과거에 해당하지 않을까? 소설에서 제시되는 것들이 모두 완결된 형태라는 특성은 영화에도 해당하지 않을까? 아니 모든 서사에 해당하지 않을까? 다시 말해 '비현실적인 사건들의 닫힌 시퀀스' * 모두에 해당하지 않을까? 이 사건들이 말, 글쓰기 혹은 이미지 등으로 각각 다른 형태로 환기된다고 할지라도 말이다. 알베르 라파이는 이 점에 관해 이미 명확하게 설명한 바 있다.[86] 장 레랭 Jean Leirens 역시 영화 서사와 관련해서 동일한 의견을 제시했다.[87] 영화관에 가는 관객은 이미 알고 있다. 누군가가 이야기를 들려줄 준비를 마치고 상자에서 나오기만을 기다리고 있다는 사실을 알고 있을 뿐만 아니라 그것을 원한다. 사회적 현상으로서의 '영화를 향한 사랑'은 바로 이 욕망의 많은 부분을 실현시키기 위한 것이다.

---

* 필자의 책 『영화의 의미작용에 관한 에세이』 제1권의 제2장 「서사의 현상학을 위한 몇 가지 단상」을 참조하기 바란다.

* * *

미트리의 분석은 본질적으로 "영화는 문학이 끝나는 지점에서 시작한
다"(p. 367)라는 생각에 기반을 두고 있다. 예를 들어 시는 사물을 표현
하기 위해 단어에서부터 출발하지만 영화는 사물을 단번에 재생산할 수
있다. 시는 의미를 향해, 랑가주 행위를 위해 모든 노력을 다한다. 영화
와 시 모두 일렁이는 연못을 묘사한다고 해보자. 문학에서 시가 물결을
출렁이게 하지만, 영화에서는 물결이 시를 만든다(p. 367). 이 표현은
대단히 아름답고 의미하는 바도 힘이 있다. 특히 후반 부분 '물결이 시
를 만든다'는 이의를 제기할 여지가 전혀 없다. 최소한 우리가 **영화적인
감정**이라고 간주하는 일반적인 정의에 비춰서 문제될 것이 없다. 반면
전반 부분, 문학과 관련된 정의에 관해서는 (이미지 예술 추종자인) 미
트리의 생각이 너무 편협한 것이 아닐까 싶다. 시는 물결이 되지 않는
다. 시는 그저 시詩일 뿐이다. 시에서 물결의 움직임이 생생하게 묘사된
다고 해도 여전히 **언어의 물결**일 뿐 시는 진짜 실제 물결과 닮은 그 어떤
것에 가까이 갈 수는 없다. 또한 책이 멈춘 지점에서 영화가 시작된다는
표현 역시 재고의 여지가 있다. 두 장르는 (**순수한 외연**이라는) 동일한
선에서 출발하기는 하지만 그 지점이 각기 다르다. 두 장르 중 그 어떤
장르도 다른 장르보다 우선일 수 없다. 영화는 (필름이 아닌) 이미지에
서 출발하고, 시는 (랑가주가 아닌) 언어에서 출발한다. 뒤서거나 앞서
거나가 아니라 둘이 동시에 의미라는 공통된 목표를 향해 노력한다. 영
화는 언제나 사물 자체를 더 잘 보여주고, 책은 언제나 더 잘 이야기할
것이다. 언제나 이 둘의 시합은 무승부이다.
　혹자는 유성영화가 등장한 이후부터 이미지의 장점과 언어의 장점이
누적되었다고 하면서 이상의 주장에 대해 반박할 수 있겠다. 하지만 **디
제시스에 포함된 말**(= 등장인물의 '대화')에 좀더 주의를 기울인다면 잘못

된 판단임을 금세 알아차리게 된다. 왜냐하면 이런 종류의 말은 오히려 이미지의 일부로서 이미지 속에 완전히 녹아 있기 때문이다. 그 말은 주인공의 말이지, 그를 넘어서 작품의 말이 되지는 않는다. 다른 경우도 있긴 하다. 다시 말해 **비非디제시스 말**(= 익명의 화자가 말하는 화면 밖 코멘트)과 **반半디제시스 말**(= 주인공 중 한 명의 화면 밖 코멘트)은 문학의 말에 더 가깝다고 할 수 있다. 이 경우 작품의 일부에 속하는 말이 아니라 작품을 구성하는 말이 되며, 영화가 이미지(영화를 정의하는 근본)에 언어(문학을 정의하는 근본)를 추가적으로 덧붙였다고 생각할 수 있다. 게다가 이는 알랭 레네, 고다르 등의 작품에서와 같이 현대 영화의 걸작들이 지니는 '소설적인' 훌륭한 면모의 중요한 특성이라고 하겠다. 하지만 소설의 랑가주와 유사한 대응 항을 영화에서 찾는다면 어김없이 이미지트랙이 될 것이다. 편집, 카메라 워크, 미장센 등을 통해 이룩한 모든 개선 사항에도 불구하고 이미지트랙은 여전히 문학 랑가주보다 훨씬 '덜' 유연하다. '내재성', 관점의 이동, 시간의 생략, 관념화 정도, 은유, '숨겨진' 의미의 폭 등 이론적으로 분석하다 보면 특히 덜 유연하다는 결론을 내리게 된다. 요컨대 유성영화는 이미지를 배치하면서도 덧붙여 언어 역시 배치하는 것이 사실이지만, 소설은 그보다 훨씬 더 많이 언어를 사용한다. 언어는 이미지를 상쇄한다. 적어도 원천이 되는 소재들의 질적 혹은 양적 향상을 도모한다.

이 주제와 관련해 핵심이 되는 것은 영화가 (담화를 구성하는 데 점점 더 수월해지면서) 이미지트랙의 가능성에 언어가 문학에 기여한 결과를 훌륭히 수용하고 있다는 사실이다. 바로 이러한 이유에서 중간에 조금 의견을 달리하긴 했지만 결국 미트리의 결론에 동조하게 되는 것이다. 영화는 이제 소설적인 궤적을 따라 점점 더 큰 성공을 누리고 있다.

10) 은유, 상징, 랑가주

『영화의 미학과 심리학』제2권에서 미트리는 세 번(pp. 24~26, 381~83, 446~48)에 걸쳐 영화에서의 '상징'과 '은유'의 문제를 다루고 있다. 이는 곧 더 보편적인 주제인 랑가주로서의 영화라는 문제와 연결된다(pp. 380~81, 436~46). '영화의 은유'는 사실 은유 본연의 의미와는 맞지 않다. 그중 핵심이 되는 두 가지 특성을 들어보자(p. 24). 첫번째 특성, 은유관계의 두 단어 사이에는 은유의 핵심이 되는 공통 요소 혹은 비교 요소가 결코 겉으로 명확하게 드러나지 않는다. 예를 들어 '종이 한 장feuille de papier'*을 생각해보자. '잎feuille-종이papier'로 만들어진 이 단어는 '나뭇잎처럼 얇은 종이'라는 세세한 설명을 포함하지 않는다. 하지만 영화에서 은유라고 간주되는 부분은 두 단어에 대응하는 표현이 이미지트랙에 같이 존재한다. 그 결과 그 두 이미지 사이의 닮음이 '뚜렷이' 드러난다. 즉 두 표현 사이의 닮음이 시각적으로 가치를 부여받는 것이지 암시된 것이 아니란 뜻이다. 그 예로 찰리 채플린의「모던 타임스」(미국, 1936)의 유명한 도입부, 양 떼 이미지와 지하철 역 입구에 몰려드는 군중 이미지를 병치시킨 부분을 생각해보자. 이 경우 다수가 응집해 있다는 점, 조금씩 움직인다는 점 등의 공통점이 분명하게 시각적으로 보인다. 두번째 특성, 진정한 은유는 의미작용의 전이를 기반으로 이루어진다. 얇다는 특성이 나뭇잎에서 종이 한 장으로 옮겨진다는 뜻이다. 이 전이 과정은 두번째 단어만이 남게 되는 결과를 이끌어낸다. 우리가 종이 한 장을 말할 때, 나뭇잎은 이미 사라지고 없다. 따라서 어떤 면에서 은유는 대체의 작용이다. 이때 비유되는 것(종이 한

---

* (옮긴이) 프랑스어 feuille는 얇은 판이라는 뜻으로, feuille d'arbre(나뭇잎), feuille morte(낙엽) 등에 쓰이기도 하고, feuille de papier(종이 한 장), feuille d'or(금박 판), feuille de paiement (지급 명세서) 등에 쓰이기도 한다. 얇다는 특성에 근거하여 같은 단어를 여러 경우에 사용하기에 메츠는 이 점에 주목하여 은유를 쉽게 설명하고자 한다. 안타깝게도 한국어로 각각의 명사를 번역하면 프랑스어 의미를 제대로 옮길 수 없어 설명으로 대신한다.

장)이 비유의 원래 대상(나뭇잎)의 자리를 대신한다. 반면 영화의 '은유'에서는 두 단어에 대응하는 이미지(군중과 양)가 서로 연결되어 있다. 의미의 전이 과정은 여기에서 분명하지 않다. 군중은 군중으로 남아 있고, 양 떼는 양 떼로 남아 있다. 두 이미지가 서로 근접해 있음으로 인해 서로에 대한 '상징적 파급' 효과가 발생한다. 이때 상징적 파급 효과는 오직 의미 영역에서만 이루어지고, 비유 가치(관객은 군중을 보면서 방금 전에 본 양 떼 이미지를 겹치게 된다)를 획득하게 되며, 가끔은 진정한 은유 가치(관객이 만약 군중 이미지만을 보면서 양 떼라고 느끼게 된다면 말이다)도 획득하게 된다. 미트리는 비유 가치의 경우는 '비유관계' 혹은 '유사관계'라고 지칭했으며, 은유 가치의 경우는 '추론관계'라고 했다(pp. 381~83). 그 어떤 경우에도 사실 은유는 없다. 상징적인 병치만이 있을 뿐이다. 미트리에 따르면 영화 이론가들은 은유라는 단어를 정말 은유적 의미로 사용하고 있다(p. 25).

동일한 맥락에서 엄밀한 의미의 '비유', (의미 영역의 비유 효과와 혼동되지 않는) 형식적 표현 기법으로서의 비유는 영화에서는 불가능하다(p. 24). 영화는 '~처럼'이란 단어를 포함하지 않는다. '~처럼'이란 단어와 그와 유사한 단어들은 담화의 연쇄를 이중으로 만들고 다른 영역과 마찬가지로 현실 영역에 근거한 분절체를 피하게 한다. 우리가 이야기 속에서 '눈이 마치 흰색 외투 같았다'라는 표현을 보면 '마치 ~ 같았다'는 곧 기호처럼 작용한다. 즉 눈과 외투는 다른 규칙을 따른다는 사실을 알려준다. 디제시스 속에 포함된 것은 눈이지 외투가 아니란 사실 말이다. 그렇기 때문에 비유의 원 대상은 분명히 비非디제시스적인 것으로 표시가 되고, '마치'와 직접적으로 연결되지 않는 비유되는 대상은 디제시스적이다. 하지만 영화에서 모든 이미지는 같은 영역에 있다. 미트리는 세 개의 스크린이 연속되는 환경에서만 영화적인 진짜 비유가 가능하다고 설명한다. 중앙에 위치한 스크린에서 디제시스적인 요소들이 나타나고 측면 스크린에 비유되는 원 대상이 나타나는 식이다. 이중적인 조건을 획득하는 방법의 하나는 될 수 있을 듯하다. 하지만 우리도 잘 알다시피 이러한 조건은 '보통의' 영화에서는 불가능하다. 「모던 타임스」의 비유를 이해한다면 이는 차후 진행될 플롯의 논리에 따른 결과임에 동의할 것이다. 양 떼를 순수한 비유 원 대상으로 삼을 수 있다면 이는 바로 영화의 다음 부분에서 양은 더 이상 보여주지 않고 현대인의 삶에 관한 여러 이미지만 나타나기 때문이다. (따라서 양은 비非디제시스적이고 현대인의 삶은 디제시스적이다.) 영화에서 사용되는 비유 기법은 매우 제한적이며 그 이해 정도도 한계가 있다. 좋은 예로 에이젠슈테인의 「10월」(소련, 1927)에서 사용된 비유를 제대로 파악한 관객이 별로 없었다는 사실을 들 수 있다.

미트리가 지적한 대로 영화 관련 책들에서 은유라는 용어는 대략적 의미로 사용되는 경우가 많다. 비유 혹은 은유적인 암시가 보이는 모든 순간 엄격한 구분 없이 이런 종류의 효과를 통틀어 '은유'라고 지칭한다. 학자마다 다양한 명칭을 사용하고 있긴 하지만, 영화의 '은유'를 크게 두 가지 범주로 구분할 수 있다. 첫째 비유의 원 대상과 비유되는 대상 모두 사건 행위에 속하는 경우(극에 포함된 두 대상 사이의 닮음). 둘째 비유되는 대상만이 사건 행위에 해당하고 비유의 원 대상은 비유 기법을 위해서만 등장하는 경우(「모던 타임스」의 양 떼와 같은 사례). 첫번째 경우에 '디제시스 은유', 두번째 경우에 '비非디제시스 혹은 디제시스 외부 extra-diégétique 은유'라고 지칭하기도 한다.

하지만 미트리의 설명을 떠올리면 이상의 두 범주가 엄정한 의미에서는 은유라고 할 수 없을 것이다. 왜냐하면 비유의 원 대상과 비유되는 대상이 모두 영화 이미지 연쇄에 나타나기 때문이다. 뿐만 아니라 비유라고 할 수도 없을 것이다. 왜냐하면 닮음의 관계가 '~처럼'과 같은 형태적인 표시에 의해 연결되지 않았기 때문이다. 이상에서 언급한 영화의 은유들은 단지 **닮음을 전제로 의미적인 '효과'를 내는 통합체적인 병치**일 뿐이다. 이러한 맥락에서 더 정확한 표현은 '비유 가치를 지닌 병치'

'은유 가치를 지닌 병치'가 될 듯하다. 사용된 표현 방식이 의미 차원에서 비유 쪽에 더 가까운가('군중은 마치 양 떼와 같다') 혹은 은유에 가까운가('군중은 양 떼이다')에 따라서 알맞게 표현을 선택하면 될 것이다. 표현이 너무 길다고 한다면, 좀더 간단하게 **비유의 병치, 은유의 병치** 혹은 **비유의 대조, 은유의 대조** 등으로 쓸 수도 있을 것이다. 비유되는 대상은 항상 디제시스적이기 때문에, 비유의 원 대상이 디제시스적인가 아닌가에 따라 '디제시스 병치'와 '비非디제시스 병치'로도 구분해볼 수 있다. 결국 이상의 내용을 네 가지 용어로 정리해볼 수 있다. ① 비유의 디제시스 병치 ② 은유의 디제시스 병치 ③ 비유의 비非디제시스 병치 ④ 은유의 비非디제시스 병치. 이 구분은 보완적인 개념을 첨가하면서 좀더 정교하게 다듬어질 필요가 있을 것이다. 가령 병치의 관계에 놓여 있는 두 대상이 같은 이미지에 나타나는가 혹은 서로 다른 두 이미지에 나타나는가에 따라 세번째 기준을 적용할 수 있을 것이고, 그렇게 되면 8개의 용어로 재정리될 것이다. 여기에 닮음이라기보다는 대립을 강조하는 표현법인가 아닌가 혹은 디제시스의 연대기를 표시하는가 아닌가 등으로 계속 생각을 발전시킬 수 있다. 이와 같은 구분 기준이 모두 닮음이라는 기본 전제를 바탕으로 이루어졌기 때문에 전체 도표는 단순히 **닮음의 병치**라고 부를 수도 있을 것이다.*

* * *

미트리는 영화의 '은유'는 영화의 내포에 해당하는 것이라고 본다. 다

---

* 이 구분들은 사실 미트리의 분석에서 영감을 얻은 것으로 현재 사용되는 영화 전문 용어의 상황을 고려하여 제안한 것이다. 미트리가 설명한 내용보다는 더 체계화되었다고 본다. 미트리는 '유사-은유'와 '유사-비유' 등을 다른 종류의 영화 병치 형태와 구분한 적이 없는데, 이런 면에서 좀더 보충했고, 미트리가 사용한 '관계' '추론' '유사' 등의 표현 대신 '병치' '은유' '비유'라는 용어로 수정했다. 미트리의 용어들이 포함하고 있는 모호한 면 때문에, 다시 말해 '관계'는 '병치'보다 훨씬 포괄적이고 광범위하며, '추론'은 영화에서 사용된 다른 표현 형태와 현상에도 적용될 수 있으며, '유사'는 은유적인 의미론이라기보다는 비유적인 의미론을 제안하기 때문이다.

시 말해 서사 플롯의 1차적 의미에 포개지는 의미작용의 두번째 층을 말한다. 영화의 내포는 다양한 요소가 서로 적절하게 인접되면서 발생하는 결과이다(pp. 21~22, 399). 이때 다양한 요소란 편집으로 연결된 여러 다른 이미지 속에서 선택될 수도 있고, 카메라 워크를 통해 한 숏 내부에서 연속되어 차례로 등장할 수도 있고, 가끔은 '내부 몽타주'라고 해서 같은 '숏'에서 동시에 나타날 수도 있다. (에이젠슈테인 계열과 마찬가지로 편집을 굉장히 중요하게 생각했던) 미트리는 영화가 오직 몽타주의 예술이 아니라고 할지라도 최소한 통합체적인 예술임에는 틀림없다고 주장한다(pp. 399~447). 영화는 그 '상징적' 의미를 요소들이 병치된 전체 집합을 통해 획득한다. (병치된 요소들은 물론 이야기를 구성하는 1차적인 조건이기도 하다.『영화의 미학과 심리학』제1권에서 설명한 **연계의 논리**는 바로 이와 같은 특성에 기반을 두고 있다.) 서로 인접해서 위치하게 된 요소들은 모두 이미지트랙에 포함되기도 하지만, 영화에서 발생하는 연계를 통해 이미지와 대화가 서로 관계 맺기도 하고(p. 97), 이미지와 음악이(p. 121), 음악적 요소와 대화가, 배경 소리와 이미지가, 영화의 특정 요소와 한 시퀀스 전체가, 혹은 특정 이미지와 영화 전체 요소가(p. 26) 관계를 맺기도 한다. 그 가능성과 방법은 다양하기만 하다. 이상은 모두 야콥슨의 용어를 따르자면* **인접성의 형태**와 공통된

---

* *Essais de linguistique générale*(Paris: Éditions de Minuit, 1963, p. 62)에서 로만 야콥슨은 두 종류의 인접성을 구분한다. 첫째 담화 속의 인접성, 통합체적인 인접성, 즉 '위치적 인접성', 둘째 현실 속의 인접성에 해당하는 '의미의 인접성'이다. 환유의 조건이 될 수 있는 인접성은 의미의 인접성이다. 예를 들어 '선박'을 말하기 위해 대신 '돛'을 사용하는 경우를 들 수 있다. 미트리가 야콥슨의 개념을 엄밀하게 적용하여 구분하지 않은 면이 보이므로 다시 정리할 필요가 있을 듯하다. 첫째 넓은 의미에서 '편집 효과'에 해당하는 위치적 인접성은 영화 랑가주에서 핵심 역할을 한다. 병치의 중요성, 모든 요소를 규칙에 따라 배열하는 것 등. 이러한 맥락에서 영화를 '통합체의 예술'이라고 부르는 것이다. 둘째 영화에 등장하는 상당수의 기법이 영화 소재의 의미적 인접성에 근거하고 있다. 이는 환유에 해당하는 것이다. 에이젠슈테인은 이미 클로즈업이 제유라고 주장한 바 있다. 부분이 전체를 의미하기 때문이며, 제유는 환유의 중요한 형태 중 하나이다. 미트리가 말하길, 영화에서 일컬어지는 은유는 환유일 때가 더 많다. 디제시스의 구성 요소들 중 일부가 시각적으로 이런저런 기법을 통해 가치를 부여받고 드라마의 중요한 핵심

특성을 갖고 있다(p. 447). 왜냐하면 영화에서 두 요소는 언제나 공존하기 때문이다. 이와 관련해 미트리는 영화에서 빈약한 계열체로 인해 통합체적인 풍요로움이 더 두드러진다고 설명한다.[88] 미트리는 심지어 영화에 계열체가 부재한다고까지 주장한다.

* * *

영화에서 내포 차원에서 발생하는 연계는 언제나 **상징적인** 특성을 지니고 있다(pp. 24~26, 443~44). 이 경우 디제시스 요소가 1차적인 의미를 그대로 유지하면서 보충적인 가치를 얻게 된다면 단독적으로 그러한 기능을 수행할 수는 없고 담화 상황 속에서 다른 요소들과 어떻게 관계를 맺는가에 따라 정해진다. 미트리는 순수한 외연을 넘어서는 **의미의 확장** 현상을 지칭하기 위해 '상징symbole'이라는 용어를 사용한다. 이때 외연을 잊어버리지도 않고, 역설적으로 말하지도 않는다(pp. 26, 380~81). 프리츠 랑의 영화「M」(독일, 1931)의 유명한 장면을 생각해보자. 'M'이 소녀를 강간하고 살해한 행위 뒤에 이 소녀가 놓쳐버린 고무풍선을 보여준다. 공중으로 날아가다 전깃줄에 걸린 풍선은 불행한 소녀의 잔인한 운명을 상징화한다. 이와 같은 풍선의 보충적 의미는 사실 자의적인 것이 아니다. 왜냐하면 풍선은 곧 소녀의 장난감이었기 때문이다. 희생자의 살해와 아무 관계가 없는 다른 사물을 우연히 선택한 것이 아니다. 따라서 단순히 영화에서 '동기화된'(여기에서 동기motivation는 시각적·청각적 유사성을 통해 발생한다) 외연적인 의미작용이 아니라, 내

요소를 상징화하는 결과를 낳기 때문이다. 이상에서 언급한 두 가지 인접성은 영화 랑가주의 중요한 특성을 반영하고 있긴 하지만 서로 다른 종류임에는 틀림없다. 영화적 환유는 현실의 인접성에 근거를 두고 있기 때문에 영화가 통합체의 예술이기 위한 특성이 될 수 없다. 반면 영화에서 규칙을 존중하여 배열된 병치는 영화가 환유의 예술이 될 수 있는 근거가 되지 못한다. 왜냐하면 이때 병치란 영화의 연쇄 속에 포함된 것이기 때문이다. 그렇다고 해서 이 두 가지 인접성이 영화에서 동시에 도저히 나타날 수 없다는 뜻은 아니다.

포된 의미작용이다(p. 445). 기표와 기의를 지각하는 과정에서 유사성이 매우 중요하게 작용하기 때문에 **외연 차원의 동기는 내부**interne의 동기이다. 이때 시각적 혹은 청각적 모티프의 범주를 벗어나는 일이 없다. (이를 설명하기 위해 미트리는 '내재적인intrinsèque'이란 용어를 에릭 뷔상스가 사용한 개념으로 쓰고 있다.) 반면 **내포 차원의 동기는 외부**externe의 동기이다. 왜냐하면 비非자의적 논리를 따라 영화의 두 가지 혹은 여러 요소가 관계를 맺으면서 상징 동기를 찾게 되기 때문이며, 이때 상징적 단위 범주를 벗어난다. (이 경우에는 미트리가 스스로 밝히길, 에릭 뷔상스의 개념과 다르게 '외재적인extrinsèque'이란 용어를 쓴다.) 「M」의 풍선 숏을 다시 생각해보자. 풍선의 상징적 가치는 근거를 가진다고 볼 수 있지만 영화를 처음부터 보지 않고 이 장면만 본다면 이해하기 힘들 것이다.

매우 넓은 의미에서 사용된 '상징'이란 용어는 대부분 영화 내포의 특성을 설명하기 위해 효과적으로 사용된 듯하다. 왜냐하면 상징이란 개념에는 영화적 내포에서 사용되는 것과 정확히 일치하는 생각이 밑바탕에 깔려 있기 때문이다. 기의와 기표가 유연관계 속에 놓일 때, 기표가 내포하는 의미보다 더 넓은 차원으로 확장되는 경우, 상징을 말한다. 십자가는 기독교의 상징이다. 왜냐하면 예수가 십자가에 못 박혀 죽었기 때문이다(=동기). 하지만 십자가로 의미할 수 없는 더 넓은 차원의 의미가 기독교에는 있다(=확장). **동기화된 확장**이란 특성은 따라서 영화의 '2차원적' 의미를 규정짓는 핵심이라고 할 수 있으며, 이 특성은 영화에서 상징적일 때가 많다. ('상징'과 반대의 개념으로) '기호signe'란 용어를 자주 쓰곤 하는데, 주로 자의적인 의미작용, 즉 유연관계가 없을 때 사용한다. 다른 분야와 마찬가지로 영화에서 상징은 종종 **기호처럼 기능**하게 된다(p. 443). 전깃줄에 걸린 풍선은 소녀의 불행을 예고한다. 가령 십자가를 보면 근처에 교회가 있다고 생각하는 것처럼 말이다. 하지만 이 풍선 숏을 자의적 기호라고 할 수는 없다. 왜냐하면 풍선이라는 기표가 부분적으로는 동기화되어 있고, 언제나 현실에서 경험된 어떤 **부분을**

내포하고 있기 때문이다. 기의에 해당되는 사건을 보며 인간적인 동요가 일어나게 마련이다. '강간' '어린 희생자' 등의 단어는 강간이란 행위나 실제 작은 소녀와 닮은 면이 전혀 없다. 반면 영화 「M」의 풍선은 소녀를 닮아 있다. 소녀처럼 부드럽고, 나약하고, 애처로운 무언가를 내포한다는 것이다. 풍선은 방금 전까지 풍선을 들고 있던 소녀가 비참한 일을 겪은 상황과 전혀 관계가 없지 않다. 영화는 표현적이다. 이중으로 표현적이라고 할 수 있다. 현실의 예술이기 때문에(외연), 그리고 또 아무 수식 없이 예술이기 때문이다(내포).*

　분명 상징에는 다른 측면도 있다. 가령 대부분의 '수학적 상징'은 자의적이다. 마찬가지로 '상징적 기호 체계'라는 이름으로 구분되는 그래픽 약호 역시 자의적이다. 사실 기호학 연구가 아직까지는 모든 용어 체계를 확실히 세분화한 수준에는 도달하지 못했지만, 미트리의 '상징'이란 단어 선택은 탁월하다고 하겠다. 미트리는 '상징'을 (영화를 포함) '예술 랑가주' 연구에서 이 단어가 갖는 의미에 적합한 조건으로 쓰고 있을 뿐만 아니라 일반 기호학 연구에서 상반된 의미로 사용되는 경우에도 충돌을 일으키지 않게 사용하고 있다.

　미트리는 영화의 상징주의symbolisme가 상징 체계symbolique는 아니란 점을 정확하게 지적한다(pp. 25, 444). 영화의 상징은 매 영화에서 등장한다. 이미 고정되어 있는 기존의 상징 체계 단위가 개별 영화에서 현동화現動化되지 않는다. 상징 체계는 상징들의 약호화된 집합인 반면, 영화의 상징은 완전히 자유로운 동시에 매번 창조되는 것이다(미트리는 언제나 절대적인 자유에서 발생하는 창조성을 구분하는 법이 없다. 필자는 솔직히 이 입장에 완전히 동의하지는 않는다). 상징은 구성 요소들의 배열의 결과이기 때문에 영화에 내포되어 있다. 외부에서 영화에 적용되는 것이 아니다(p. 134). 물론 많은 영화에서 사회적 상징, 정신분석적 상징

---

*　필자의 책 『영화의 의미작용에 관한 에세이』 제1권의 제3장 「영화——랑그인가 랑가주인가?」를 참조하기 바란다.

등 외부에서 들여온 상징을 포함하고 있으며, 이때 디제시스의 인접성을 통해 영화에 포함된다. 이 경우를 촬영된 상징이라고 할 수는 있어도 영화의 상징이라고 할 수는 없을 것이다(p. 25). 영화 상징체계의 핵심은 다른 데 있다. 미트리와 유사한 입장을 내세운 루돌프 아른하임 역시 이 주제와 관련된 결론은 영화의 상징은 그 용어와 개념에 적합하지 않다는 것이다.[89] 물론 아른하임은 상징을 '사전에 약호화된 상징'이라는 좁은 의미에서 사용했고, 그 결과 미트리와 아른하임은 용어의 관습적인 차원에서는 약간의 차이를 보이고 있다.

* * *

이제 미트리의 『영화의 미학과 심리학』 제1권(pp. 47~134)에서 설명한 '영화 랑가주'에 관해 조금 다른 관점에서 접근해보자. 이 부분에서 미트리는 그의 주장에 반대하는 의견(특히 디나 드레퓌스Dina Dreyfus[90])가 발전시킨 개념)을 반박하고 있다(p. 442). 디나 드레퓌스에 따르면 분절되는 랑가주는 순수 기호를 사용하기 때문에, 기호 이외에는 다른 것이 전혀 될 수 없는 대상만을 사용하기 때문에, 기호가 되는 순간 존재는 소멸되기 때문에 랑가주라고 불릴 수 있다. 문자의 특성 혹은 음소의 소리 등은 의미가 전혀 없다. 청자 혹은 독자는 시각적 혹은 청각적 실체를 전혀 상관하지 않고 그 기호를 지나 즉각적으로 기호가 전달하는 의미를 생각한다. 반면 언어 기호와는 다른 영화 이미지는 이미지 자체가 사라지는 법이 결코 없다. 의미는 이미지의 고유한 것, 이미지가 재현하는 것이고 그 의미는 다른 의미, 교환 가치 혹은 소통을 위해 사라지는 법이 없다. 디나 드레퓌스의 주장은 가장 기본이 되는 이론에 근거하면서 적절하게 보인다. 음성은 순수하게 '인상적impressif'이다. 홀로 쓰이면 그 어떤 정확한 의미도 내포할 수 없다. 반대로 이미지는 '표현적expressif'이다. 이미지는 그 자체로 랑가주 행위를 포함하고 있으며,

영화 담화가 만들어내는 의미의 확장 속에서 더 빛을 발하는 상황적인 의미작용을 수행한다. 바로 이러한 이유에서 영화 이미지는 1차원에 부가된 2차원 의미를 가질 때 언제나 상징이 될 뿐 결코 기호인 적은 없다. 하지만 필자의 생각에는 디나 드레퓌스나 미트리가 결국은 동일한 이야기를 하고 있는 듯하다. 이 두 학자의 의견이 다르다고 느껴지는 이유는 드레퓌스가 영화를 랑가주로 고려하지 않는 반면, 미트리는 영화를 음성 랑가주와는 다르지만 랑가주라고 보기 때문이다. 영화 랑가주는 본질적으로 **의미를 소통하려고** 하는데 이는 음성 랑가주와 공유하는 특성이다. 모든 랑가주가 분절된 랑가주와 같아야 한다고 믿고 영화 랑가주는 음성 랑가주와 다르기 때문에 랑가주가 아니라고 결론짓는 방식은 너무 쉽다. 영화는 상징을 포함하지만 기호는 포함하지 않는다. 영화 기호학은 바로 이 부분에 초점을 맞춰 기호의 역할을 대신하는 상징에 관해 연구해야 할 것이다(p. 443).

드레퓌스와 미트리의 대립은 단순히 '랑가주'란 단어를 적용한 범주에 국한시킬 수도 있을 것이다. 드레퓌스는 엄밀한 의미의 랑가주 이외의 다른 의미작용 시스템과 관련해서는 랑가주란 단어를 쓰지 않는 반면, 미트리는 사용한다. ('랑가주'에 관해 더 열심히 고민하는) **영화 기호학**이 존재한다는 우리의 주장을 그들에게 설명하면서 화해를 도모할 수도 있을 것이다. 미학 연구에서 **랑가주**란 용어의 사용은 일반적으로 넓은 의미에서 수용되기 때문에 별 다른 오해를 불러일으키지 않는다. 하지만 '언어학의 이웃'에 있는 연구에서는 랑가주란 용어의 사용은 음성 랑가주에만 국한되는 경우가 대부분이다.[91] 왜냐하면 '약호' '기호학' '의미작용 시스템' 등의 다양한 용어를 정확하게 경우에 맞춰 사용할 수 있고 (반드시 미학적 의견을 포함하지 않아도 되는) 기술적 기호학의 구분과 분류를 따라 선택할 수 있기 때문이다. 물론 정확한 용어의 사용은 단지 단어의 문제를 넘어 좀더 복잡한 현상을 내포한다. 이러한 맥락에서 미트리가 영화를 '랑가주'라고 부르는 것을 일부러 고집한 사실은 **영화의**

기호학적 문제를 고려하기 위한 단호한 입장이었다고 해석해볼 수 있을 것이다. 또한 이 과정에서 영화의 의미작용 메커니즘의 세부 사항들을 연구하기 위한 시도였다고 할 수 있다. 따라서 매우 긍정적인 태도였다.

* * *

미트리는 영화의 내포가 외연의 형태일 뿐이라고 주장한다(p. 381). 영화의 상징은 '자연스러운' 외관을 가져야만 하며, 관객에게 디제시스 속에 포함된다는 인상을 남겨야 한다. 시네아스트가 의도한 대로 인위적으로 덧붙여진 것이 아니라고 생각하게 만들어야 한다. 기호학의 관점에서 보면 외연의 형태를 띠는 내포는 매우 중요한 의미를 갖는다. 옐름슬레우에 따르면[92] 내포 랑가주는 기표가 외연의 질료 전체, 즉 기표와 기의의 집합으로 구성되는 기표를 갖는 랑가주이다. 영화에서 사건이 재현된 것의 디제시스 세계에 등장할 때(=외연의 기의) 반드시 재현의 이런저런 형태와 양상이 있다(외연의 기표). 관객은 이 두 요소를 모두 고려하게 되고, 이 두 요소가 바로 내포의 기표를 구성한다. 그리고 이 내포의 기표는 상응하는 영화적 맥락에서 '상징적 의미' 혹은 '표현적 가치'를 전달하게 된다.[93] 예를 들어 시네아스트가 디제시스 세계에서 동시에 벌어지고 있는 두 사건을 재현하려는 상황을 가정해보자(외연의 기의는 여기에서 동시성이다). 외연 기의에 상응하는 기표는 (사건 A-사건 B-사건 A-사건 B식의) 교차 편집 혹은 두 사건이 교차하지 않고 차례대로 제시되는 ('이 무렵'과 같은 자막, 대화, 이미지 속에 포함된 힌트 등 사소한 방법으로 시간을 알리면서 두번째 사건을 제시하는 방식) 더 평범한 편집 형태 중 하나에 해당할 수 있다. 관객이 느끼는 최종 인상은 (이상에서 언급한) 방식에 따라 매우 다르다. 교차 편집을 사용할 경우 두 가지 사건이 동시에 벌어지고 있다는 인상이 더 구체적이고 뚜렷할 것이다. 하지만 그 어떤 방식으로 나타난다고 할지라도 외연 기의 혹은 재현은 동일하다. 디제시스의 시간대에서 동시적으로 발생한다는 의미는 같다. 즉 외연의 형태가 서로 다르기 때문에 내포도 다르게 된다. 요컨대 영화에서는 특정 내포 기표 없이도 내포를 작동하게 할 수 있다는 뜻이다. 외연을 만들어내는 여러 방식 중에서 한 가지를 선택할 수 있기 때문에 언제나 내포의 핵심이 되는 요소를 전제하고 있다. **영화의 외연은** 편집, 프레임 잡기, 배열될 대상의 선택과 배치 등을 통해 **그 자체로 구성되는 것이지**, 결코 도상적인 유사성이 자동적으로 수행하는 기능으로 해결되는 부분이 아니다. 영화는 사진이 아니다. 영화는 분리된 내포 기표가 작용하지 않더라도 내포할 수 있는 힘이 있다.

* * *

필자는 미트리의 의견에 대부분 동의하지만 이제 설명할 부분(pp. 445~46)과 관련해서는 다른 입장을 밝히고자 한다. 미트리는 시네아스트의 창의력이 자유와 분리할 수 없는 영역이며 영화적 표현에서는 아무것도 약호화되지 않는다고 주장한다. 그렇지 않다면 표현은 진부해지고, 상투적이고 나아가 초라하고 시시해질 것이다. 영화에서 사용된 통합체적 배열은 그 어떤 계열체에도 기대지 않기에 결과적으로 영화 '통사 규칙syntaxe'이란 있을 수 없다. 하지만 필자가 보기에 영화의 통사 규칙은 존재한다. 적어도 **서사영화의 거대 통합체**는 있다. 거대 통합체는 부분적으로 약호화된(자의적이라고 도저히 할 수 없는) 다양한 **배열 유형**으로 구성된다. 사실 자의적인 것과 근거가 있는 것 사이의 차이는 약호화된 것과 '그렇지 않은' 것의 차이와 항상 일치하지는 않는다. 몇몇 이미지 구조는 (각 영화에 따라 구체적인 실현 형태는 변화하더라도) 구조적으로 상당 부분 안정되어 있고 이 경우 기호학적인 면모를 보유하게 된다. 예를 들어 반복 편집에서는 여러 개의 이미지가 디졸브, 이중 인화, 페이드인·아웃, 파노라마 등으로 연이어 빠르게 연결되는데, 이 형태를 기표에 해당하는 것으로 본다. 그리고 기의에 해당하는 것으로 지시된 행위의 반복적 혹은 단조로운 특성을 들 수 있다. 시네아스트는 영화의 장면마다 기본이 되는 몇몇 배열 법칙 중에서 선택을 하게 된다. 이미지들을 어떻게 연결하고 결합하는가의 가능성에 따라 제법 긴 시퀀스 분절체 수준에서 최종 형태의 양이 늘어날 수 있다. 거대 통합체는 따라서 통합체 형태 간의 선택을 가능하게 하는 계열체를 구성한다고 할 수 있다. 시네아스트가 선택할 수 있는 폭은 정확하게 여러 배열 유형이 모인 대체 가능한 계열과 일치하는 것이다. (프랑스어, 독일어, 영어 등 개별 언어에서 '목적절' '양보절' '보어절' 등 그 종류에 따라 통합체로 구성된 계열체가 존재할 수 있는 것처럼 말이다.) 요컨대 약호화된 배열을 어떻게 사용하는가의 문제는 (메시지에 적용될 뿐인) 진부, 상투 등의 가치 판단과는 거리가 멀다. 통합체의 유형은 부분적인 약호의 요소들이다. 같은 맥락에서 소설가가 약호 단위인 결과절을 사용한다고 해서 평범하다거나 독창적이라거나 하는 판단을 내릴 수 없다. 예술과 단어는 서로 다른 영역이기 때문이다. 시네아스트의 '창조성'은 원천적인 완전한 자유에 해당한다기보다는 오히려 법칙을 얼마나 재미나게 자신만의 방식으로 적용하는가에 있다. 이때 법칙은 반쯤 약호화된 구조에 속하면서 언제나 변화할 수 있는 가능성을 내재한다. 이 구조는 통시적으로 보면 창조적인 예술가가 새로운 방식으로 사용한 법칙이 추가되면서 변화했다. 바로 이 변화 가능성이 영화 랑가주와 언어의 차이를 드러내는 것이기도 하다. 기존의 약호를 완전히 무시할 때에만 실현 가능하다고 보는 창작의 욕망 그리고 약호에 따라야만 하는 어쩔 수 없는 처지 사이에서 고민에 빠지는 딜레마를 시네아스트는 겪을 필요가 없다. 정반대로 시네아스트는 맹목적으로 규칙을 준수하건 혹은 완전히 새로운 규칙을 만들어내건 크게 상관이 없다. 왜냐하면 이 두 입장 모두 시네아스트의 '독창성'을 향해 접근하는 가장 일반적이고 유효한 길이 될 수 있기 때문이다.

이제 미트리의『영화의 미학과 심리학』에 관한 결론을 이야기하면서 필자의 글도 맺으려고 한다. 미트리의 저서는 벨라 발라즈와 루돌프 아른하임의 연구 이후(미트리의 연구가 이들의 연구보다 더 심화되었다고 할 수 있다) 영화 예술에 관해 매우 폭넓게 개괄한 최초의 책이다. 그 방대한 사유와 진지한 태도를 고려하면 영화 연구의 한 획을 그었다고 해도 과언이 아닐 정도이다. 이 글에서는 영화 이론의 특정한 주제에 관해 미트리의 연구에 근거하여 때로는 비판하고 때로는 공감하기도 하면서 미트리의 저서에서 볼 수 있는 깊이만큼의 심도 있는 생각을 펼치고자 했다. (일반적으로 영화 '이론'을 전방위적인 연구라고 보고 이에 대비되는 개별 연구로 영화 비평 혹은 영화 역사를 대립시키는 경향이 있다. 하지만 이는 바람직한 태도가 아니다. 비평가나 역사학자는 이론가가 접하는 것처럼 보편적인 문제를 고민하기도 하고, 반대로 이론가는 비평가나 역사학자처럼 특정 문제에 관해 고민하기도 한다. 주관적 이미지, 보이스오버, 은유 등은 각기 다른 문제이다.)

『영화의 미학과 심리학』제1권은 이미 영화계에 상당한 파급효과를 만들었지만, 제2권이 어떤 영향을 미칠지 예견하기에는 너무 이르며, 앞으로 미트리가 어떤 식으로 자신의 연구를 더 심화시킬지 알 수도 없다.

하지만 영화 이론에 관심 있는 사람이라면 누구나, 비단 영화 이론뿐만 아니라 전반적인 미학과 예술 랑가주 등을 연구하고자 하는 사람이라면 누구나 미트리의『영화의 미학과 심리학』제1권과 제2권을 모두 탐독할 필요가 있다. 물론 필자가 지적했듯이 때로는 다소 부족하게 느껴지는 부분 때문에 싫증이 날 수도 있을 것이다. 그러나 사소한 단점을 하찮게 느껴지게 하는 힘이 이 저서에는 있으므로 그만한 가치가 있다. 미트리가 보여준 방대한 사유의 깊이만큼을 보유한 영화 이론서를 다시 접하기를 기대한다면, 어쩌면 한참이나 기다려야 할지도 모르기 때문이다.

제2부

다양한 기호학적 문제에 관하여

제 3 장

영화의 편집과 담화

이 글은 1967년 집필되었고, 1969년 뉴욕 언어학 연구 학회지인 『말』 제23호, pp. 388~95에 수록되었다(차후 *Linguistic Studies presented to André Martinet*, tome I "General Linguistics", Alphonse Juilland éd.에 수록되기도 했다).

영화 역사가와 이론가들은 **시네마토그래프**에서 **시네마**로 이행된 단계에서 중요하게 작용한 원칙 중의 한 가지로 카메라의 '해방' 혹은 '동원 mobilisation'을 꼽는 데 동의한다. 초창기 시네마토그래프에서 카메라는 고정된 위치에 묶여 있었고 그 시점은 조르주 사둘의 유명한 표현을 따르자면[94] '오케스트라 지휘자의 시점'이 지속되었다. 한 '화면'에서 다음 화면으로 넘어갈 때 시점이 변하는 일이 매우 드물었고, 화면 내부에서 변하는 적은 결코 없었다. 카메라 영역으로 결정된 영화 공간은 연극 무대의 공간을 모방한 채 '고정된 공간'으로 존재한다.[95] 주변 공간을 탐험하기 위해서 카메라는 자리 바꾸는 법을 배워야 했고, 그리하여 (앙드레 말로의 용어를 따르자면) 영화는 단순한 재현수단에서 표현수단으로 변할 수 있게 되었다. 이에 관해서는 벨라 발라즈,[96] 에드가 모랭,[97] 장 미트리[98] 역시 같은 입장을 표명한다. 카메라의 '해방'은 1900년부터 1915년까지 선구자적인 작품을 생산해냈다. 조지 앨버트 스미스, F. 윌리엄슨, 에드윈 스트래턴 포터, 토머스 인스 그리고 1915년 「국가의 탄생」을 만든 데이비드 W. 그리피스까지, 이 감독들이 만든 작품이야말로

'영화'의 현대적 의미를 제대로 실현시킨 최초의 장편영화들이라고 간주할 수 있다. (그리피스의 작품은 그 이전 영화들을 통해 시도되었던 작업의 완결판이다.) 영화의 현대적 의미란 고유한 영화 표현수단에 근거한 상당히 긴 분량의 복잡한 서사를 지칭한다(사실 멜리에스는 1900년 이전 이미 위대한 성공을 '일궈냈다.' 그는 오늘날 영화에서 근본적인 형태로 작용하는 기법을 만들어내긴 했지만, 그럼에도 불구하고 멜리에스 영화의 시야는 여전히 연극적이었으며, 그는 영화를 병치된 그림들의 연속으로 생각했다).

카메라를 '동원'하는 방법은 원칙상 크게 두 가지 방식으로 이루어진다. 가장 단순한 형태인 **카메라의 움직임** 그리고 **편집**에 의해서이다. 편집의 경우 하나의 장면이 앵글을 기준으로 혹은 심도(화면 크기의 다양한 비율)를 기준으로 여러 개의 다른 숏으로 분절되고, 이후 어떤 법칙을 따라 연결된다. 편집의 경우도 카메라 움직임의 경우와 마찬가지 결과를 낳긴 하지만 좀더 간접적으로 목적에 도달한다. 왜냐하면 편집의 경우 일반적으로 **카메라는 촬영하는 동안 움직이지 않고**, 이때 '카메라의 해방'은, 기계는 고정된 상태에서 위치만을 변경함으로써 결과를 통해서만 얻어지기 때문이다. 이러한 관점에서 1900년부터 1915년까지 영화 역사는 매우 흥미로운 사실을 증명하고 있다. 즉 당시에는 (더 자주 발생할 것 같은 대신 좀 덜 즉각적인) 간접 형태, 편집이 카메라 움직임 기법보다 더 중요했고, 카메라를 해방시키는 과정에서 몽타주(그리고 필연적한 쌍으로 작용하는 데쿠파주)는 카메라 움직임보다 훨씬 더 결정적 역할을 담당했다. 물론 당시 영화들에서 트래킹과 파노라마 역시 중요한 역할을 했으나 더 근본이 되는 특성은 편집에 있었다고 할 수 있다. 사실 그리피스의 영화에서 카메라의 움직임은 상대적으로 별로 없다(몇몇 특정 기법은 정말로 훌륭하게 사용되었을지라도 말이다). 1900년부터 1915년까지 15년 동안 가장 주목할 만한 발견은 드라마적인 요소를 갖춘 파노라마 기법의 사용(E. S. 포터의 「대열차 강도」, 1903)이나 「국가의 탄생」에서 최초로 등장한 카메라 '이동' 등이 아니다. 그보다는 교차 편집(윌리엄슨의 영화「중국의 선교단 공격」, 1901), 병행 편집(포터의「전과자」, 1905) 혹은 (포터의 영화에 등장한) 다양한 앵글, 롱 숏 내부에 삽입되는 클로즈업(A. G. 스미스의「작은 의사」, 1900), 단순한 '세부 사항'이 아닌 표현력이 풍부한 클로즈업(그리피스의「주디스 오브 베뒬리아」, 1913 그리고 토머스 인스의「도망자」, 1914) 등, 즉 **편집에 따른 다양한 현상**이 더 주목할 만하다고 할 수 있다. 카메라의 해방과 함께 필연적으로 등장한 것을 앙드레 말로와 알베르 라파이는 데쿠파주라고 보고, 벨라 발라즈와 장 미트리는 편집으로 본 것은 우연이 아니다. 언급한 이론가들의 의견은 상반되거나 모순된 입장이 아니다. 카메라를 동원하는 데 핵심이 되는 것은 결코 카메라 움직임이 아니라는 합의된 의견을 내세운 셈이다. 시네마토그래프에서 시네마로의 이행은 **이미지 여러 개가 연속된** 문제와 직결되는 것으로 보인다. 즉 '카메라 움직임'과 같은 **이미지 자체의 보충적 양태**보다 더 중요하게 **편집과 연결의 문제**를 다루게 된 상황이다.

* * *

1920년대와 1930년대에는 '전지전능한 몽타주 기법'과 '시네-랑그'에 관한 다양한 이론이 등장한다. 그들은 편집이 영화의 전부라고 주장하기까지 한다. 에이젠슈테인은 오직 정보만을 전달하는 이야기, 밋밋한 자연주의를 내세우는 경향, 즉 단순한 '언어적인 노출 과정'[99]과 진정한 영화는 다르다고 주장한다. 진정한 영화란 '유기적 단위' 법칙에 따라 구성된 '비장하고 감동적인'[100] 내레이션이 있고 동시에 시네아스트 자신의 '이념적 관점'을 촬영된 사건을 통해 관객에게 전달하는 영화이고, 그 과정에서 관객이 작품 탄생 과정과 관련해 애정을 느끼게 되는 영화이다. 푸도프킨은 시네아스트의 재능이 부분의 관점에서 사건을 '분석하고' 그 조각들을 최상의 규칙에 따라 배열할 줄 아는 것이라고 주장한다.[101] 푸도프킨에 따르면 이미지들의 연속이 결국 사건을 전체 관점에서 '재구성하게' 하며, 영화를 예술로 만드는 것은 바로 편집이다. 이 부분에서 영화가 단순히 일상의 재생산 혹은 연극의 재생산과 차이를 보이게 된다. "영화 예술의 근본이 되는 것은 편집이다."[102] 사실 다양한 카메라 앵글과 편집을 통해 '카메라를 동원해야 한다'는 생각은 미국 감독들에 의해 주도적으로 시도되었다. 몽타주 기법을 중요하게 생각한 이론가들은 카메라 움직임의 역할에 관해서는 거의 언급하지 않는다. 또한 무성영화 기법에서 (부분적으로) 영감을 얻었던 루돌프 아른하임과 벨라 발라즈도 마찬가지이다. 가령 아른하임은 344페이지나 되는 책 전체 중 겨우 두 페이지에서만 카메라 움직임에 대해 언급한다.[103] 발라즈 역시 291페이지 전체 중 세 페이지를 할애했지만[104] 트래킹 기법이나 파노라마의 가치를 평가절하하지 않으려고 굉장히 노력하기도 했다.

편집이 영화의 근본적인 토대라는 생각은 비단 무성영화 시절 몽타주 기법에 열광하는 예술가들에게서만(지가 베르토프, 쿨레쇼프, 티모첸코 등) 발견되는 것은 아니다. 다소 완화된 모습으로 최근 감독 및 이론가들에게서도 나타난다. 루이지 키아리니,[105] 움베르토 바르바로,[106] 레이먼드 J. 스포티스우드,[107] 레나토 메이,[108] 오손 웰스,[109] 알랭 레네[110] 등. 영화는 이미지들의 연속이고 무엇보다 이미지들의 배열을 통해 담화로 조직된다. 바로 이 과정에서 연쇄의 법칙이 랑가주를 만들고, 개별 이미지는 현실의 파편과 유사한 무성無聲의 조각을 제공한다. 영화의 모험은 사진과 함께 시작되었을 뿐이다. 진부하지 않은 이론가라면 대부분 다양한 방식으로 바로 이 사실을 강조하고자 했다. 그중에서 특히 알베르 라파이와 장 미트리를 눈여겨볼 필요가 있다. 라파이는 영화가 '세상' (사진적인 복제를 통해 부분적으로 제공되지만 대단히 믿을 만한 초상肖像이다)과 '서사'라는 양축을 중심으로 만들어진다고 설명한다. 즉 이 두 요소에 의해 영화가 정의된다.[111] 미트리는 이미지 간의 상호 추론관계를 통해 만들어지는 이야기에 관해서 상세하게 분석한다.[112] 영화를 랑가주로 만드는 가장 의미 있는 의도는 이미지 내부에서 발견되지 않고 이미지로부터 출발하여 그 덕분에 찾아진다. "이미지는 도착점이 아니라 시작점이다. 재현된 요소를 마치 최종 목적의 대상으로 생각한다면 우리는 영화에서 아무것도 이해할 수 없을 것이다."[113]

* * *

이상에서 열거한 내용은 모두 영화에 관한 사유에서 편집이 얼마나 중요하게 여겨졌는지를 증명한다. 이미지 안에 예술의 면모가 있어서 혹은 의미작용의 의도가 있어서라기보다는 영화는 무엇보다 개별적으로 실현된 영화 작품이 우선한다. 과도한 이론 논쟁이 잦아지고 나니 누구도 반박하기 힘든 명제를 얻게 되었다. 어쩌면 과도한 논쟁 덕분에 더 명료해진 정의를 얻게 되었을 것이다. 영화에 관한 사유 초기에는 모든 관심이 가장 눈에 띄는 특성에 쏟아지는 것이 당연하다. 영화는 이미지를 구성하는 방식에 비해 훨씬 더 분명하고 결정적인 방식으로 '영화적 특수성'에 해당하는 부분을 포함하고 있다. 이는 바로 여러 개의 이미지를 이해하기 쉬운 일련의 논리에 따라 배열하는 예술이란 점이다.

단독 이미지에 얼마나 많은 의미가 축적될 수 있는지 입증하기란 그리 어렵지 않다. 굳이 (발상, 구상, 장식의 구성, '외부' 배경의 선택, 배우의 선택과 연기 등과 같은) 카메라 앞에 놓인 장면들을 어떻게 구성하는가를 언급하지 않고서라도 영화적인 면모를 강조하는 조명, 카메라 앵글의 입사각, 촬영장에서 피사체와의 거리, 카메라 워크 등도 있지 않은가? 미트리[114]와 아른하임[115]은 담화로 구성되기 전이라도 이미지가 제공할 수 있는 의미작용의 요소들을 자세히 관찰한다.

하지만 창작자의 의도, 생각, 감각 등 전반적인 개입을 고려하기 위해서는 이미지 자체보다는 영화 개별 작품에 나타난 특성을 관찰하는 편이

더 가시적이며, 그 방식 역시 분야에 따라 다르게 관찰된다. 창작자의
작업은 어찌 보면 사진적 초상과 별도로 내포를 구성하는 데 결정적 역
할을 한다. 내포는 촬영 소재를 장식하고 거기에 덧붙이는 과정에서 얻
어지는 것이지만, (롤랑 바르트가 이미 설명한 것처럼) 반대로 무엇인가
를 제거하거나 덜어내면서도 가능한 것이다. 이미지의 연속이라는 차원
은 분명 기표의 담화이고, 여기에서 모든 것은 조직되어 있다. 외연도
내포도. 반면 사진은 닮은꼴, 유사-현실이라는 특성이 가장 뚜렷하다.
영화는 무엇보다 '파롤'이다. 사진을 '랑가주'라고 보는 경우가 주변부
의 의견이라면, 사진의 연속, 즉 영화를 랑가주라고 보는 것은 중심부
에 해당한다. 이러한 맥락에서 영화 기호학은 다시 한 번 편집을 강조
할 수밖에 없게 된다. '카메라를 동원'한 방식은 사실 그 자체가 목적이
아니라 서사성을 잘 표현하기 위해 시도된 것이었지만 자연스럽게 카메
라 움직임의 측면보다 더 (혹은 더 일찍) 편집의 측면에서 완성도가 높
아진다. 즉 문제의 핵심에 더 빨리 도달하기 위한 방식이었다고 결론지
을 수 있다.

* * *

새로운 담론이 형성되기까지 편집은 영화의 필수적인 토대 자리를 지
킨다. 영화 랑가주에서 편집이 차지하는 중요도는 차후 유성영화에서
등장한 언어적 요소와만 비교될 수 있을 정도였다. 색깔, 음악, 조형적
구성의 효과, 장식, 조명, '배경 소리', 그리고 배우의 '존재감'과 연기
까지 그 어떤 요소도 영화의 의미작용을 명쾌하게 설명하는 답이 되지
못했다. 영화의 의미작용의 수수께끼를 푸는 가장 좋은 답은 편집 법칙
과 말의 역할이었다. 또한 편집이 중요하다고 판단하게 되는 결정적 근
거 중 다른 한 가지는 20세기 사회에서 사진과 영화의 사회적 운명이 다
르기 때문이다. 사진은 자료보관용 기록, 주민등록 증명사진, 감상용 액

자, 사랑하는 사람들 사이의 추억 소장용, 글자가 빽빽한 두꺼운 책에서 약간의 여유를 제공하는 편리한 수단, 일간지에 재미를 제공하는 수단 등으로 널리 쓰인다. 진정한 표현수단으로 평가되는 사진은 뛰어난 재능을 지닌 몇몇 소수에게만 해당된다. 반면 새로운 예술, 새로운 형태의 랑가주인 영화는 다양한 임무를 지니며 많은 사람의 기대를 받으면서 거의 전 세계적인 관심을 얻고 있다. 각 개인의 인생에서 소소한 혹은 커다란 자리를 차지하거나 감동적인, 심지어 아름다운 작품 역시 상당수 존재한다. 롤랑 바르트의 표현을 따르자면[116) 사진은 "도저히 넘어설 수 없는 새로운 인류학적 현상"이다. 사진 기술의 발전에 사진가의 야망까지 더해져 역사적인 문화 흐름의 주된 경향에서 벗어나지 않기 위해, '변방'으로 밀려나지 않기 위해 사진이 고생을 하고 있다면, 영화의 경우는 훨씬 수월한 편이다. 탄생한 지 얼마 안 된 새로운 예술은 어려움 없이 서사 예술, 재현 예술의 보편적인 흐름 속에 포함되었다. 영화와 사진 사이에 공통점이 별로 없어 보이는 것은 영화가 여러 개의 사진으로 형성된 후 편집을 통해 완전히 다른 새로운 모험을 시작했기 때문이다.

* * *

1950년대 영화계에 거센 논쟁의 바람이 불었다. 앙드레 바쟁을 따르는[117) 많은 시네아스트, 비평가, 이론가들이 영화의 '본질'에 해당하는 것은 편집만이 아니라고 주장하기 시작한다. 편집은 그저 영화의 스타일 중의 하나일 뿐이다. 그리고 이 작품 경향은 이미 유행을 지나쳐버렸다. 오히려 현대 영화는 '비非편집'을 훨씬 더 선호한다. 현대 영화는 서로 분리되어 촬영된 여러 개의 숏을 이어 붙이는 콜라주 방식보다 하나의 숏 내부에서 여러 개의 촬영 소재를 배치하는 방식을 훨씬 많이 사용한다. 더 넓은 시야와 더 오래 지속되는 방식(플랑-세캉스, 화면 심도, 롱테이크 등의 개념) 혹은 카메라 워크로써 서로 다른 소재들을 연결하는 방식, 다시 말해 연속된 촬영을 통해 단절 없는 방식을 자주 사용한다.

편집을 둘러싼 열띤 토론은 오늘날에는 거의 사라진 상태이고, 앞서 언급한 내용들은 솔직히 그다지 중요한 사안도 아니었다. 당시 논쟁의 중심에는 엄격한 의미의 편집, 즉 실제로 서로 다른 화면을 연결하는 편집이 있었다. '구세대' 이론가들은 편집을 필수불가결한 절대적 요소로 고려한 반면, '현대' 영화 학파는 편집을 하나의 기교라고 보았다. 가끔은 필요하지만 그보다 더 자주 해롭거나 불필요하다고 생각한 것이다. 이 글에서 우리가 담화로서 영화의 기호학적 중요성을 논하고자 하는 '편집'은 좀더 확장된 의미에서의 편집이다. 이때 편집은 영화 연쇄 위에서 통합체적으로 공존하는 배열 체계를 의미한다. (미트리가 지적했듯이[118]) 이러한 맥락에서 공존하는 형상은 반드시 좁은 의미의 편집이 아니라 카메라 워크, 정태적인 연계 논리(=고정된 화면 내부에 둘 혹은 여러 개의 소재가 동시에 등장하는 방식) 등에 의해서도 충분히 잘 실현될 수 있다. 영화 이미지트랙의 **통합체적인 관계가 구체화**되는 양태는 크게 (이상에서 설명한) 세 가지로 구분할 수 있다. 이 세 가지 경우 모두 기호학적인 원칙은 동일하다. 사진이 만들어내는 유사한 재현을 넘어서 영화는 특정 질서에 따라 **현동화된 요소들을 배열한다**는 원칙이다. 요컨대 '통합체적인 랑가주'의 결과물인 영화는 결국 일련의 **현존하는 관계**, '그리고-그리고'의 관계로서 분석될 수 있다.

* * *

하지만 광의의 편집의 세 가지 양태는 스펙터클적인 측면으로 접근하면 서로 동일하지 않다. (좁은 의미에서의 편집에 해당하는) 이어 붙이기의 경우 공존의 '그림'은 마치 미리 계산된 것처럼 나타난다. 각 숏은 원칙상 하나의 단독 '소재'만으로 구성되고 그 결과 소재와 소재의 관계는 숏과 숏의 관계와 일치하게 된다. 다시 말해 편집 테이블에서 잘라진 여러 개의 필름 조각을 직접 이어 붙이는 기술적 조작을 통해 얻어지는 관계라고 할 수 있다. 반면 단독 이미지의 복합적이고 광범위하고 시야가더 넓은 화면 내부에서 두 개의 소재가 동시에 공존하는 양태는 촬영된 광경이 스스로 만들어내는 특성처럼 느껴진다. 카메라가 이동하면서 두소재를 서로 연관 맺는 방식도 마찬가지인데, 이때 이미지는 변화하지만 연속되기 때문에 이어지는 공존이라고 부를 수 있다. 두 경우 모두촬영하는 주체의 주장은 보다 불분명하게 드러난다.

　좀더 복잡한 문화 속에서 탄생한 현대 영화가 상대적으로 단순하고 쉬워 보이는 배열 원칙보다 더 섬세한 영화적인 실현 방식을 선호한 것은충분히 납득이 된다. 후자의 경우 촬영된 장면은 '분명한 현실'처럼, 일부러 의도를 표명할 필요가 전혀 없는 듯한 유사-순수에 근거하고 있다. 영화 역사를 살펴보다 보면 초창기 영화의 실제 작업이나 이론이 카메라 워크는 무시한 채로 좁은 의미의 편집에 특권을 부여한 일은 자연스럽다고 여겨진다. 초창기에는 막 태어난 표현수단으로서 스스로를 정당화하기 위해 더 분명하고, 핵심이 되고, 가시적인 기호학적 원칙을 찾고자 분주했기 때문이다. 또한 카메라를 '해방시키는' 두번째 방식, 카메라 워크라고 통칭될 수 있는 이 방식은 영화적인 특성이라기보다는 촬영된 대상의 특성으로 해석될 가능성이 더 높았기 때문이다.

제4장

영화 분석에 관한 몇 가지 방법론

이 글은 1967년 집필되었고, 1968년 8월 바르샤바에서 개최된 국제기호학학술대회에서 발표된 바 있다. 또한 같은 시기 유네스코가 발행하는 학술지『사회과학에 관한 연구 *Information sur les sciences sociales*』제7권 nº 4,「기호학 연구」, pp. 107~19에 수록되었다. 이후 1971년『기호학 소론*Essais de sémiotique*』에도 실린 바 있다(조제트 레이-드보브, 도나 J. 우미케르, 줄리아 크리스테바 편저, La Haye: Mouton, pp. 502~15).

영화 전반에 걸친 담론이나 혹은 개별 작품에 관한 비평에서 '형식 forme'과 '내용contenu', 혹은 '형식'과 '본질fond'(= 내용과 같은 동의어로서) 두 용어를 서로 상반되는 개념을 정의하기 위한 기본 용어로 사용하는 경우가 종종 있다.

이에 이 글에서는 확실한 검증 없이 자주 남용되는 이분법적인 구조에 관해 더 명확한 설명을 제시하고자 한다. 단순한 이분법적 사고로 다른 개념들을 혼란스럽게 뒤섞어버린 것에 이의를 제기하고 보다 면밀히 세분화하면서 좀더 발전을 꾀하고자 한다.

I

많은 경우 '형식'은 영화의 **기표**signifiant를 지칭하고, '내용'은 그 **기의** signifié를 지칭한다. 옐름슬레우를 따르자면 '표현expression'과 '내용 contenu'에 해당한다. 이러한 맥락에서 사람들은 "아 그 영화는 말이야. 형식은 새롭고 복합적이고 좋은데 내용은 시시하고 단순하고 평범해"라고 말하곤 한다.

영화의 한 요소가 의미 차원의 분석에 따라 때로는 기표로 기능하기도 하고 때로는 기의로 기능하기도 하지만, 사실상 각기 다른 영화를 분석할 때마다 매순간 기표 심급과 기의 심급을 구분하게 된다. 또한 영화를 큰 덩어리로 묶어서 보면 이미지, 이미지의 배열, 대화, 배경 소리, 인물 의상, 제스처, 얼굴 표정, 그 밖의 '상징들', 정신분석적·사회적 혹은 이념적 상징 등 전부를 모은 기표 집합 그리고 인물의 심리, 영화의 사회적 내용, 시네아스트의 이념적 '메시지' 등 전부를 모은 기의 집합 둘로 구분할 수 있다.

하지만 이 글에서 검토하고 있는 용어들을 사용하다 보면 기표와 기의의 구분이 변질되어버린다. 왜냐하면 '내용'과 동의어인 기의를 지칭하는 용어가 기표를 지칭하는 몇몇 용어와 대척점에 놓이지 않고 오히려 '형식'이라는 용어와 함께 쓰이기 때문이다. 이 과정에서 기표와 기의의 구분 그리고 '형식'과 실질의 구분을 반쯤 의식하면서 모호한 결론을 이끌어낸다. 기표라고 정확히 명시되지는 않지만 실질과 반대되는 개념을 내포하는 용어가 사용되고 마찬가지로 '형식'과 다른 대상을 지칭하기 위해 사용하는 용어는 명확히 실질을 지칭하는 용어가 아니다. 대신 '내용'이란 단어가 쓰인다. 그런데 내용은 표현과 상반되는 용어이다. 즉 기표와 대척점에 있다. 이러한 맥락에서 보면 다소 혼란스러운 용어의 사용은 기표 현상들과 형식 현상들을 한 축에 놓고 기의 현상들과 실질 현상들을 다른 축에 놓으면서 서로 일종의 상관관계를 잠재적으로 제시하기도 한다. 그렇다면 기표가 형식을 지닌다는 것일까, 아니 곧 형식이라는 것일까? 이에 비해 기의는 형식을 가지지 않는다는 뜻인가? 반대로 기의는 실질을 지닌다는 뜻일까, 아니면 기의가 곧 실질이란 뜻일까? 반면 기표는 실질이 없다는 뜻일까?

이와 같은 생각을 계속하다 보면 기표와 기의의 구분은 그 자체로는 명확하다고 볼 수 있지만 사실상 완전히 모호한 상태로 뒤섞여버리게 된다. 영화의 기표 요소들이 형식이 있다면 (예를 들어 편집, 소재의 대립, 이미지와 소리의 대위법, 이미지와 말의 대위법 등) 실질 역시 존재한다. 우리는 기표의 실질을 동영상, 배경 소리, 음악, 음성 등 네 종류로 구분하고자 한다.* 영화의 기의 요소들이 실질이 있다면 (예를 들어 영화 내용을 분절하는 '사회적'이거나 '인간적인' 의미 영역) 형식 역시 존재한다. 기의 요소의 형식이란 매 영화마다 실현되는 '테마thème' **의 심층적 구조이다.

영화를 둘러싼 논쟁에서 일반적으로 영화의 '형식'을 연구한다고 한다면 이는 기표를 종합적으로 살펴보는 작업을 지칭하는데, 이 형식 연구에는 실질, 기표의 실질에 관한 사유도 포함된다. 예를 들어 영화의 시각 기표와 청각 기표의 효과를 비교하는 접근을 들 수 있다. 실제적으로 **영화의 형식을 연구하는 작업**은 조직과 구조의 적합성을 고려하면서 영화

---

* 필자가 이 글을 집필하던 시점에는 그래픽 마티에르, 즉 자막의 그래픽 형태를 중요하게 고려하지 않았다. 예를 들어 도입부 감독, 배우 등 소개 자막, 이미지 속에 다양한 방식으로 삽입되는 자막, 무성영화에 사용된 자막 등. 이 자막들은 모두 이미지트랙에 이미지와 같이 포함되었지 자막만 따로 존재하지 않는다. 전통적으로 자막은 부차적인 요소로 고려되었다. 그런데 이 책을 발행하는 지금의 시점에서는 당시 필자의 생각이 편견에 지나지 않았다고 깨닫게 되었다. 필자의 생각을 바꾼 근거로 에이젠슈테인의 「파업」, 페르난도 솔라나스의 「불타는 시간의 연대기」와 같은 몇몇 작품에서는 자막이 구조에서 중요한 역할을 하고 있다는 사실, 기표의 실제 물리적인 측면을 고려하면 그래픽 모양 때문에 자연스럽게 동영상과는 구별된다는 사실, 자막은 동영상처럼 이미지트랙에 저장되어 있기는 하지만 동영상이 아니라 사실을 들 수 있다. 따라서 필자의 책 『랑가주와 영화』에서는 영화 기표를 네 가지에서 다섯 가지 범주로 수정했다.

** 필자가 여기에 '테마'라는 용어를 사용했다고 해서, 이 용어야말로 기의 형태를 분석하는 과정에서 최종적으로 선택된 적절한 단위라는 뜻은 아니다. 평범하게 생각되는 요소들의 상당수가 한 테마를 구성하면서 차후 여러 개의 의미 단위 간의 결합처럼 분석될 수 있다. 이때 각 요소는 전체 테마보다 '더 작은' 소단위이다. 이는 그레마스가 중요하게 고려한 매우 보편적인 기호학적 현상이라고 할 수 있을 것이다. 심층 구조의 의미 단위들은 표면적으로 드러난 단위들과 일치하지 않을 수 있다. 표면적으로 드러난 단위들은 기의 차원에서 고정된 일종의 통합체 단위라고 볼 수 있다. 다시 말해 근본적으로는 서로 다른 여러 개의 단위가 관습적으로 결합된다는 것이다. 필자는 그럼에도 불구하고 모두에게 거의 비슷한 의미로 해석되는 '테마'라는 용어를 고집하려고 한다. 왜냐하면 기본 단위들이 우리가 일반적으로 테마라고 부르는 것과 '실체적'이라는 동일한 특성을 공유하기 때문이다. 단지 시스템 내부에서 상호 지위와 수준에 따라서만 단위들을 구별할 수 있다. 즉 형태적인 특성에 의해서만 단위들을 구분할 수 있다는 뜻이다. 약간 단순화시킨다면 '테마의 조각들'이라고 할 수 있을 것이다.

전체를 모두 살펴보는 것이라고 할 수 있다. 다시 말해 영화 구조를 분석하는 작업이며, 이 구조는 이미지와 소리의 구조(=기표의 형식)임과 동시에 감정과 생각의 구조(=기의의 형식)이기도 하다.

반면 일반적으로 영화의 '내용'을 연구한다고 할 때에는 내용의 실질과 관련된 사유만을 지칭할 때가 많다. 즉 영화에서 다루고 있는 사회적이거나 인간적인 문제들을 환기하는 작업, 내재적인 중요성을 검토하는 작업이다. 이때 연구 대상이 되는 영화가 이 문제를 다루면서 제시하는 특정 형식에 관해서는 진지하게 고민하지 않는다. 사실 **영화 내용**을 진정으로 **연구**하고자 한다면 그 내용의 형식을 연구해야 할 것이다. 그렇지 않을 경우 그 영화에 대한 이야기가 아닌 단지 내용의 출발점이 되었을 뿐인 다양한 보편적 문제에 관한 언급이 될 것이다. 따라서 영화와 별도로 문제들이 사유되는 셈이며, 영화마다 내용이 변화하는 정도에만 관심을 쏟는 셈이다.

이상에서 간단하게 언급한 상황에서 알 수 있듯 '기표/기의' '형식/실질'이라는 각기 독립적인 두 종류의 개념을 한 쌍으로 묶어버리는 상황은 유감스럽기만 하며, 영화를 연구하는 사람들이 대부분 이 모호한 개념을 일반적이고 적합한 구분처럼 받아들이는 것도 안타깝기만 하다. 이러한 상황은 영화 기표와 관련하여 엄정하고 치밀한 분석(아직까지 제대로 시도되지 않고 있지만 이상적으로 필요하다고 기대되는 분석)이 행해지지 않는다는 반증이기도 하다. 영화 기의와 관련해서는 분석자의 개인적인 감수성과 감정, 혹은 실존적 고민, 정치적 의견 등으로도 충분하다는 생각이 별 거부감 없이 수용되고 있다.

안타깝게도 우리가 흔히 접하는 영화 비평은 근본적으로 영화 기의에만 집중하고 있다. 이는 다름 아니라 제법 오랫동안 영화 기의를 논하는 인상주의적인 비평이 옳다고 받아들이는 풍토가 지속되었기 때문이다. 여기에서 영화 기의를 이야기하는 것은 '형식'을 제외하고 '내용'에만 해당한다. 만약 영화 비평가들이 똑같은 방식으로 인상주의적인 접근으로 영화 기표 요소들을 말하고자 한다면 분명 부끄러운 마음이 들 것이며, 이러한 맥락에서 기표에 관한 언급을 만나기 힘든 것이다. 따라서 사람들이 별로 관심을 보이지 않는 분야라고 주장하는 암묵적 비하가 만연하게 되었던 것이다. 이는 사실 본인들의 약점을 정당화하기 위한 일종의 회피 수단이라고 할 수 있으며 영화 형식을 '영화 기법technique'이라는 다른 용어로 지칭하게 된 본질적인 이유라고 할 수 있다.

II

형식, 내용과 관련해 또 다른 문제인 의미작용에 대해 생각해볼 수 있다. 면밀한 추적 과정 없이 단순하게 상용되고 있는 형식과 내용의 구분을 고려할 때 형식과도 다르고 내용과도 다른 제3의 요소를 떠올리게 된다. '형식'을 생각할 때 우리는 일반적으로 영화의 고유한 기법 전체를 떠올리게 되며, '내용'을 생각할 때에는 영화적인 특별한 무엇인가가 아닌 인간이 제공하는 재료를 떠올리게 된다. 영화가 '내용'을 취하는 것이고, 소설이나 연극에서도 동일한 내용을 다룰 수 있다.

물론 이러한 단순 명쾌한 방법론적인 구분이 이로울 때도 있다. 영화가 진행되는 동안 영화만의 전달 방법을 통해서 나타나는 **의미작용** signification(소쉬르의 개념으로 기표-기의 쌍)이 있고, 이와 병행하여 영화 이외에 다른 문화적 기표의 집합 속에서도 나타날 수 있는 의미작용도 있다. 전자의 경우 예를 들어보자면 편집의 주요 형식들, 이미지와 소리의 배치 형식들, 이미지와 말의 사용 등이 있다.* 후자의 경우로 (한 가지 사례만을 든다면) 영화에서 중요한 역할을 하는 인물 의상의 의미작용을 생각할 수 있다. 등장인물의 사회적인 위치, 심리적 상태 등이

---

* 필자의 책 『영화의 의미작용에 관한 에세이』 제1권에서 제5장 「픽션영화에서 외연의 문제」의 '5. 이미지의 거대 통합체'를 참조하기 바란다. 이 부분에서 필자는 '영화의 고유한 약호화 체계'에 관해서 밝히고자 한 바 있다.

옷을 어떻게 입느냐를 통해 표현되는 경우가 종종 있다는 것이다. 1967년 촬영된 프랑스 영화에서 여자 주인공이 허리가 잘록한 부드러운 색깔의 줄무늬 벨벳 옷을 입었다고 하자. 이 여자는 파리 16구(부유한 동네)에 사는 '멋쟁이'를 의미할 것이다. 반면 남자는 푸른색 작업복에 모자를 쓰고 있다고 하면, 이 남자는 '공장 노동자'를 의미한다. 두 경우 모두 계열체를 구성하는 데 그 어떤 영화적 수단도 작용하지 않으며, 어떤 영화에도 포함되지 않는 고립 이미지(=포토그램)로서 충분히 있을 만한 의미작용이다. 심지어 이미지를 통해서가 아니더라도 일상생활에서 관찰할 수 있는 의미작용이다. 주의력 깊은 누군가라면 파리 거리를 산책하면서 조금 전에 언급한 방식대로 차려입은 사람들을 지나칠 것이고 어렵지 않게 그 의미를 유추할 수 있을 것이다. 요컨대 영화 외적인 의미작용, 영화에서 단순히 차용된 의미작용이다.

의미작용을 별도로 고려하는 작업은 그 자체로 중요하고 반드시 필요한 일이지만 '형식/내용'이 한 쌍으로 묶여버린 상태(불행히도 대부분의 경우)에서는 모호해져버리곤 한다. 우선 고유한 영화 의미작용을 지칭하기 위해 '형식'이라는 용어(이미 살펴본 것처럼 기표라는 용어와 혼용되고 있다)를 사용하게 되면 잘못된 생각을 심을 수 있다. 왜냐하면 특별히 영화에만 해당하는 것이 있다면 모두 기표라고 봐야 한다는 뜻이 되기 때문이다. 그렇다면 기표는 신기하게도 기의와 완전히 분리되어 있다는 것인데, 다시 말해 의미작용은 일어날 수 없다는 뜻이다.* 특별히

---

* 물론 어떤 의미에서 보면 영화가 기표들의 시스템이라고 간주하는 것이 틀렸다고만 할 수 없다. 거대 단위 차원에서 보면 영화는 문학이나 회화 등과 마찬가지로 영화에만 고유한 의미 영역을 보유하지 않는다. 이와 달리 색깔 이름, 친척 호칭 혹은 신호등 등의 시스템은 고유한 의미를 갖는다. 의미적 실질을 정확하게 나누는 구역에 해당되는 부분이 있다는 뜻이다. 자동차 혹은 보행자의 통행/통행 금지를 의미하는 고유 실질이 기표와 연결되어 있다. 하지만 영화에는 비슷한 그 어떤 것도 없다. 영화 한 편, 영화 작품들 그룹, 혹은 영화라는 장르 전체에서 모두 '영화적'이라고 부를 수 있는 큰 범주의 기의는 존재하지 않는다. 영화 기의는 단순히 '인간적'이고 사회적인 기의들이다. 이는 곧 문학에서도 철학 담론에서도 혹은 일상생활에서도 언제나 채택될 수 있다. 다시 말해 문학처럼 영화도 잠재적으로 '모두 말할 수 있다'는 것이다. 영화는 결정된 의

영화적인 것은 모두 상응하는 실질이 없는 순수 형식과 관련이 있다. 또한 영화에서 사용된 영화 외적인 의미작용을 지칭하기 위해 '내용'이라는 용어(이미 살펴본 것처럼 '실질'이라는 용어와 혼용되고 있다)를 사용하게 되면 안타까운 두 가지 잘못된 생각을 낳을 수 있다. 첫째 영화 이외에 다른 곳에서 생긴 모든 것은 상응하는 형식 없이, 즉 구조적인 짜임 없이 순수한 실질이 될 것이란 암시이다. 덧붙여 영화 이외에 다른 곳으로부터 가져와 적용된 모든 것은 기의 차원에 일방적으로 쏟아부어진 것(따라서 상응하는 특정 기표가 없는 기의)이란 암시이다.

현재 접할 수 있는 영화 관련 글쓰기들은 대부분 지금까지 설명한 개념들을 잠재적으로 포함하고 있다. 하지만 상세하고 치밀하게 분석된 적이 없을뿐더러 그런 노력을 기울인다면 피할 수 없는 막다른 길에 봉착하게 될 것이기에 포기한 경우가 대부분이다. 이러한 맥락에서 필자는 형식/내용과 관련된 네 종류의 개념을 구분해보고자 한다.

① 영화에만 특별한 무엇인가를 지닌 영화 랑가주는 종종 기표만으로 구성된 계열이라고 간주되곤 하는데, '기법' '모습' '표현수단' '스크린 수사학' 등으로 지칭되는 부분이다.* 가령 소설을 스크린에 옮기는 작

미를 표현하고 있는 특정화된 약호를 구성하지 않는다. 이 주제에 관해서 영화 얘기를 직접 하지는 않았어도 옐름슬레우, 바르트, 그레마스 등의 연구를 고려할 수 있다. 영화를 세부적으로 관찰하면서 분석하는 과정에서 중요하게 작용하는 좀더 작은 단위를 고려할 경우 영화는 상응하는 특정 기의가 없는 기표만으로 구성된 일방적 지위를 벗어나게 된다. 분명 몽타주 각각의 형식은 영화적인 고유한 기의를 갖는다. 음성언어 랑가주, 그래픽 랑가주 등의 다른 기표 시스템은 간접적으로 각각의 몽타주가 갖는 기의를 언급할 수 있을 뿐이다. 분석할 수는 있을지라도 똑같이 표현할 수는 없다. 이러한 맥락의 기의는 단지 하나의 몽타주 기표만을 갖는다. 특별히 영화적인 표현수단과 비非영화적인 표현수단이라는 이중적 지위는 소설을 스크린에 옮기는 각색 작업을 생각해보면 좀더 선명히 드러난다. 영화에서 책의 페이지, 문단, 혹은 단원을 지키지 않으면서도 책의 전반적인 실질을 전달할 수 있다.

* 그렇다고 해서 필자가 모습, 기법 등의 용어를 영화 연구에서 추방하자고 주장하는 것은 아니다. 게다가 필자 역시 이러한 용어들을 자주 사용한다. 단지 기표 차원만 일방적으로 주목하는 부적절한 용어의 사용을 지적하면서 기표의 기법이나 형식 역시 기표와 동시에 기의도 포함하고 있다는 사실을 알리고 싶을 뿐이다. 하지만 그렇다고 해서 너무 과학적이고 엄격한 용어로 순화

업은 동일한 기의를 다른 기표로 담아내는 일이며 그리 드문 경우도 아니다.

② 영화 랑가주는 순수 형식으로서 간주되곤 한다. 즉 '영화 랑가주'를 (편집을 구성하는 형식과 같이) 식별이 가능한 외형들의 집합으로 보고 동영상이나 인간 목소리가 실질적인 심급을 구성할 리 없다고 생각하는 것이다. 실질이 없다면 외형은 의미하는 바가 전혀 없으며, 외형은 반드시 물질적으로 분절될 수 있어야 한다.

③ 영화 외적인 곳에서 기원을 취하는 의미작용이 영화에 도입되면 순수한 실질처럼 간주되곤 한다. 이때에는 분석적인 특성을 지닌 부연 설명이 아니라 감정적인 부연 설명만이 가능하다. 가령 영화에서 인물의 감정이 '진정으로 느껴진다' '감동적이다' 혹은 '생생하게 표현되었다' 등의 언급을 말한다.

④ 영화의 영화 외적인 요소는 순수 기의처럼 간주된다. 예를 들어 연구 대상이 되는 한 편의 영화에서 사용된 구체적인 기표를 고려하지 않고 내재적인 사회 관심사만을 이야기하는 것을 말한다.

III

이제부터 영화를 **자료체**로 삼아 방금 전에 언급한 기표, 형식, 실질, 기의의 순서대로 접근하면서 분석 틀의 초안을 잡아보자.

① 엄밀한 의미에서 영화에만 해당하는 약호작용은 기표의 특정 계열을 만들어낸다. 관객은 '오디오-비주얼'(혹은 지나치기 일쑤이지만 '언

시키려는 의도 역시 좋지 않다. 아무도 이해하지 못할 용어를 사용하는 것은 소용이 없다. 퍼스 역시 가장 정확한 과학 용어에서도 어느 정도의 다의적인 용어를 사용하는 것이 연구 과정의 발전과 뗄 수 없는 일이라고 이야기한 바 있다(*Collected Papers*, vol. II, *Elements of Logic*, Cambridge, Mass. : Harvard University Press, 1932, p. 130).

어-비주얼' '언어-오디오') 외형을 보고 지각한다. 이 기표들의 존재야
말로 영화의 전체 의미 속에서 기표와 연결되는 기의들을 뚜렷이 드러내
는 역할을 한다. 반면 이때 기의는 반드시 영화에서만 찾아볼 수 있는
특정한 것은 아니다. 영화 랑가주는 기표들의 모임이 아니라 의미작용
의 집합이다. 우리가 교차 편집이라고 지칭하는 외형은 A-B-A-B 등과
같은 순서에 따라 이미지를 배치하는 것뿐만 아니라 의미까지 포함하고
있다. 전체적으로 고려했을 때 사건 A와 사건 B가 영화 디제시스 속에
서 공존한다는 의미를 지니는 것이다. 이는 교차 편집의 외연 기의를 구
성하는 것 이외에도 다양한 내포 의미를 보유하게 된다. 가령 다른 이미
지 배열 구조보다 더 직접적이고 상징적이고 직관적인 동시성의 형식을
암시하는 것이다.

② 만약 엄밀한 의미에서 영화에만 해당하는 기표의 형식이 존재하는
것이 사실이라면 영화적인 특성을 강조하는 기표의 실질도 역시 존재할
것이다. 이와 관련해 두 가지 차원에서 살펴보고자 한다. 왜냐하면 각각
은 구분해서 독립적으로 고려될 필요가 있기 때문이다.

②-1. 동영상, 배경 소리, 음악, 말 등 영화를 지각하는 데 물질적인
측면을 구성하는 네 종류의 기표-실질 중 '특별히 영화에만 속하는'이라
고 단언할 수 있는 것은 한 가지뿐이다. 다시 말해 영화에만 쓰이고 우
리 사회의 다른 표현수단에는 사용되지 않는 기표-실질은 기계적인 방
법으로 얻어지는 동영상 한 가지뿐이다(텔레비전은 사실 영화와 유사 매
체이기에 별도로 고려하지 않는다).

②-2. 동영상을 제외한 나머지 세 가지, 배경 소리, 음악, 말은 특별
히 영화에만 속하는 기표-실질은 아니다. 왜냐하면 이 세 가지는 전부
영화 이외에 다른 의미작용 시스템에서 기표 실질로서 사용되고 있기 때
문이다. 말은 인간의 자연언어에 사용되고, 음률은 음악에 사용되고, 배
경 소리는 라디오 드라마나 구체 음악musique concrète에 사용되거나 혹
은 단순히 의미작용을 이뤄내는 세상의 소리로서 작용한다(예를 들어 자

동차 클랙슨 소리를 듣는다면 우리는 근처 교통이 혼잡하겠구나 하고 생각하게 될 것이다).

하지만 이 세 기표-실질이 영화에 사용될 경우에 도대체 어느 정도까지 동일한 실질이라고 봐야 할지 자문하지 않을 수 없다. 영화에 사용된다는 뜻은 곧 다른 담화 맥락 속에 삽입되어, 동영상을 포함해 다른 요소들과 상호작용하는 구조망 속에서 새롭게 작용한다는 것이다. 또한 오로지 기표-실질들이 외관상 드러내는 형식만 연관된 것처럼 간주되던 '대위법'을 어느 수준까지 적용해야 할지도 자문하게 된다. 영화를 둘러싼 현재의 담론에서는 거리에서 들리는 배경 소리와 영화 사운드트랙을 통해 듣는 배경 소리가 같은 것이며, 유일한 실질이라고 주장하는 일이 쉽지 않다. 동일한 마티에르에서 추출된 두 가지 다른 실질이 아니라고 주장하는 것 역시 동일한 맥락에서 어려운 일이다. (여기에서 마티에르란 용어는 옐름슬레우가 제안한 개념과 동일한 의미로 사용되었다. 옐름슬레우는 마티에르와 실질은 다르다고 보았다. 실질은 '이미 기호학적으로 형식이 갖춰진' [119] 마티에르를 지칭하는 것이다. 즉 영화에 사용된 배경 소리에 해당한다. 반면 마티에르는 일반적인 의미에서 소리에 해당한다.) *

* 옐름슬레우의 분석은 복합적인 사고를 요구하긴 하지만 바로 그 면밀한 사고 덕분에 기표의 다양한 실질, 다양한 '랑가주', 다양한 형식, 다양한 약호의 관계를 더 잘 이해하는 데 도움을 준다. 옐름슬레우가 제안한 것처럼 그 자체로서 사유된 마티에르와 형식을 표상하는 마티에르를 구분할 필요가 있다. 본문에서 예로 든 배경 소리는 여러 개의 약호를 따를 수 있고, 그중 한 가지가 영화의 고유한 부분이고, 나머지는 영화와 공통적으로 우리 일상에도 해당하는 부분이라고 할 수 있다. 바로 이 점에서 옐름슬레우의 실질과 마티에르 구분이 빛을 발한다. 더 간단하고 더 접근하기 쉬운 방식으로 마티에르와 '실질'을 정의하면서 이론의 도움을 얻게 되는 것이다. '이미 기호학적으로 형식이 갖춰진 마티에르'에 관해서 필자의 생각은 (실질이라고 정의한) 옐름슬레우와는 약간 달리 특정 용어를 사용하지 않아도 된다는 것이다. 왜냐하면 이 실질은 Y라는 마티에르 속에 X라는 약호가 작용한 결과라고 보면 충분하기 때문이다. 따라서 필자는 물질적으로 봤을 때 기표의 다양한 형식을 정의하는 과정에서 **마티에르**란 용어를 사용했다. 옐름슬레우의 제안 이후 필자 역시 이 문제에 관해 좀더 상세히 고민한 결과 『랑가주와 영화』에서 두 용어로 이 복잡한 문제를 정리하고자 했다. 요점만 정리하자면, '기표의 마티에르'는 '랑가주' 각각의 물리적 특수성을 부각시키기 위한 용어로서, '기표의 형식'은 연구 대상이 되는 랑가주에만 해당되건 아니건 간에 다양한 약호에 맞춰 작용하는 경우에 사용하기를 제안했다.

영화 랑가주는 네 종류의 기표-실질 중 동영상만이 유일하게 영화에만 '특수한' 실질이라는 사실 이외에 다른 세 실질, 즉 영화의 음성, 영화의 배경 소리, 영화의 음악에 의해서도 고유성을 확보할 수 있다. 앞서 간단하게 설명한 소리의 실질에 관한 사유는 음성이나 음악에도 충분히 적용될 수 있다.

③ 영화에 등장하는 영화 외적인 부분에서 발생하는 기의는 그만의 실질, 즉 의미적 실질을 지닌다. 하지만 이는 곧 형식 역시 갖고 있으며, 조직된 기표 집합 내부에 속하기도 한다. 기의의 형식, 기표 집합은 사실 영화 랑가주와는 다른 범주에 있기 때문에 영화 비평가들은 종종 이 부분에 관해 언급할 필요성을 잊곤 한다. 이러한 맥락에서 영화에만 고유하게 해당하는 약호작용을 연구하는 사람들이 기의-실질 부분을 배제하는 것도 이해할 만하다. 그러나 이와 달리 영화 한 편의 전체 의미작용을 연구하는 경우 무시할 수 없는 주제이다. 왜냐하면 영화가 아닌 다른 분야에서 형성되었을지라도 기의-실질 역시 영화에 현존하고 있기 때문이다. 게다가 우리가 그 세부 사항에 관심을 쏟건 그렇지 않건(연구 대상을 어디까지로 정할 것인가는 당연히 각 연구자의 선택 사항이지만) 영화를 연구한다는 구실을 대면서 영화 외적인 의미론을 무시하는 일은 있을 수 없기 때문이다. 의미는 결코 무정형無定形일 수 없다. 기의-실질이 반드시 영화 속에서 나타나지 않을지라도 사회-문화적인 혹은 역사적인 의미를 내포하는 다른 기표 집합 속에 등장하게 마련이다.

앞서 영화 의상 기의와 관련하여 제시한 사례를 상기해보자. 이 경우 영화가 드레스 혹은 작업복의 기의를 만들어내지는 않았다. 하지만 그 기의를 자연스레 사용하게 된다. 영화는 부분적으로 기표를 재편하면서 기의를 작품 속에서 현동화시킨다. 이는 작품이 다루고 있는 사회 그룹의 의복 문화를 반영하고 있다. 이 구조를 영화 자체에서만 찾고자 한다면 당연히 존재하지 않을 것이다.

이제 앞서 설명한 내용을 정리하기 위해 두 범주로 구분하고자 한다.

엄밀한 의미에서의 **영화 랑가주** 그리고 **개별 영화에 따른 메시지**. 후자는 영화 랑가주에 속하는 요소와 다른 문화 시스템에 속하는 요소 간의 특정한 결합에 근거하는 것이다. 우리는 너무 자주 '영화 랑가주'란 표현을 영화에 등장하는 의미작용 전체를 지칭하는 데 쓰면서 광범위하고 모호하게 사용하는 경향이 있다.

④ 영화의 영화 외적인 요소 중에서 영화의 기의 심급에 속하는 부분이 있다. (기의와 관련된 경우 이 요소들은 영화가 만들어내는 여러 차원에서 기의로 기능할 수 있다. 혹은 다른 차원에서 의미작용으로도 기능할 수 있다.) '기의'에 해당하는 영화 외적인 요소와 병행하여 이에 상응하는 기표 역시 존재한다. 이때 기의와 마찬가지로 기표 역시 영화 외부에 속한 것인데 영화에 도입되었다고 말할 수 있다. 앞서 언급한 의복 사례처럼 '노동자'라는 **기의**만이 중요하게 작용하는 것이 아니다. '영화에 포함된' 것은 그에 상응하는 **기표**(= 모자, 푸른색 작업복)도 마찬가지이다.

IV

이상에서 살펴본 것처럼 이 글은 영화 담론에서 매우 자주 사용하는 용어 쌍 '형식/내용'에 관해 비판적 사고를 적용해보았고, 그 결과 이 용어들이 하나의 개념 쌍으로 간주되기 때문에 부적절한 경우들이 파생되었다는 결론을 얻었다. 이는 형식/내용이라는 용어만으로는 세분화하기 힘든 경우에 적용할 수 있는 다른 두 개념 쌍, 기의/기표, 형식/실질의 존재를 인정하지 않기 때문으로 보인다.

우리 주변에서 쉽게 접하는 예로 영화의 '형식'을 말하는 경우를 가정해보자. 이 사람의 머리에는 형식이라고 지칭하는 연구 대상으로서 영화 기표, 영화 구조, 영화적인 특정한 부분 등이 동시에 떠오른다. 이때 영화 기표는 기의와 반대되는 개념으로 정의할 수 있는 부분이지만, 형식이라고 통칭하는 것이고, 따라서 기의는 '내용'이라고 부르게 될 것이

다. 영화 구조는 영화에 담긴 다양한 실질에 반대되는 개념으로 쓰인 것
인데 이 연구자는 실질 역시 '내용'이라고 지칭할 것이다.* 영화만의 고
유한 특성은 영화에 사용되는 다양한 문화적 의미작용과 상반되는 부분
에 해당하는 것이지만 형식이라고 부르기도 하며, 이때 다양한 문화적
의미작용은 역시 내용이라는 용어로 부르게 될 것이다. 따라서 더 정치
한 영화 분석을 원한다면 용어를 혼용하는 상황을 피하면서 각각의 개념
을 세 범주로 구분해서 정교화할 필요가 있다.

① 우선 연구 대상이 된 영화에서 기의 차원을 포함하는 요소에 기의
개념을 국한시키기를 제안한다. 이 경우 분석을 통해 정확하게(치환이라
는 방법을 써서) 기의 각각에 상응하는 기표를 추출할 수 있으며,** 대상
영화는 사회 현실 증언, 시네아스트의 개인적인 기질 표현 혹은 예술 작
품이나 외연적인 서사, 서사 주변을 둘러싼 내포 집합 등 특정 의미 차
원에서 관찰된다.

예를 들어보자. 특정 표현수단, 이야기의 특정 표현수단, 외연적 상
태로 도입된 이야기의 특정 표현수단으로 간주되는 영화에서 'A-B-A-
B 구조로 배열된 이미지'라는 기표가 있고 이에 상응하는 기의, 즉 'A
계열 사건과 B 계열 사건의 동시성'이 있다. 이상의 기표와 기의가 모

---

* 이 글의 제1장에서 설명했듯이 영화 비평에서 통용되는 용어 '내용'이 실제 지칭하는 부분은
'기의의 실질'에 해당한다. 그리고 훨씬 드문 경우이긴 하지만 '내용'이 '기표의 실질'을 혼동해
서 지칭하기도 한다. 가령 이미지의 '형식'과 비교하면서 '이미지의 시각적 내용'을 말하는 경우
를 들 수 있다.
** 지금 이 상황에서 사용된 '기표'와 '기의' 용어 역시 완전히 적합하지는 않다. 엄정하게 따져보
면 동일 기호(=최소 의미 단위)의 '기의 측면' 혹은 '기표 측면'을 말할 수 있지, 담화 전체(=
영화 한 편)나 담화의 거대 단위(=영화 시퀀스)에서 기표 측면과 기의 측면을 말할 수는 없
다. 그럼에도 불구하고 '영화 전체 기의' '시퀀스의 기의' '최소 기표' 등과 같이 좀더 부연 설
명을 덧붙이면 '기표'와 '기의'라는 용어도 충분히 가능해 보인다. 그렇다면 작은 단위 기호인
경우에만 아무 수식 없이 기표/기의라고 쓰고, 다른 경우에는 기표 측면/기의 측면이라고 구별
해 쓸 필요도 있다. 사실 '기표/기의' 용어는 상대적으로 옐름슬레우가 제시한 표현/내용에 비
해 언어학자가 아니더라도 모든 사람에게 비교적 분명한 한 가지 뜻으로 이해된다. 예술 기호
학의 입장에서는 '표현/내용'을 선호하겠으나, 예술 비평에서 이 용어들을 둘러싸고 논할 수 있
는 역사적 배경 때문에 선뜻 실제 영화 연구 작업에서 사용하기가 곤란하다.

두 모인 전체가 '교차 편집'이라는 의미작용을 구성한다. 반면 같은 영화를 두고 감독의 스타일을 연구하는 사람은 내포 연구에 더 집중할 것이고, 기표와 기의의 결합에 해당하는 교차 편집 전체가 하나의 기표가 되어 이 스타일에 대응하는 **새로운** 기의를 찾게 될 것이다. 특정 감독이 교차 편집을 사용하는 경우와 그렇지 않은 경우를 비교 분석하는 식으로 말이다.

② 두번째로 영화의 기표와 기의를 구분했던 것처럼, **형식**의 심급과 실질의 심급을 구분할 것을 제안한다. 영화를 전체적으로 고려했을 때 기의의 실질은 영화 담화의 사회적 내용이고, 기의의 형식은 이 내용을 영화가 진행되는 동안 배치하는 심층적인 의미 구조(종종 테마적인 구조라고도 불리는)이다. 바로 이 구조 덕분에 유사한 내용을 담을 수 있는 다른 영화들이 존재하는 것이다. 기표의 실질(아니 오히려 기표의 실질들, 영화는 다양한 기표를 혼합 구성하는 장르이기에 복수로 표현하는 법이 더 맞을 것 같다)은 동영상, 배경 소리, 인간의 말, 음악이다. 이때 이 기표의 실질들은 애니메이션, 사진, 무성 영화, 라디오 방송극 등과 같이 다른 장르와 비교했을 때 차별적인 결과를 고려하는 작업 역시 포함한다. 기표의 형식은 이 네 종류의 기표 실질을 통해 지각할 수 있는 외형 전부를 지칭한다. 시각적 모티프와 대화 문장이 어떻게 통합체적으로 연결되고 조화를 이루면서 반복 등장하는지 등과 관련된다.

기표와 기의를 구분하는 작업처럼 형식과 실질 역시 다양한 의미 차원에서 접근할 수 있다. 그 결과 영화에 등장한 하나의 요소가 분석에 따라 각각 형식 혹은 실질로 다르게 접근될 수 있다. 예를 들어 기의 차원에서 한 요소를 살펴보자. 전쟁영화를 사랑영화, 탐정영화와 같이 전쟁을 다루지 않는 다른 영화들과 비교할 때(이러한 비교 작업은 한 나라의 영화 생산 경향 분석 자료에서 1년 동안 계절에 따라 장르 생산도가 달라지는 사례에서 흔히 발견된다), '전쟁' '사랑' '탐정 이야기' 등의 장르는 일종의 의미 영역을 대표하며 '영화의 주제'라는 더 넓은 의미장 속에서 역사·문화적 측면의 특정 일부를 구성하게 된다. 이 경우 기의의 실질이 작용하는 것이다. 반면 전쟁영화 내부로 들어와 그 영화만을 살펴볼 때, 여전히 기의 차원에서 연구하는 것이긴 하지만 전쟁을 중심으로 '싸움 준비' '격돌' '공격이 끝난 후 전쟁터' 등 시퀀스마다 다르게 조직되는 구조에 더 집중하게 될 것이다.* 이러한 맥락에서 이상의 의미 단위들은 기의의 형식에 해당할 것이며, '전쟁'이라는 개념은 이제 기의의 실질로서 기능하며 형식을 더 구체적으로 결정하게 될 것이다.

③ 영화의 기표 요소들과 기의 요소들 중에는, 또한 영화에서 현동화되는 의미작용 집합 중에는 영화를 특정 표현수단으로 여기는 것이 있다. 다시 말해 우리 문화 속에서 사용되고 있는 기표 집합 중 한 가지로서 영화를 간주한다는 것이다. 이와 병행하여 여러 영화에 등장하지만 그 구성이나 의미에서 영화만의 방법으로 전달되는 것이 아닌 다른 종류의 기표 집합 속에 그 기원을 두는 경우도 있다(집단 재현의 다양한 시스템, '오브제objet',** 제스처, 표정 등과 관련된 상징주의). 고유한 영화 랑가주와 통합적인 메시지로서의 영화와 마찬가지로 다른 종류의 기표 집합 역시 최종 분석 과정에서는 사회와 문화를 생각하게 한다.

필자는 이제 이상에서 설명한 의미작용의 두 범주를 각각 **'영화적인 filmique 의미작용'**(혹은 요소)과 **'촬영된filmé 의미작용'**(혹은 요소)으로 지칭하기를 제안한다.***

---

* 이 글에서 사용한 전쟁영화, 사랑영화, 싸움 준비 시퀀스 등의 용어는 단순히 필자가 설명하고자 하는 바를 전달하기 위한 수단일 뿐이다. 이 분야의 전문가는 더 엄정한 의미에서 개념을 드러내는 다른 용어들을 사용할지도 모르겠다.

** 오브제란 단어는 테마thème와 같은 뜻으로 쓰였다. 그레마스는 '오브제'가 의소sème에 해당하는 것이 아니라 sémème, 혹은 어휘소lexème에 해당한다고 주장했다. 다시 말해 심층 구조의 영역에서 드러나는 것이 아니라 겉으로 드러나는 외형 영역에서 의소들이 결합된 것이란 뜻이다. 물론 오브제가 항상 심층적 단위가 될 수는 없지만 '오브제에 부여된 상징주의' 덕분에 오브제와 연결된 의소를 생각할 수 있는 것도 사실이다. 오브제나 혹은 그 뒤에 숨어 있는 것은 영화에 등장하는 영화 외적인 의미작용의 많은 부분을 담당한다. 여기에서 '오브제를 영화만의 방식으로 다루는 것'과 구분할 필요가 있다. 이는 다른 관점에서 접근해야 한다.

*** 이 주제와 관련하여 『랑가주와 영화』에서 영화의 특정 요소들과 비非특정 요소들 간의 구분을

영화적인 요소들은 각각 기표와 기의를 지니고, 촬영된 요소들 또한 각각 기표와 기의를 지닌다. 두 종류의 기표와 기의는 영화 내부에서 공존하고 이때 영화는 거대 담화 단위에 해당한다. 그 동질성이라고 한다면 겨우 외형상 나타날 뿐이다. 영화 이외에 다른 표현수단(가령 책)으로 이 요소들을 옮겨갈 때 촬영된 의미작용은 그 핵심이 그대로 보존되는 반면, 영화적인 기표와 기의는 다시 회복이 불가능하게끔 완전히 사라져버린다. 다른 표현수단에서 영화적 기표와 기의에 대응하는 것은 단지 부정확하고 매우 느슨한 의미에서 비슷하다고 생각될 뿐이다.

제안한 바 있다. 그리고 이 저서에서 이 글을 집필하는 당시 미처 제안하지 못했던 용어를 정리할 수 있게 되었다. 영화에 나타나는 물질적으로 다른 두 범주에 속하는 요소들의 공통점은 영화적인filmique이라고 통칭할 수 있다. 이러한 맥락에서 '영화적인/촬영된'이라는 구분이 모호해질 수 있다. 이러한 결함을 보완하여 새롭게 필자는 'cinématographique/extracinémato-graphique'라는 용어를 제안한 것이다. 요컨대 시네마토그래프적인 것Le cinématographique은 언제나 영화적filmique이지만, 영화적이라고 해서 항상 시네마토그래프적이지는 않다.

제 5 장

디제시스 영화에서의 구두점과 경계 표시

이 글은 1971년 집필되었고, 1972년 『카이에 뒤 시네마』 제234~235호, pp. 63~78에 수록되었다.

1. 불연속적인 영화

　고전 스타일의 영화에서 '구두점'이라고 지칭되는 기법들은 영화 초기
보다는 덜 중요한 역할을 차지한다. 우리는 이 기법들 자체에 주목하기
보다는 삽입된 지점에서 이 기법들이 분리 혹은 구분 지점을 표시하기
위해 필요하다고 여긴다. 이 기법들은 영화 곳곳에 산재하면서 명확한
최소 분절들을 만들어내는데, 분절이 없다면 (어느 정도 긴) 담화는 불
가능할 것이다. 요컨대 영화를 '명료하게' 만드는 특성이 구두점 기법의
중요한 역할이며, 이 글에서 가능한 과대평가를 배제하면서 정확히 짚
고 넘어가려는 부분이다.

　시네마토그래프 초기 시절에 사람들은 영화 랑그의 가능성을 지금보
다 더 신뢰했다. 물론 엄밀한 의미에서 랑그와는 다르지만 언어 모델을
쫓아 구상되었다고 말이다. 당시에는 오늘날보다 구두점 기호를 시각적
으로 더 뚜렷하게 삽입했다. 이미지와 이미지가 동그란 모양을 중심으
로 연결되는 아이리스 기법, 연극 무대 커튼을 연상시키는 기법, 와이프

기법 등이 자주 등장했다. 사실 초창기 시네아스트의 작업에서 연극적인 계승은 자막 타이포그래피 삽입보다 훨씬 중요했다(이 부분에 관해서 차후 이론적으로 설명이 되었을 뿐이다). 상당수의 초기 영화가 단순히 '그림들'을 병치하는 방식으로 구성되었고, 그 각각은 앙드레 말로의 표현을 따르자면 '연극 무대의 미세한 순간'처럼[120] 무대를 그대로 고정시킨 듯한 이미지였다. 카메라와 '무대' 간의 거리는 이미지 내부에서 거의 변하지 않았고, 심지어 이미지에서 다음 이미지로 넘어가도 변하지 않았다. 벨라 발라즈가 지적했듯이[121] 이와 같은 고정된 거리 원칙은 연극에서 직접적으로 내려온 산물이었다. 이와 같은 맥락에서 영화 '구두점'이 탄생하게 된 것이다. 그 당시까지만 해도 텍스트로서 낯설었던 영화라는 유형이 일종의 혼돈을 피하기 위한 수단으로 여러 이미지를 분명하게 구분하는 기능을 구두점에 맡긴 셈이다. 또한 연극 무대가 바뀌는 과정의 막간幕間을 모방하기 위한 방편이기도 했다.

이후 통합체적인 분절을 표시했던 방식으로 주로 자막이 많이 등장했고, 이 경우 영화적인 고유한 구두점을 접하기 힘들기도 했다. 하지만 그렇다고 해서 절망적인 상황은 아니다. 왜냐하면 모든 전환 장면에 자막을 삽입한 것도 아니었을뿐더러, 자막 자체에 이미 분명하고 가시적인 분리의 개념, 즉 불연속적인 영화라는 생각이 포함되어 있었기 때문이다. 구두점 기표로서 디제시스 외부적 요소, 재료들이 점진적으로 보편화되었고 이에 관한 관심도도 자연스럽게 증가했다. 천천히 진행되는 아이리스 기법, 흰색 띠와 같이 구체적인 덮개로 화면을 덮는 기법, 다양한 형태의 가리개 모양, 커튼이 닫히거나 열리는 듯한 전환 기법 등. 특히 커튼 모양을 사용한 전환 기호는 연극 무대의 커튼을 똑같이 재현하지는 않을지라도 연극을 직접적으로 연상시키는 방식이다. 페이드인·아웃, 디졸브 등 기존의 전환 기법과 함께 이상의 다양한 구두점 기표들이 자주 사용되면서 영화 고유의 경계 표시démarcatif 기법들이 확실히 자리 잡았다는 인상을 받게 되었다. 그리고 이 기법들을 통해(연극과 소설 사이를 왔다 갔다 하는 일종의 교차를 경험하면서) '문학'이라고 지칭하는 분야와 비교할 수 있는 대상이 증가되는 현상을 목도하게 되었다. 사실상 사람들은 어렵지 않게 구두점 타이포그래피(= 문장부호)를 떠올리게 되었고 영화 분야의 이론화 과정에서도 '구두점'이라는 용어가 자연스럽게 수용되었다.

초기 시절 내내 영화를 둘러싼 담론에서 특수성과 동질성에 집착하는 가운데 영화 구두점과 인쇄 구두점 간의 대응 항을 찾는 작업이 진행되었다. 마침표, 쉼표, 쌍점(:)과 같은 기호가 영화에서 무엇일까 하는 문제가 자주 제기되었다. 앙리 에젤[122]과 같은 이론가는 정확한 설명을 제시하지는 않았으나 와이프 기법이 '마침표. 줄 바꾸기'에 해당한다고 주장했다. 하지만 왜 와이프 기법이어야만 할까? 페이드인·아웃 역시 '마침표. 줄 바꾸기'에 해당하지는 않을까?

2. 연속적 영화

진짜 문장부호와의 비교는 사실 모순적인 차원이 있다. 이 둘을 비교하기 시작한 때에는 경계 표시가 영화 랑가주 그 자체로서 주목받고 있었다. 연극의 경계 표시와는 다른 타이포그래피 구두점, 즉 책 문장부호는 읽어가는 연쇄의 흐름을 깨뜨리지 않으면서 분리점을 정확히 한다. 예를 들어 "그가 왔다가, 다시 떠났다"라는 문장을 눈으로 읽는다고 해보자. 이때 우리는 머릿속으로 이 언표를 구성하는 5개 단어를 순서대로 생각한다. 하지만 그렇다고 해서 '그가 왔다가 쉼표 다시 떠났다 마침표'라고 발음하지는 않는다. 문장부호의 존재를 확실히 하기 위해서는 수업시간에 받아쓰기를 하는 상황에서 메타언어적 입장에 놓인 교사처럼 쉼표라는 단어를 사용해야만 할 것이다. 문장부호 쉼표(,)만을 표시하는 것으로는 충분하지 않다. 보통의 경우처럼 단순하게 쉼표를 표시할 경우, 랑가주에 관한 담화[야콥슨[123] 및 논리학자들의 용어를 따르자면

'자시어(自示語, autonyme)'〕에 해당하면서 직접적으로 호명되지 않고 따라서 독자는 문장부호의 존재를 특별히 신경 쓰지 않는다.

로베르 바타유Robert Bataille가 『시네그래픽 문법Grammaire cinégraphique』[124]에서 제안한 것처럼 문장부호는 언어에서 별도로 떨어진 외적인 단순한 기교도 아닐뿐더러, 구두 표현에서만 대응 항이 여실히 드러나는 것도 아니다. 최근의 언어와 글쓰기에 관한 연구는 훨씬 복잡한 양상을 입증하고 있다. 물론 구두점은 언어의 역사에서 다른 요소들이 생기고 난 이후에 발생한 것이 확실하다. 그 예로 정규교육을 제대로 받지 않은 사람이 쓴 편지를 보면 구두점을 거의 찍지 않거나 제멋대로 찍거나 혹은 아예 찍지 않는 경우를 자주 접할 수 있다. 하지만 구두점 기호가 존재하기만 한다면 언어의 일반적 기능으로 재편된다. 큰 소리로 읽어 내려가다가 구두점 기호가 있는 지점에서는 대부분 잠깐 쉬든가 혹은 의문부호로 표시된 문장에서의 억양처럼 초분절음적suprasegmental* 법칙을 따르게 된다. 목소리 변화를 반영한 시스템으로 조직된 것은 아니지만 타이포그래피 구두점은 글쓰기에 적합한 시스템으로 구성되어 있다. 가령 글쓰기에서 마침표(.)와 반쌍점(;)은 (구두 언표에서는 '덜 분명한' 방식으로 나타나지만) 서로 다른 두 종류의 분리 형태를 지닌 계열체를 구성한다. 펜을 들고 글을 쓰는 것만으로도 마침표와 반쌍점 두 기호를 서로 치환할 수는 있으나 대체할 수 없다는 사실을 쉽게 확인한다. 우리는 반쌍점 대신 마침표를 똑같은 의미로 사용하거나 마침표 대신 반쌍점을 바꿔 쓸 수 없고, 글쓰기에는 두 부호가 동시에 필요하다. 반쌍점과 마침표는 각각 서로 다른 특정 기의를 수반하며 언어 기의와는 다르지만 표의문자적인idéographique 측면, 다시 말해 언어 외적인 요소도 아니고 언어에 포함되는 요소도 아닌 중간자적인 기호의 특성을 지닌다.

---

* (옮긴이) 분절음에 해당하는 모음과 자음이 모여 음절을 구성하는데, 음절은 다시 여러 개가 모여 하나의 언표를 구성한다. 이런 분절음의 상위에 놓이는 초분절음소라고 알려진 자질이 있다. 강세와 높이, 길이의 변화 등을 들 수 있다.

쉽게 기의를 파악할 수 있는 경우이지만 그 기표 /./ 혹은 /;/은 사실 서로 타이포그래피 외관상 뚜렷이 구별되기보다는 오히려 유사한 외형을 띠고 있다. 오래전부터 이 주제와 관련해 의견을 표명한 언어학자와 심리학자들에 따르면 랑가주 전체의 고유한 특성상 독자의 정신 혹은 청자의 정신은 기표에 머물지 않고 바로 기의를 향해 전진한다고 한다. 100년 이상 사회적으로 단단하게 굳어진 관습을 뒤흔들고자 노력을 아끼지 않은 현대 글쓰기의 시도는 매우 종종 적대감을 불러일으켰다. 또한 관습을 지키려는 저항의 움직임도 접하게 되었다. 언어가 단순한 수단이기를 거부하고 내재적 힘을 지닌 대상으로 승격하려고 할 때 심오한 무엇인가를 발견하게 된다. 기존 영화에서 사용된 적극적인 방식의 구두점 기법들은 '언어적인' 그 어떤 특별한 것도 포함하지 않는다. 아니 오히려 영화의 고전적인 분절에 적합한 훨씬 은밀한 구두점이라고 할 수 있다. 단지 사용된 단어의 내부 조직 혹은 말과 글쓰기라는 언어의 일반 특성 중 몇몇을 포함하고 있을 뿐이다.

* * *

문장부호는 종종 사고의 직접적인 흐름을 표현하는 것으로 해석되곤 한다. 줄을 바꿔 다음 줄로 넘어가는 것은 주제들을 분류한다는 인상, 쌍점(:)의 경우 전환과 동시에 증명의 관계가 있다는 감정 등을 만들어낸다. 에릭 뷔상스[125]가 표의문자의 성격을 정의한 것처럼, 영화에서도 고전적인 구두점 기법들은 관객에게 시선을 움직이게 하는 기호로 작용했다(이는 마르셀 마르탱[126]의 의견을 따른 것이다). 보충하자면 시각적 상상력 혹은 지각을 변화하게 하는 것이라고 말하고 싶다. 그 이유에 대해서는 차차 살펴보자. 페이드인·아웃은 먼저 이미지에서 다음 이미지로 넘어가기 전에 잠깐의 휴식을 지각하게 하는 반면, 디졸브는 첫번째 대상에서 점진적으로 벗어나는 것과 동시에 두번째 대상으로 점점 더 다가가는 상상력을 동원한다(디졸브는 비교적 자주 사용되긴 하지만 아직까지도 그 비밀이 전부 드러나지는 않았다). 이 특성은 요제프 폰 스턴버그 감독이 마를레네 디트리히와 함께 작업한 영화에서 (일반 디졸브보다) 약간 더 느리게 전환되는 디졸브를 보면 잘 알 수 있다.

도상적인 약호이기도 한 영화 약호는 (소쉬르의 개념으로) 언어에 비해 훨씬 덜 '자의적'이다. 영화 약호의 기의를 간파하는 과정에는 반드시 기표의 고유한 특성이 개입되어야만 한다. 사실 페이드인·아웃 혹은 디졸브는 닮은꼴 기호에 해당하지 않는다. 사진적인 효과라기보다는 광학적인 효과를 내는 것이기에 어떤 특정 대상을 재현하지 않는다. 서사 영화에서 이 기법들이 언표를 둘러싼 언표 상황의 흔적으로서 작용하는 법은 결코 없다. 관객은 디제시스, 이야기된 스토리를 고려하면서 다양한 수준에서 이 기법들을 이해한다.* 어찌 보면 이 기법들이 현실과 유사 재현이라는 기호학적인 작용에 간접적으로 참여할 수도 있다. 페이드인·아웃과 디졸브는 다른 사례를 포함해서 영화의 현실 효과를 불러일으키는 기법 중 하나에 해당한다. 영화에서 구체화된 상상계를 지각하면서 관객의 입장에서 상상계의 픽션 상황에 참여하는 활동과 연관된다고 할 수 있다. 디졸브의 경우 더 비현실적인 방식으로 물질화된 상상계와 연결된다. 가령 어떤 이미지에서 검은 스크린뿐 아무것도 없는 이미지로 전환된다고 할 때, 전환점을 지적하는 기표를 바로 지각하게 되며 이 과정에서 관객은 감정적으로 혹은 정신 에너지의 흐름을 통해 참여하게 된다. 검은 직사각형 스크린을 볼 때처럼 눈으로 지각하는 현상과 '단절'을 알아차리는 것과 같은 정신 활동의 참여 사이에는 일종의 **인상적인**impressif **유사성**이라고 부를 수 있는, 유사성에 근접한 형태가 존재한다. 이를 공감각의 문화적 형태라고 부를 수도 있을 것이다. 이 점에서는 문장부호와 고전영화의 구두점 기법을 비슷한 것으로 볼 수도 있

---

* 이 부분에 관해서는 이 책 제9장에서 부연하기로 한다.

다. 반면 디제시스의 흐름이 좀더 분명하게 '중단되는', 소설 읽기보다 훨씬 더 연극적 읽기에 가까운 고전영화들과는 점점 멀어지게 하는 특성이라고 할 수도 있다. 책에서 쉽게 볼 수 있는 괄호와 따옴표는 자의적 기호이지만, 이와 달리 두 문장을 확실히 분리시키는 마침표, 두 문단을 구분하는 줄 바꾸기, 두 장을 구분하기 위해 페이지를 넘기는 방식 등은 픽션영화에서처럼 책에서도 기의(= 담화의 분절을 이해하기)와 기표(= 페이지의 빈 공간에 검은색 글씨들이 줄지어 연결되는 연속성 혹은 불연속성을 지각하기) 간의 '닮음'을 끌어들이면서 디제시스적인 추론 현상을 발생시킨다.

장의 마지막에 흰색으로 남는 페이지는 물론 20분 동안 지속되는 연극 막간보다는 덜 급작스럽고 덜 충격적이다. 게다가 독서를 잠시 멈추고 싶다면 반드시 이 여백 부분에서 쉬어야 할 필요는 없다. 소설-영화의 구두점은 소설보다도 훨씬 덜 분리 기능을 수행한다. 영화가 책보다 더 연속적인 매체여서가 아니다. 사실 단숨에 집중해서 읽어버리는 소설의 경우 더 연속적인가 아닌가 하는 문제는 크게 중요하지 않다. 단지 모든 영화가 모든 책에 비해 원칙상 더 한 번에 관람되는 특성을 지니고 있을 뿐이다. 영화는 고정된 시간의 장르이다.[127] 연극도 마찬가지이다. 하지만 영화의 고정된 시간에는 막간 휴식 시간이 없다. 약호 차원에서 영화는 고정되어 있으면서 연속적이다. 불연속적이지 않다. 확연히 드러나는 구두점이 영화에서 점진적으로 사라진 현상을 고전영화가 연극보다는 소설 쪽으로 더 근접하게끔 발전하는 과정에서 필수불가결하게 발생한 것으로 볼 수도 있다. 장 미트리[128]는 영화의 구두점 기법들의 숫자가 줄어들고 소극적이게 된 것은 영화가 무엇보다 연속성을 최우선으로 했기 때문이라고 주장하고(필자가 보기에 몇몇 구두점 기법들은 바로 이 연속성을 찾기 위한 과정과 병행하는 것 혹은 그 과정에 포함되는 기법으로 여겨진다), 앙드레 말로[129]는 페이드인·아웃, 디졸브 등이 연극 재현에서 삽입되는 단절이나 책의 장 사이에 삽입되는 여백 페이지만큼의 강력한 단절의 힘을 지니지는 못한다고 주장한다. 말로에 따르면 서사적으로 자연스럽게 흘러가고자 하는 고민이 영화에서 매우 중요하기 때문이다. 물론 이 두 이론가의 입장을 마치 규범적이고 본질적인 것처럼 생각할 필요는 없다. 그들의 주장은 영화 역사에서 한 시기에 적용될 만한 것이며, 역사란 변하게 마련이다. 그렇지만 그들의 주장이 현재 영화에서도 중심적인 경향으로 남아 있는 상황에 대해서 검증된 설명임에는 틀림없다.

3. '필수불가결한' 구두점, '선택적' 구두점

로베르 바타유에 따르면,[130] 영화 구두점과 문장부호 사이의 가장 큰 차이점은 문장부호는 반드시 삽입해야 하는 기호이지만 영화 구두점은 그렇지 않다는 것이다. 마르셀 마르탱[131] 역시 동조한 이 주장에는 분명 옳다고 여겨지는 바가 있지만, '필수불가결한'이란 생각에 대해서는 재고할 필요가 있다. 사실 어느 정도 길이의 집필된 텍스트에서는 문장부호를 쓸 것인가 말 것인가의 문제가 결코 한 개인의('교육을 받은' 환경에 포함된 사람이라면 누구나) 선택 사항이 아니다. 어떤 작가가 장문을 굉장히 좋아한다고 할지라도 첫 문장의 '마침표'를 찍고 다음 문장의 마침표를 찍을 때까지 무한정 미룰 수는 없다. 매우 적은 문장부호를 사용할 수는 있을지라도 완전히 배제할 수는 없는 것이 사실이다(특히 글쓰기 전통이 강한 언어에서). 프루스트의 문체처럼 긴 문장에서도 여전히 곳곳에 쉼표와 괄호를 사용하고 있고 문장부호가 사라질 수는 결코 없다. 반면 영화에서는 구두점 기표들이 얼마나 자주 등장하는가의 가능성이 훨씬 열려 있다(구두점 기표가 완전히 부재하는 경우는 매우 드문 경우이긴 하다). 알랭 레네의 「뮈리엘」(프랑스, 1963)과 같은 작품은 매우 적은 구두점 기호를 포함한다. 분명 두드러지게 눈에 띄는 분절이라고 할 수 있는 시퀀스가 변화하는 경우에도 구두점 기표 이외에 다양한 방법을 동원한다. 그중 스트레이트 컷(=coupe franche)은 뚜렷한 구두점 역할을 하는 무성영화의 자막을 쓰지 않고 두 시퀀스를 연결하는데, 시퀀스들의 디제시스 시공간 배경이 서로 상당히 다른 경우일지라도 가능하다. 약간은 갑작스럽다고 느껴질 수 있는 전환이지만 움직임의 연결을 통해 더 자연스럽게 받아들여진다. 예를 들어 주인공이 비행기 탑승 계단을 올라가는 장면을 생각해보자. 주인공은 사업상 뉴욕에 가서 동업자를 만날 예정이다. 주인공이 오를리 공항에서 비행기 탑승 계단을 끝까지 다 올라가기 직전에 화면이 바뀌면서 (관객이 이미 알고 있는) 동업자의 명패가 붙은 유리문이 보이는 계단 마지막 참을 올라가고 있는 장면으로 연결된다. 그는 이미 뉴욕에 도착한 것이다. 바로 이러한 장면 전환은 디제시스적인 추론의 논리를 따라, '이야기 논리'에 따라 반드시 구두점 기호가 없어도 되는 상황을 만든다(물론 더 복잡하긴 하다). 이외에도 연결된 이미지에서 주요 피사체가 형태적으로 유사하다거나 실제 같은 사물이 똑같이 등장한다거나 하는 편집 원칙을 통해 구두점 기호 없이도 단순한 스트레이트 컷으로 연결할 수 있다. 요컨대 영화에서는 한참 동안이나 구두점 기호의 사용을 미룰 수 있다. 심지어 어떤 경우에는 영원히 미룰 수도 있다. 바로 이러한 맥락에서 영화 구두점은 '필수 불가결'하지 않다.

* * *

필자가 아는 바에 따르면 지금까지 영화 구두점의 선택적 위치에 관한 연구가 만족스러운 수준에 오르지는 못했다. 가장 많이 통용되는 의견은 현실과 유사하고 상세한 이미지에 기반을 둔 디제시스 추론 논리 덕분에 이야기는 '그 자체'로 이해되고 구두점 기호는 불필요한 것이 된다는 입장이다. 그러나 이 의견은 오류는 없으나 원인에 관한 긍정적인 설명일 뿐 기호학적인 심층적 사고는 반영되어 있지 않다. 따라서 더 자세히 살펴볼 필요가 있다. 영화 이미지, '숏'은 단어의 대응 항이 아니라 그 자체로 복합적인 언표에 해당한다. 게다가 특별한 경우를 제외하고 고전영화에서 구두점 기호를 삽입하는 일은 반드시 숏과 그 다음 숏 사이에 일어나지 않는다. 대신 더 커다란 단위 사이에서 삽입된다. 이러한 이유에서 구두점 문제는 오직 거대 단위인 통합체 분절체와 관련된다. 가령 한 커플이 3층에서 엘리베이터를 타고 내려와 길을 산책한다고 하자. (특정 효과를 내려는 시도를 하지 않는다면) 그 어떤 구두점도 엘리베이터 '장면'과 산책 장면을 분절시키기 위해 삽입되지 않을 수 있다. 첫번째 장면에서 두번째 장면으로 넘어갈 때 감독만이 구두점 기표를 사용할 것인가 말 것인가 선택한다. 따라서 디제시스 영화의 약호에서 연쇄 지점과 관련된 구두점 문제는 상대적이다. 구체화된 경계 표시는 매우 복합적인 두 개의 서사 분절체를 분리하기도 하고 혹은 연결시키기도 한다. 이때 각각의 분절체는 여러 개의 숏을 포함하고 있다. 전문 용어를 사용한다면 두 개의 '시퀀스' 혹은 두 개의 '자율 분절체'이다. 필자는 이 주제와 관련하여 서사영화에서 '거대 통합체'라는 개념으로 연구한 바 있다.*

분절 기표는 어떤 방식으로든 쉼표, 반쌍점, 쌍점, 마침표 등과 절대로 같을 수 없지만, 문단 변화와 같은 줄 바꾸기나 혹은 장 변화와 같은 페이지 바꾸기 등과는 일치한다. 더 정확히 하자면 진짜 문장부호보다는 훨씬 '자유로운' 문학적 혹은 수사학적 구성과 관련된 분절에 해당한다. 작가가 너무 한참 동안 쉼표 찍는 일을 미룰 수는 없지만, 원한다면 단일한 문단의 페이지를 줄을 바꾸지 않고서 한 페이지 전부로 할 수 있다. 가령 15줄에 걸쳐 엘리베이터 안의 커플을 묘사한 고전 소설가가 두 사람의 산책을 같은 장에 포함시킬 수도 있고 혹은 다음 장을 새로 만들어 넣을 수도 있다. 한 페이지 전부를 하단 끝까지 까맣게 채울 수도 있

---

* 필자의 책 『영화의 의미작용에 관한 에세이』 제1권의 제5장 「픽션영화에서 외연의 문제」를 참고하기 바란다.

고 혹은 '여백을 만들' 수도 있다. 하지만 이 소설가가 "엘리즈는 배가 고팠다"라고 쓸 경우 문장을 한 개로 할 것인지 두 개로 할 것인지는 선택의 여지가 없다. 마침표는 제자리가 있고, 이 소설가 마음대로 "엘리즈는 배가. 고팠다." 이런 식으로 바꿀 수는 없다.

이러한 맥락에서 문장부호는 필수불가결하고 영화 구두점은 선택적이라는 문장은 모든 면에서 정확한 표현은 아니다. 왜냐하면 영화 구두점은 문장부호가 아니라 '선택적인' 문학적 분절에 대응하기 때문이다. (선택적이란 표현의 정확성에 대해서는 차후 부연하기로 한다.) 따라서 엄밀한 의미에서 문장부호에 해당하는 영화 구두점은 존재하지 않는다고 말하는 편이 더 적합하다. 우리가 **영화 구두점**이라고 지칭하는 것은 사실상 **거시**macro-**구두점**이다. 쉼표의 기능과 같이 단어나 절 혹은 마침표의 기능과 같이 문장을 구분하는 구두점 규칙을 따르지 않는 더 큰 차원의 분절체를 구분하는 것이 바로 영화 구두점이라고 하겠다.

4. 몇몇 특정 경우에 관하여

때로는 광학 효과를 사용하여 '숏'을 서로 분리하는 경우도 있다. 사막을 걷고 있는 한 남자를 짧은 여러 개의 숏을 연결하여 보여주면서 고통스러운 횡단을 담고 있는 장면을 예로 들어보자. 각각의 숏은 디졸브로 연결되고, 이 과정에서 남자의 모습들이 서로 서서히 겹쳐진다. 이러한 형태의 구조에서 디졸브로 이어지는 연쇄 사이에 포함된 분절체들(비교적 단순한 숏)은 같은 통합체 속에 포함되어 있기 때문에 마치 글로 쓰인 텍스트에서 문장이나 절이 두 개의 문장부호 사이에 속한 것과 유사하게 여겨진다. 이와 같은 (그다지 설득력이 없는) '대응관계'에 관해 더 숙고할 필요가 있다. 필자가 '반복' 혹은 '지속' 몽타주라고 지칭하는 특정 편집 형태와 관련해서 디졸브를 살펴보자. 디졸브라는 특정 경우 주목할 점은 이 기표가 구두점이 아니라는 사실이다. 디졸브는 디제시스의 두 분절체를 분리하지 않는다. 오히려 디졸브라는 과정이 분절체들 중 하나가 전개되는 가운데 삽입되면서 생긴 모양새를 구성한다.

디졸브는 두 개의 자율 분절체를 분리하지 않을뿐더러 연결하지도 않는다. 사실 구두점은 분리하는 것으로, 구두점이 아닌 경우는 연결하는 것으로 단순히 대립시키는 작업은 현명한 판단이 아니다. 반복 몽타주에서 숏들을 연쇄하는 방식이 분리가 아닌 연결임에는 틀림없다. 하지만 그렇다고 해서 이 구조가 반드시 구두점이 되는 것은 아니다. 왜냐하면 디졸브는 분절체의 내부적 통일성을 강조하는 방식이지 두 분절체의 경계를 확실히 표시하는 방식이 아니기 때문이다. 접합 부분을 감추는 시멘트에 더 가깝지 확연히 경계를 드러내는 경첩이 아니다. 물론 진짜 경계 표시는 항상 분리이자 동시에 연결이다. 한 단위에서 다른 단위로 넘어가는 이행 과정을 가능하게 하고 그 부분에서 서로 다른 두 개를 구별하기도 한다. 두 개의 분절체를 나누기도 하지만 동시에 더 넓은 차원에서 담화에 속하는 두 개의 하위 분절체를 구성하면서 유기적인 한 단위로 보이기도 한다. 서로 다른 책 두 권의 장끼리 서로 겹쳐지게 하는 문장부호가 있다고 상상할 수 없는 것처럼 말이다.

동일한 맥락에서 구두점 기표로서 간주할 수 있는 지속 몽타주 기법, 즉 디졸브는 하위 단위들을 여러 개 분리시키면서 동시에 연결시킨다고 말할 수 있을까? 이때 하위 단위들이란 연속되는 여러 개의 숏으로 구성된 지속적인 시퀀스를 의미한다. 혹시 이 경우 '시퀀스' 사이에 삽입되는 것이 아니라 숏들, 다시 말해 화면의 심도가 달라지는 여러 개의 숏 사이에서 구두점 역할을 하는 것이 아닐까? 필자가 보기에 이와 같은 의견은 형식주의자의 입장에서만 수용될 수 있을 것 같다. 왜냐하면 고전영화에서 숏과 시퀀스를 다르다고 본 그 심층적인 이유를 고려하지 않았기 때문이다. 숏과 시퀀스의 차이점은 그 자체로서 영화 약호의 일부를 구성하는데도 말이다.

고전영화의 입장에서는, 주어진 재료로서의 숏은 물리적이고 현상적인 연속성을 통해 충분히 확보된다고 보았다. 고전영화에서 정말로 공을 들인 부분은 1차적인 재료인 숏에 근거하여 고전소설의 디제시스적인 위엄을 획득하기 위한 방법이었다. '세상'을 창조하고 실제로 '경험'한다는 감정, 시간이 '지속'된다는 느낌, 장소이건 사람이건 입체적이라는 생각 등을 만들어내기 위한 방법이었고, 이 작업은 바로 시퀀스를 통해 얻을 수 있다고 믿었다. 고전영화가 가장 고심한 부분은 (숏이 아니라) 시퀀스였던 것이다. 사건, 행위, 시대적 배경 등이 영화 전체를 통해 배분되고 조직되어야 했다. 또한 고전영화는 촬영 단위인 숏보다는 상위 그룹이고, 최대 단위인 작품보다는 하위 그룹인 중간 단위를 형성해야만 했다. 영화 전체가 단일 숏으로만 구성되었던 초창기 영화를 지나 고전영화 시기에 점진적으로 시퀀스라는 개념이 발전되었고, 시퀀스를 표준화시키는 주요 원칙들이 만들어졌으며, 이는 곧 '거대 통합체'를 형성하게 되었다. 바로 이러한 이유로 디제시스 영화에서 시퀀스(= '자율 분절체')는 개념적으로 거대 단위를 표상하고, 진정한 구두점은 자율 분절체 사이에 삽입된다. 왜냐하면 구두점이란 구분되어야 할 것들 사이에 점찍는 기능을 하기 때문이다. 단순히 광학 효과가 삽입되었다고 해서 무조건적으로 구두점 기능을 한다고 볼 수는 없다(분명 대다수의 광학 효과가 구두점처럼 간주될 수 있고 이때 구분 기능을 수행하기는 한다).

* * *

두번째로 살펴볼 특수한 경우는 '플랑-세캉스'이다. 플랑-세캉스는 고전적인 데쿠파주의 통합체 범주를 더 풍요롭게 만드는 역할을 한다. 하나의 시퀀스 전체가 숏 하나와 일치하는 플랑-세캉스에서는 구두점을 삽입하면서 이어지는 두 개의 숏을 분리한다. 하지만 플랑-세캉스라고 해서 우리가 지금까지 설명하고 있는 내용, 즉 서사영화에서 구두점이 숏의 차원에서 삽입되지 않는다는 주장을 반박할 만한 근거가 될 수는 없다. 왜냐하면 이 경우 역시 구두점이 분리하고 있는 것은 두 개의 숏이 아니라, 각각 숏으로 구성된 두 개의 시퀀스이기 때문이다. 보다 확신을 갖기 위해서 플랑-세캉스를 평범한 시퀀스의 숏 한 개와 치환해보는 시도를 하는 것만으로 충분하다. 플랑-세캉스를 대체할 수 있는 단위는 결코 숏 한 개가 아니라, 이 숏이 포함된 일반적인 시퀀스라는 사실을 금세 깨닫게 되며, 영화 전체에서 볼 때 플랑-세캉스와 동일한 크기를 지님을 알 수 있다. 요컨대 플랑-세캉스의 구두점은 일반 시퀀스의 구두점과 똑같이 거대 단위들의 경계를 표시하고, 쉼표 혹은 마침표와 동일하기보다는 장의 변화와 유사[132]하다.

* * *

영화 구두점은 필수불가결하지 않다. 영화 구두점이 사용되는 경우는 사실 글로 쓰인 텍스트에서도 필수불가결하지 않은 경우이다. 이때 영화 구두점, 텍스트 구두점 모두 기존의 단위들을 표시하기 위해 사용되는 것이 아니라 분절되는 지점들을 구성하기 위해 사용된다. 엄밀한 의미에서 문장부호라고 하는 구두점은 단어, 절, 문장 등과 같은 언어의 기본 단위들에 밀접하게 연결되고(바로 이러한 특성 때문에 반드시 필요하다는 인상을 주는 것이다), 분절을 강조하는 중복redondance 기능을 수행한다. 이때 분절은 어느 정도까지는 구두점이 없어도 독립적으로 이루어진다.

스트레이트 컷이 쉼표와 유사하다고 말하는 것은 일종의 착각이라고 할 수 있으며 시퀀스는 장과 동일하다는 식의 대략적인 대응 항을 찾는 불가능한 작업이 될 뿐이다.

5. 스트레이트 컷

이상에서 논의된 사안은 다음 문제로 연결된다. 필자는 지금까지 광학 효과를 사용한 구두점에 관해서만 의문을 제기했다. 하지만 아무런 광학 효과 없이 한 숏에서 다음 숏으로 단순히 진행되는 스트레이트 컷 역시 생각해볼 필요가 있지 않을까? 구체화된 기표가 없다고 해서 질문을 피해갈 수는 없다. 예를 들어 러시아어 명사 문장에서 현재 시제를 생각해보자. 러시아어에서는 '~이다'에 해당하는 동사를 현재 문장에서 사용하지 않는데, 이를 제로 기표라고 부를 수 있을 것이다. "집이 새 것이다"라는 문장 대신, 러시아어로는 '집'에 해당되는 형태소, '새로운'에 해당하는 형용사 두 개만을 쓰면 된다. 반면 과거나 미래 시제를 쓰기 위해서는 '~이다' 동사를 시제에 맞춰 변화시킨다. 샤를 발리[133]와 옐름슬레우[134]가 이미 지적했듯이 현재 기표는 영도零度라고 생각할 수 있다. 영도의 기표는 꽉 찬 기표와의 대립관계 속에서 충분히 의미를 얻을 수 있다.

고전영화에서 사용된 스트레이트 컷 편집은 광학 효과를 사용한 기표 형태와 대립관계를 맺는다. 여러 사람이 대화를 나누고 있는 거실 장면이 있다고 하자. 차례차례 등장인물들을 보여주는 숏들이 연속된 후 거실 전체를 보여주는 장면, 좀더 가깝게 찍은 거실의 일부분, 그리고 자연스럽게 대화를 나누고 있는 두 남자로 연결된다. 만약 앞의 숏들을 연결할 때 페이드 혹은 다른 광학 효과가 삽입된다고 하면 우리는 같은 거실에서 이 두 남자가 다른 날 이야기를 한다고 생각할 수 있을 것이다. 혹은 같은 모임에서 다른 시간대에 일어나는 일이라고 생각할 것이다. 하지만 이상의 장면들이 광학 효과 없이 스트레이트 컷 편집으로 연결되면 일반적으로 사람들이 거실에 모여 대화를 나누는 모습의 디제시스적 재현이 연속되는 일의 표상이라고 생각하게 된다. 단지 보는 시점이 변화했을 뿐이다. 요컨대 영도의 기표, 스트레이트 컷은 페이드 기법과 함께 계열체를 구성하고, 이때 계열체는 두 개의 다른 기의를 포함한다.

페이드 혹은 다른 광학 효과는 구두점 기표의 특성을 지니며 디제시스의 경계 표시를 확실히 한다는 기의를 지니고, 스트레이트 컷은 구두점 역할을 하는 기의와는 반대 의미, 즉 디제시스의 시공간에서 경계 표시를 하지 않는다는 기의를 지닌다.

고전적인 데쿠파주에서 스트레이트 컷은 매우 종종 구두점을 필요로 하지 않을 때 사용되었으며, 당시 스트레이트 컷은 매우 보편적인 편집 원칙, 담화의 연쇄를 늘어놓는 것으로서 간주되었다. 관객은 편집된 지점이나 스트레이트 컷의 존재조차 알아차리지 못하는 경우도 많았다. 사람들이 거실에 모여서 담소를 나누는 장면은 대화 내내 거실 전체를 전부 봤던 것처럼 기억되곤 한다. 부분적 단면들을 자발적으로 조합하여 하나의 전체로서 통일된 시공간 안에 재배치하는 지각 과정은 거의 즉각적으로 이루어지고 기억된다. 이 과정에 관해서는 심리학적 관점에서 이미 연구된 바 있다.[135] 기호학적 관점에서 보면 바로 이 지각 과정이 스트레이트 컷이 평범하고 일반적인 사용 형태로 간주되는 이유를 설명한다. 총체화시키는 지각 과정은 시퀀스 내부에서 일어나는 것이지 경계를 가로 질러 발생하지 않는다(물론 지각 과정 역시 약호화된 것이다). 스트레이트 컷이 지속되는 동안 관객은 숏이 제시하는 부분들을 하나로 구성한다. 첫번째 구두점이 삽입되는 순간 지속된다는 생각을 멈추고 새로운 시퀀스를 열게 된다. 이러한 맥락에서 스트레이트 컷은 '반反-구두점'이다.

"그는 배가 고팠고, 목이 말랐다"라는 텍스트에서 작가는 '고팠고'와 '목이' 사이에 쉼표를 넣을 것인가 (혹은 반쌍점을 넣을 것인가) 주저할 수 있다. 이 둘 사이는 문장부호를 사용할 수 있는 순간이기 때문이다. 하지만 '배가'와 '고팠다' 사이에서 구두점을 넣을 것인지는 고민하지 않는다. 단어들의 고리가 단절되지 않고 연속적으로 전개되고 있기 때문에 다시 말해 통합체적인 현상을 앞에 두고 있기 때문이다. 생각과 감정을 글로 표현하기 위해서 여러 단어가 필요하듯 고전영화에서 역시 디제시스를 형성하기 위해서는 여러 개의 숏을 필요로 한다. 구두점은 감지할 수 있는 단절과 연관된다. 통합체적 단위들의 단순한 데쿠파주가 아니라 말이다. 프랑스어로 '솔직한franche'이라고 부르는 스트레이트 컷은 사실상 매우 음흉하다. 겉으로 보이는 것이 전부라는 방식의 중립적 neutre 재현을 통해 숨기는 것이 전혀 없는 듯 스스로를 정당화하며, 다른 구두점들과의 비교 속에서 언제나 선택의 대상에 포함되기 때문이다. 다른 구두점이라면 분명 중립적인 재현 방식에 변화를 줄 것이다.

* * *

마르셀 마르탱이 말하기를,[136] 스트레이트 컷이 사용될 때는 '전환 transition'이 별로 중요하지 않은 경우이며, 디제시스 단위는 변하지 않고 시점만 단순하게 변하는 경우이다. 필자가 보기에는 오히려 '전환'이 없다고, 영화에서 전환이 없는 것처럼 보이기를 원하는 경우라고 말하는 편이 적합할 것 같다. 프랑수아 슈바쉬François Chevassu[137]는 '불연속 분절'과 '연속 분절'을 구분하는데, 전자의 경우는 시공간적으로 단절이 일어나는 것을 두드러지게 하는 기법이며, 후자의 경우는 단일한 시퀀스 내부에서 일어나는 경우이다. 슈바쉬에 따르면 불연속 분절은 모든 숏을 서로 구별하면서 연결하고(매우 옳은 지적이다), 연속 분절은 오직 연결하기만 한다. 필자가 보기에 연속 분절은 사실 분절 자체가 부재하는 경우이다. 적어도 동일한 의미의 분절을 찾아볼 수 없는 경우이다. 게다가 슈바쉬가 '연속 분절'이라고 분류한 목록 속에 스트레이트 컷은 포함되어 있지 않다. 슈바쉬의 목록 중에서 특히 주목할 만한 연속 분절은 시퀀스 내내 (등장인물, 사물, 배경 소리, 음악 등) 시각적 혹은 청각적 요소가 지속되는 경우이다. 하지만 슈바쉬의 이러한 주장은 분절의 문제를 벗어나는 것처럼 보인다. 연속되는 시청각 요소들은 오히려 컷 이

전 혹은 이후를 고려할 때, 다시 말해 컷 자체가 아니라, 한 단위로서의 시퀀스 경계를 표시하는 문제에 해당한다.

6. '전환' 개념에 관하여

이상의 논의를 살펴보다 보니 구두점의 존재와 부재라는 '자르기'의 문제와 테마를 상기시키면서 이어가는 '진정한 전환'(전환에 관한 필자의 생각은 마르탱과 일치하지 않는다)의 문제를 세심하게 구분하는 작업이 필요하다는 생각을 하게 된다. 글 텍스트에서 절飾, 문단, 장 등의 경계를 넘어 테마끼리, 단어끼리, 문법 형태 혹은 음성 형태(특히 시에서)끼리 서로 대응시키는 방식을 자주 접하곤 한다. 그리하여 경계 전과 후는 일종의 작은 시스템을 구성하는 단어들이 되고, 일부러 그 경계를 건너 뛰면서 효과를 완화시키는 것과 동시에 그 구분 지점을 드러내기도 한다. 이러한 기법이 내포와 직결되었을 때에는 테마, 단어, 음성 등을 상기시키고 각운을 맞추게 되는 것인 반면, 외연과 직결되었을 때에는 엄밀한 의미에서 전환에 해당한다. 예를 들어 교육을 목적으로 하는 발표에서 보면 외연적 의미가 분명하게 지시되는데, 일반적으로 문단의 첫 번째 단어는 바로 앞 문단의 마지막 단어를 상기시키는 경우가 많다.

이러한 방식의 연상 기법은 형태가 어떻든 간에 영화에서 역시 존재하며 반드시 구두점과 연관되지 않고서도 편집의 여러 측면 중 하나로 연결될 수 있다. 편집은 이웃하는 두 숏 간의 관계와 직결된다. 촬영 대상의 조형 형태의 유사 혹은 대조에 기반을 둔 관계, 그 움직임 형태, 피사체의 '크기', 카메라 앵글 등이 닮았거나 혹은 다르거나 하는 관계에 따른 편집 원칙을 접할 수 있다. 이에 관해 에이젠슈테인, 푸도프킨, 쿨레쇼프, 티모첸코, 발라즈, 스포티스우드, 아른하임 등의 이론가들이 편집의 일부를 구성하는 요소로 보았으며, 구두점으로 뚜렷이 구분을 하건 그렇지 않건 간에 연속된 두 개의 숏 사이를 연결시키는 주요 형태로 고려했다. 연상 기법의 모든 형태는 통합체 축(=편집)에 닮음과 다름의 특성을 포함시키는 역할을 하고, 닮음과 다름은 그 자체로 계열체를 형성한다. 이 부분과 관련해 야콥슨이 이미 시적 구성을 통해 너무나 잘 설명한 바 있다.

마르셀 마르탱은 (스트레이트 컷에 관한 작업처럼) '전환'이라고 지칭하는 통합체 관계를 상세하게 정리했다.[138] 그는 두 이미지 간의 '역동적인 내용' '구조적인 내용' '물질적인 내용'의 유사성을 분류하고, '이데올로기적인' 연결, '명사적' 연결, 관객의 입장에서 이루어지는 연결 등도 구분한다. 하지만 마르탱의 분류 작업은 그다지 설득력이 없어 보인다. '전환'이라는 개념을 너무 느슨하게 적용하여 연상 기법과 구두점의 문제를 혼동하게 되었던 것이다. 이러한 혼란은 비단 마르탱 혼자만이 겪는 고충이 아니어서 많은 영화 관련 글에서 발견된다.

7. 구두점/경계 표시

정리하자면 구두점 기호의 기능을 추상화하면서 모든 연구 작업을 감행할 수는 없다. 기능을 통해 접근하는 방식에는 유용성, 사용이라는 보편적 의미에서의 기능뿐만 아니라 텍스트 내부에서의 기능, '기능적인 것들' 사이의 관계작용(=옐름슬레우의 입장), 러시아 형식주의자들의 기능 개념(=다른 요소들과의 관계 속에서 위치) 또한 포함하고 있다. 두 시퀀스 사이에 디졸브가 나타난다면 이는 확실히 구두점이다. 반면 디졸브가 지속 몽타주의 숏들 사이에서 나타난다면 혹은 고전영화에서 자주 사용되는 기법처럼 동일한 시퀀스의 두 이미지 사이에서 스트레이트 컷을 좀더 부드럽게 하려는 목적에서 사용된다면 이는 더 이상 구두점 기호가 아니다.

여기에는 일종의 동어반복이 있다. 왜냐하면 구두점은 자율 분절체와의 비교에 의해서만 정의되기 때문이며, 자율 분절체의 데쿠파주는 부분적으로 구두점에 근거하고 있기 때문이다. 즉 동어반복의 문제는 피할 수가 없다. 텍스트에 내재하는 유형을 분석하다 보면 동어반복은 반드시 고유한 특성으로 꼽힌다. 구두점이 서사영화에서 디제시스를 만들어가는 메커니즘을 반영하고 있기 때문이다. 또한 이 동어반복은 완전한 것이 아니라 부분적인 것이다. 왜냐하면 디제시스 단위들은 구두점만으로 구별되지 않기 때문이다. 유사성의 약호가 작용하는 방식, 즉 이미지의 내용만으로도 자율 분절체 사이에 경계 표시를 성립하는 데 충분하다(관객은 서사를 따라 추론하게 된다). 언어 약호인 영화의 말을 통해 제공되는 지표 전체 집합 역시 마찬가지 역할을 한다. 그 결과 구두점 기표는 중복 가치를 띠게 된다. 또한 이 관계의 전복 가능성도 고려할 필요가 있다. 명백히 구별되는 구두점은 순식간에 경계 표시를 만들고 디제시스적인 추론이 곧 이를 뒷받침한다. 이상에서 언급한 해석 과정은 모두 영화를 그냥 이해할 수 있다는 인상을 남긴다. 다시 말해 디제시스 추론의 메커니즘이 구두점을 통한 추론과 마찬가지로 단순한 차원에 머물지 않는다는 사실을 잊게 만드는 것이다. 페이드인·아웃이 사용되면서 확연히 드러나는 전환점처럼 서사 플롯이 전개되는 과정에서 뚜렷이 드러나는 전환점도 시네아스트가 '직접' 결정한 순간이다. 꼭 그렇게 진행되지 않아도 되지만 시네아스트가 선택한 경계이다.

장소 혹은 시간이 바뀌고 행동이 달라지는 등의 바로 지각할 수 있는 변화는 시퀀스들을 구별하는 데 충분하다. 따라서 이때 구두점은 별로 소용없어 보인다. 가장 전통적인 영화에서도 구두점이 매번 시퀀스가 바뀔 때마다 삽입되지는 않는다. 서부극 영화에서 인디언 무리와 군부대 간의 치열한 전투 상황을 보여주는 일련의 이미지들이 있다고 하자. 이어서 조용한 저녁 젊은 중위가 부대 근처를 (그가 맘에 들려고 애를 쓰는) 여주인공과 함께 산책하는 장면으로 연결된다. 관객은 두 개의 다른 통합체라고 즉시 이해한다. 동일한 통합체 형식처럼 제시되는 경우, 가령 교차 편집으로 두 개의 숏을 번갈아 보여주는 경우에도 편집이 한 번 적용된 것이 아니라 교차시키는 두 번의 편집이라고 생각될 것이다. 이런 종류의 상황에서 구두점은 (항상 그런 것은 아니지만) 사라질 수 있다.

이상의 사례를 통해 서사영화가 디제시스 단위들 간의 경계를 표시하는 세번째 형태를 언급하고자 한다. 구두점 기표가 부재할뿐더러 행동 전개 과정에서 확실한 변화가 없는 상황인데도 단일한 자율 분절체가 아닌 경우를 말하는 것이다. 이 경우 구두점 없이 연속되는 행위를 **영화적으로 표현하는 방식**에 따라 둘 혹은 여러 개의 분절체가 포함된다. 여기에서 분절체들은 디제시스 구성 요소들로 인식되는데, 이는 디제시스가 원래 영화보다 선행하는 참조물이라는 것, 그리하여 영화는 이 세상을 그대로 재현하는 것으로만 만족한다는 생각을 뒤집는다. 디제시스는 사실 영화 그 자체, 영화를 총체적으로 창작하는 작업이다. 다양한 영화적 방식으로 이뤄지는 경계 표시, 구두점 기호를 통한 경계 표시, '서사 플롯 자체'를 통한 경계 표시 등은 영화가 자기만의 디제시스에 개입하는 세 가지 차원에 해당한다. 각각은 영화 작업 속에서 지점에 따라 다르게 나타나는 것이다. 세 가지 경계 표시에 근본적인 공통점이 있어 재생산하려는 무엇인가를 위해 똑같이 기능하지는 않는다.

* * *

게다가 세 가지 유형의 경계 표시들이 중복되는 경우도 종종 발생한다. 자율 분절체의 이행 과정에서 경계 표시 두 유형 혹은 세 유형이 동시에 관여하기도 한다. 물론 매번 중복을 시도하는 것도 불가능하고, 두 가지 혹은 세 가지 경계 표시 중에서 어떤 기법이 핵심이 되고 나머지는 중복적으로 쓰인다는 역할 분담을 하는 일도 불가능하다(이론적으로도 바람직하지 않다). 게다가 때로는 사용된 경계 표시들이 모두 똑같은 효과를 발휘하기도 한다. 오손 웰스의 「시민 케인」(미국, 1941)에서 케인이 두번째 부인 수잔을 오페라 가수로 공연하게 만드는 시퀀스를 생각해보자. 우선 수잔이 오페라를 배우는 단계에서 여러 장면이 이어지고, 마지막에 수잔을 가르치던 이탈리아 마에스트로가 그녀의 형편없는 노래 실력에 분개하는 장면이 나온다. 수업하고 있는 방에 조용히 들어와 있던 케인이 마에스트로의 비난을 심하게 나무라면서 이 장면은 끝이 나고 곧 괄호연결en accolade 통합체*라고 지칭할 수 있는 부분이 이어진다. 강요로 공연을 시작한 수잔의 고난이 여러 가지 장면을 통해, 즉 계속 야단만 맞는 연습 시간, 마에스트로의 분개와 비난, 무대의 안쪽 높은 곳에서 빈정대는 무대 설치 보조수들, 수잔의 실수 연속, 케인이 그녀를 위해 오페라를 건설했다는 신문 표제, 켜졌다 꺼졌다를 반복하는 무대 조명의 클로즈업, 발코니 객석에서 무겁게 박수를 치는 케인의 바스트숏 등이 디졸브와 이중 인화로 연결된다. 이상의 시퀀스에서는 두 가지 형태가 서로 대조를 보이고 있다. 단절 없이 전체적으로 제시되는 개인 교습과 이어서 등장하는 실제 공연과 관련된 매우 잘게 조각난 반복적이고 응축적인 방식은 심하게 대조적이다. 그 두드러진 간극 때문에 두 분절체 사이의 변화 지점을 정확히 짚어낼 수 있을 정도이다. 구두점이 없어도 두 분절체를 만들어내기에 부족함이 없다. 물론 이 과정에서 서사 플롯의 추론이 작용한다. 두 분절체 중 첫번째, 즉 개인교습 분절체는 수잔의 학습 시간에 해당하고, 두번째 분절체는 그녀가 대중 앞에 모습

* (옮긴이) 메츠의『영화의 의미작용에 관한 에세이』제1권에서 괄호연결 통합체를 정의한 부분을 인용해보자. "서로 묶는 사건들 사이에는 괄호로 묶는 단어들 사이에서와 같은 관계가 있을 수도 있다. 괄호연결 통합체는 디졸브, 와이프, 펼치는 파노라마, 페이드인·아웃처럼 광학 효과를 통해 이미지들을 연결하면서 다양하게 연속적으로 다른 것을 환기시키곤 한다. 되풀이해서 설명하는 성질을 지닌 기법을 사용하면서 시퀀스 내부에서 이미지들을 연결시키고 관객이 하나의 전체로서 이 통합체를 인식하도록 도와준다. 그렇다고 해서 별도로 만들어진 짧은 신scène들을 각각 서사의 나머지 부분에 직접 연결하는 기능을 수행하지는 않는다. 예를 들어 요제프 폰 스턴버그의 1935년 영화 「진홍의 여왕」 중에는 미래의 여왕이 될, 아직은 어린 소녀가 러시아 차르를 향해 느끼는 몸서리쳐지게 무서우면서도 동시에 매력적인 이미지를 환기시키는 부분이 있다. 거대한 범종의 추에 묶여 매달린 죄수들, 도끼를 든 사형집행인 등. (이 장면에는 시각 효과로 디졸브가 사용되었다.)" 괄호연결 통합체는 반복 통합체의 하위 범주로서 '반복적인 이미지들을 서로 가깝게 이어 붙이는 방식' 중 한 가지 형태로 볼 수 있다.

을 드러내는 공연에 해당한다. 하지만 이 둘을 구분하는 기준이 결정적이지는 않다. 이미지의 세부 사항이 절대적인 방식으로 이 기준을 엄격히 규정하지도 않을뿐더러 교습 장면이 두번째 분절체로 바로 연결되고 모든 장면이 배우는 과정과 밀접하게 연관되어 있으므로 도대체 어떤 이유로 이 둘을 구분할 수 있을지 내재적으로 불충분하다. 「시민 케인」의 예는 (구두점 없이도) 다양한 표현 방식이나 플롯의 여러 지표를 결합하여 경계 표시가 가능함을 입증한다. 어쩌면 중복 효과를 의도한 사례일 수도 있다(플롯의 지표는 보조자로서 기능한다는 의미에서). 한마디로 전통적 방식의 서사영화에서 경계 표시를 적절히 결합한 사례이다. 다시 말해 필자가 구분한 경계 표시의 세 가지 형태, 즉 다양한 영화적 방식으로 이뤄지는 경계 표시, 구두점 기호를 통한 경계 표시, 서사 플롯 자체를 통한 경계 표시 등이 서로 끊임없이 작용하면서 디제시스를 분절하는 경우이다.

* * *

고전영화 분석가들이 플롯 전개 과정에서 커다란 변화가 없거나 구두점 기호가 없거나 통합체 유형이 변화하지 않는 경우에 해당하는 영화의 전환점을 모두 단일한 자율 분절체로 고려한 일은 합당하다.

세 가지 기준에 따라 정의된 자율 분절체는 일반적인 방식으로 정의된 것(='시퀀스'라고 통칭되는 것)에 비해 훨씬 더 많고 훨씬 작은 단위이다. 시퀀스는 일반적으로 전체 디제시스 단위들, 참조가 되는 단위들, 시나리오 단위들을 이해하는 밑바탕이 된다. 그 결과 이 단위들은 영화 자체에 일치하기보다는 줄거리 요약이나 영화를 보고 나서 차후까지 남을 기억과 더 비슷하다. 시퀀스가 몇 개인지 알기 위해서 구두점을 세지도 않고 다양한 표현 방식 혹은 플롯의 하위 분절을 세지도 않는다. 가령 우리가 「시민 케인」에서 살펴본 두 분절체를 포함한 하나의 덩어리를 지칭하기 위해 '강요당한 수잔이 오페라 가수가 되는 시퀀스'라고 말하곤 한다. 이 블록 앞부분에는 교습과 관련된 몇몇 에피소드가 있고, 뒷부분에는 수잔의 자살에 관한 플랑-세캉스가 있다. 만약 자율 분절체가 일반적으로 '시퀀스'보다 더 작은 단위라고 한다면, 이는 자율 분절체가 텍스트 단위를 지칭하기 때문이며, 영화에서 자율 분절체를 결정하는 작업이 디제시스가 형성되는 과정 전체를 더 상세하게 고려하기 때문이다.

8. 경계 표시와 정점culminatif 표시

세 가지 종류의 경계 표시는 한 가지 공통점을 공유하고 있는데, 이 표시들이 구분하는 분절체 각각이 그 경계에 의해 개별화되는 것이란 점이다. 즉 분절체의 최고점이나 중심을 위주로 구분하는 것이 아니란 뜻이다. 언어학 분야 역시 경계 표시라고 부르는 기법이 있다. 청자가 연속된 단위들 속에서 언표를 구분하는 과정에 음소 일부분이 도움을 주는 (이 기능만 하거나 혹은 다른 기능과 병행한다) 경우를 말한다. 다시 말해 청자는 일반적으로 같은 언표 속에서 잠시 멈추는 그 공백을 통해 단어들이 분리된다는 것을 알아차리는데, 이런 표시가 없을 때 경계 표시로 통칭되는 기법이 연속적으로 이어지는 단어들 혹은 형태소들을 서로 명확히 구분하도록 도와준다는 것이다.* 좀더 세밀하게 살펴보면 이 기능은 두 가지 방식으로 구현된다. 첫째 '정점頂點 표시'의 형태, 둘째 '경계 표시'의 형태. '정점 표시'는 한 단어의 강세 악센트가 특정하게 위치지어진 자리가 없을 때 종종 최고점을 표시하는 것을 말하고, '경계 표시'는 단어 혹은 형태소의 끝을 지칭한다. 이 기능은 (특히 단어의 처음이나

---

* 이 기능에 관해 앙드레 마르티네는 '대비적인contrastif'이라는 용어를 사용했으며, 로만 야콥슨은 '배치적인configuratif'이라는 용어를 사용했다. André Martinet, *Eléments de linguistique générale*, chapitre 3-1, Armand Colin, 3ᵉ éd., 1963, p. 52; Roman Jakobson, *Essais de linguistique générale*, p. 109.

마지막에 반드시 강세를 주어야 하는 언어에서) 악센트에 부여되기도 하고, 몇몇 음소, 음소의 변주, 음소 그룹 혹은 음소의 변별 특징 등에 부여되기도 한다(특히 이 단위들이 단어나 형태소의 처음과 마지막에만 등장하는 언어의 경우, 가령 독일어에서는 '성문파열음'은 단어 처음에만 나타난다). 물론 이외에도 언표들 자체를 구분하는 약간의 정지 순간도 고려해야만 한다. 정의상 이들은 정점 표시 역할이 아닌 경계 표시 역할을 한다.

서사영화에는 정점 표시 기법에 일치하는 그 어떤 것도 찾아볼 수 없다. 야콥슨의 용어를 따르자면 '배치적인' 기능은 항상 경계 표시를 통해서 가능하다. 바로 이러한 이유에서 필자가 영화를 설명하면서 **경계 표시**라는 용어를 채택한 것이며 일반적으로 통용되는 뜻으로도 쉽게 이해할 수 있다는 장점 때문에 더욱 적합하게 여겨진 것이다. 여기에서 세 종류의 영화적 경계 표시가 형태소나 단어의 대응 항처럼 단순한 단위가 아닌 매우 복합적인 분절체에 작용한다는 점을 다시 한 번 상기하자.

9. 의도된 효과를 위한 스트레이트 컷 편집(=montage sec)

이미 스트레이트 컷에 관해서 언급한 바 있지만 좀더 부연하고자 한다. 스트레이트 컷은 구두점 기호가 거의 사용되지 않는 영화에 자주 등장하게 마련이다. 사실 스트레이트 컷이 많이 사용되는 경우 디제시스적인 기능이 순조롭게 진행되기 때문에 외연 차원에서 별 다른 의미작용을 하지 않는다. 반면 내포 차원에서는 다양한 기의를 가져올 수 있다. 예를 들어 영화가 빠른 리듬으로 전개된다는 인상, 생동감 있는 진행 등 (특정 지점과 관련되기보다는) 영화 전체에 적용되는 기의를 포함한다.

별도로 똑같은 내포 가치이긴 하지만 전체 차원에서가 아니라 정확한 한 지점에서 작용하는 가치를 지니는 경우도 있다. 몇몇 시네아스트는 일부러 사람들이 가장 많이 기대할 만한 순간의 구두점 기호를 삭제하기도 한다. 대신 스트레이트 컷으로 완전히 다른 주제와 분위기의 두 시퀀스를 연결한다. 이와 같은 스트레이트 컷의 사용은 더 이상 일반적인 '리듬'에 관여하는 수준을 넘어 갑작스러운 단절이라는 특별한 효력을 발휘한다. 이를 우리는 '의도된 효과'를 위한 **스트레이트 컷 편집**이라고 부를 수 있다. 요약하자면 스트레이트 컷 편집은 리듬과 관련된 내포, 시퀀스 내부에 삽입된 평범한 사용, 그리고 특별한 효과를 내는 세 가지 기능을 한다. 세번째 경우는 글 텍스트에서 **접속사 생략**(= 반의反意 접속 사를 고의로 생략함으로써 그 대비 효과를 더욱 강조하는 기법)을 통해 얻는 효과와 유사하다고 볼 수 있다.

하지만 의도된 효과를 위한 스트레이트 컷은 여전히 제로 기표를 사용한 구두점 기호라고 고려될 수는 없다. 특정 기표를 사용하지 않음으로 인해 기표가 되는 것은 맞지만 구두점의 역할을 하지는 않기 때문이다. 영도의 기표는 정확히 동일한 지점에서 페이드인·아웃과 같은 꽉 찬 기표로 치환될 수 있고, 이때 두 시퀀스 간의 대조를 부드럽게 하는 '준비' 기능을 한다. 그리하여 두드러지게 부각되는 불일치의 내포는 사라지고 좀더 탄력적이고 유연한 내포로 대체된다. 바로 이 지점에서 의도된 효과의 스트레이트 컷이 제로 기호라고 말할 수도 있을 것이다. 반면 디제시스 분절을 생각해보면 두 시퀀스 간의 대조가 중요한 역할을 한다는 사실, 즉 유사성의 약호를 근거로 추론 과정을 통한 경계 표시가 이뤄진다는 사실을 잊어서는 안 될 것이다. 결국 구두점 기호가 없는 경계 표시를 접하는 것이고 광학 효과가 부재하는 이유도 납득이 된다. 이러한 맥락에서 광학 효과가 없는 것이 오히려 내포 차원의 경계 표시를 강조한다는 잘못된 생각을 낳을 수도 있다(관객은 외연과 내포 차원을 서로 명확히 구분하는 일이 감정적으로 쉽지 않다). 경계 표시를 위해 반드시 두드러지거나 급작스러운 변화를 야기해야 할 필요는 없다. 이미지들 간의 유사성 혹은 대립 현상을 경계 표시와 혼동하는 경험도 있을 수 있다. 두 이미지 간의 대조(동질성도 마찬가지)는 그 자체로는 경계 표시가 될 수 없지만 서사 플롯의 진행 과정에서 주목할 만한 변화와 딱 맞아떨어지는 경우에는 실제로 경계 표시 역할을 하는 경우도 발생한다.

* * *

조르제 프라가Jorge Fraga의 서사 중편영화, 「요제프 킬리안」(체코슬로바키아, 1963)에서 대단히 급작스러운 효과를 내는 스트레이트 컷을 볼 수 있다. 너무나 갑자기 이루어지는 전환이라 심지어 재미있기까지 할 정도이다. 우선 주인공 남자가 정적이 흐르는 가운데 우울하고 불안정한 분위기 속에서 산책을 하고 있다. 그리고 갑작스럽게 사람들이 많이 모인 소란스럽고 활기찬 댄스파티 장면으로 바뀐다. 침체된 분위기의 산책 장면에서는 음악이 전혀 나오지 않다가 갑자기 바뀐 파티 장면에서는 댄스음악이 너무나 시끄럽게 울려 퍼진다. 음악 소리의 대조는 여러 디제시스 요소에 추가적으로 경계 표시를 확실히 하고 있다. 생각에 잠겨 침착하게 산책을 하는 주인공이 사라지자마자 바로 익스트림 클로즈업으로 잡은 여자 엉덩이가 시끄러운 음악에 맞춰 격렬하게 흔들린다. 미처 무도회와 관련이 있다는 것을 알아차리기도 전에 말이다. 이어서 관객은 이 엉덩이가 약간 우스꽝스러우면서 호감 가는 스타일의 젊은 여자 무용수의 엉덩이란 것을 알게 된다. 만약 이 전환 지점에서 스트레이트 컷 대신 페이드인·아웃이 쓰였다면 그 효과는 달라졌을 것이고 지금의 '매력이 약화'되었을 듯하다. 산책에서 무도회로 이어지는 단순한 디제시스 전환이 되었을 것이 당연하다. 이미지가 서서히 사라지는 효과로 인해 행위의 전환은 분명해질 것이고 경계 표시 역시 제대로 기능할 것이지만, 이때 내포는 스트레이트 컷을 사용한 경우와는 달라진다.

디제시스 영화에서 스트레이트 컷은 세 가지 상황에서 쓰인다고 정리할 수 있다. 첫째 방금 설명한 의도된 효과를 위한 스트레이트 컷 편집, 특정 지점에서 내포를 획득한다. 둘째 단일한 자율 분절체 내부에서 숏들끼리의 인과관계를 자연스럽게 연결해주는 평범한 사용, 셋째 구두점 기호가 거의 사용되지 않는 경우 일반화되는 연결 방식으로 전체 영화 리듬이나 스타일을 내포로 삼는다. 스트레이트 컷 편집의 세 가지 상황 그 어떤 것도 구두점 기호인 것은 없다. 어쩌면 당연한 일일지도 모른다. 왜냐하면 영화에서 사용되는 구두점은 광학 효과를 동반하는 경우가 많고, 따라서 스트레이트 컷을 피하는 경우가 많기 때문이다.

10. 구두점 기호 혹은 기호의 구두점 역할

지금까지 필자는 구두점과 경계 표시에 관한 설명을 계속하면서도, 아이리스, 와이프, 커튼, 덮개, 페이드인·아웃, 디졸브, 등장인물의 생각이나 '내면을 이야기하는' 시퀀스에 삽입되는 주관적 트래블링, 화면을 가로지르며 이어지는 파노라마 등 구두점 기표들을 구체적으로 정리한 목록을 언급하지 않았다. 솔직히 구두점 기표 목록을 정리하는 일이 이 분야 연구에서 가장 시급한 이론적 과제처럼 보이지는 않는다. 구두점이 실제 어떻게 시각화되는지에 관한 양상 추적보다 훨씬 더 중요한 것은 구두점의 지위와 디제시스 개념의 관계를 규명해보는 작업이다.

1964년 고몽이 제작한 뉴스 영화에서 일주일 동안 발생한 사건, 사고들을 서로 구별하기 위해 매우 새로운 방식의 구두점 기호가 사용된 적이 있다. 검은색 화면 위로 흰색 수평선들이 몇 줄 쳐지고 그 사이로 파노라마 이미지가 가로로 화면을 가로지르는 방식이었다. 하지만 기법의 독창성에 비해 진정으로 새로운 구두점 기의가 만들어진 것은 아니었다. 물론 몇몇 예민한 관객은 평범한 기법이었다면 느끼지 못했을 세부 뉘앙스를 감지했을지라도 말이다.

'배경'의 변화, 카메라 워크, 작업실에서 행해진 조작 등이 구두점 테마를 둘러싼 다양한 변이를 얼마든지 만들어낼 수 있으므로, 그 결과 목록과 분류에만 관심이 많은 기호학자라면 실제 사례들을 모으느라 더 중요한 일을 할 수 없게 될 것이다.

이에 비해 문장부호는 한결 적은 범위에서 정리될 수 있다. 특별한 의미가 없는 배경과 안정적인 그래픽. 이 문장부호들이 '평준화' 혹은 '규범화'라는 상위 수준을 구성하게 된다. 영화는 매번 기표를 만드는 데 반해 글 텍스트는 실용적인 이유에서도, 즉 인쇄 단계에서 기술적인 편이를 위해서도 기표는 미리 제작되고 조판으로 만들어져 한쪽에 정렬되어 있다. 그리하여 쉼표, 마침표 등과 같은 문장부호들을 일정량의 목록으로 쉽게 정리할 수 있게 된다.

뿐만 아니라 문장부호는 조형적으로 단어들과는 확연히 구분된다. 단어를 만드는 글자가 있고, 문장부호를 만드는 '기호'와 '띄어쓰기 여백'이 있다. 인쇄소 종사자들은 '글자, 기호, 띄어쓰기 여백'의 숫자를 세어 텍스트 길이를 측정한다. (그들은 메움쇠나 12포인트 활자 등과 같은 크기 측정 기술에 기대지 않는다. 이 방법은 텍스트 길이를 알 수 있는 방법이 아니라 종이 크기를 재는 방법이다.) 그리하여 사람들은 은연중에 글자로 구성하는 텍스트의 '내용'과 구두점을 구분한다. 구두점은 글자와는 별도로 완전하게 규격화된 기호의 제한된 계열 속에만 속한다. 의문부호는 글자가 아니며, 단어 한가운데 나타날 수가 절대 없다. 반면 'R'와 같은 글자는 단어 속에 포함된다. 기호의 구두점 사용은 없다. 오직 구두점 기호만이 있을 뿐이다.

문장부호와 달리 영화의 구두점 기호 상당수가 다른 경우에도 사용될 수 있다. 화면을 횡단하여 가로지르는 파노라마는 구두점 역할을 하기도 하고 때에 따라서는 현기증 혹은 소용돌이 같은 효과를 만들기도 한다. 디졸브 역시 구두점 역할을 하기도 하고 꿈이나 망상을 표현하기도 한다. 구두점 기호 자체에 초점을 맞추기보다는 몇몇 기호의 구두점 기능을 살펴보는 것이 더 흥미롭게 여겨진다. 이와 같은 이유 때문에 목록에 너무 중요성을 부과하지 말아야 한다.

11. 페이드인·아웃과 디졸브

고전영화 스타일은 오늘날에도 여전히 창작되는 영화의 상당 부분을 차지하고 있으며, 여기에서는 구두점 기표를 거의 사용하지 않는 경향이 있다. 고전영화의 발전 단계 중 현 상태를 보면 두 종류의 기호만이 구두점의 역할을 하는 것으로 정리할 수 있다. 이 두 기호를 제외하고 다른 기법들은 점진적으로 사라질 위협을 받고 있다고 할 수 있다. 두 기호란 한 이미지가 검은색 화면으로 점점 대체되는 페이드인·아웃(=fondu au noir)과 앞 이미지와 뒤 이미지가 서로 겹쳐지는 디졸브(=fondu-enchaîné), 즉 부드러운 전환을 가능하게 하는 두 개의 '용해 fondu'를 들 수 있다.

디졸브는 다른 경우에 사용되기도 하지만 그렇다고 해서 구두점 기호로 쓰일 수 없는 것은 아니다. 디졸브는 종종 '꿈으로 넘어가는 전환 과정'에 해당하곤 하는데 시퀀스 변화와 일치하는 경우도 많다. 게다가 디졸브는 구두점으로서 충분히 자주 반복되어 나타남으로써 다른 가치들과 혼동되지 않으며 구두점 기호로서 쉽게 이해되기도 한다.

반면 페이드인·아웃(매우 드물게 흰색 화면으로 연결되고 대부분은 검은색 화면으로 이어진다)은 다양한 수준에서 구두점 역할을 수행한다. 단지 검은색 화면뿐만 아니라 다른 광학 기법을 수반할 수도 있는데, 이때에 현실의 대상을 그대로 닮게 만든 사진과는 다르긴 해도 유사성에 근거한 작용이 이루어진다. 페이드인·아웃은 사진의 전후관계가 고의로 중단되면서 시각이 부재하는 순간(문화적으로 검은색은 지각의 부재를 의미한다)이 개입되는 매우 특별한 기표이다. 모든 광학 기법 중에서 페이드인·아웃만이 유일하게 (한 개 혹은 여러 개의) 사진이 등장하지 않는 특정 순간을 포함한다. 이미지트랙의 작은 분절체 전부에서 잠깐 동안 잠정적으로 이미지들을 대체하고 자리를 빼앗는 순간이 있다. 이러한 기표의 특성은 기의적인 측면에서 유사성에 근거한 암시들을 내포하고, 나아가 구두점 기능을 수행하는 데 매우 적합하다. 담화 맥락 속에서 더 많은 뉘앙스와 내포를 포함할 수 있는 가능성에도 불구하고 페이드인·아웃은 언제나 그 핵심 의미로 경계 표시 역할을 고수한다. 왜냐하면 페이드인·아웃이 물리적인 차원에서 시각적 침묵으로 구성되는 경계 표시를 만들기 때문이다.

사진 이미지에서 검은색 화면으로 넘어가기 전 동그란 모양으로 전환점을 표시하는 아이리스 기법에 관해 벨라 발라즈는 특정한 감정적 반향, 맥락과 관련되는 작용에 관해 언급한 바 있다.[139] 바실리예프 형제의 영화 「차파예프Tchapaïev」(소련, 1934)에서 민중 경찰이 주인공 차파예프가 이끄는 특공대를 떠나는 장면에 관해 발라즈는 다음과 같이 설명한다. 경찰이 탄 자동차가 천천히 수평으로 멀어지고 아이리스 기법에 의해 이미지 역시 차츰 사라진다. 경찰이 떠나는 장면은 이중 효과를 내는데, 경찰이 차파예프와 그의 부대를 떠나는 장면에 더하여 그의 행복과 행운도 잃어버리게 됨을 암시하는 것이다. 발라즈가 주목한 이 장면의 내포뿐만 아니라 구두점으로서의 기능도 간과해서는 안 된다. 아이리스 기법이 사용된 이 전환 부분은 곧 시퀀스가 끝나는 지점과 일치하기 때문이다.

* * *

페이드인·아웃과 디졸브는 점진적으로 시퀀스를 분리하는 구두점 기호 중 가장 보편적인 방식으로 자리 잡게 되었다. 이 두 기호가 동시에 혹은 별도로 많은 영화에서 안정적으로 사용됨에 따라 이 둘 사이에는 서로 치환할 수 있는 선택 가능성이 커지게 되었고, 결국 계열체를 형성하게 되었다. 이 두 기호는 모두 그 자체로 유사성에 근거한 측면을 어느 정도는 포함하고 있지만 상당수의 영화에서 발견할 수 있듯 이 두 기호를 서로 치환하는 과정을 거치다 보니 그 정확한 가치를 가늠할 수 있게 되었다.

디졸브는 엄밀한 의미에서 '전환'에 해당한다. 분리와 융합이 공평하게 분배되어 있어 서로 뗄 수 없는 혼합이라고 할 수 있다. 다른 구두점보다 훨씬 더 디졸브에 대해 이미지를 연결하면서 분리하고, 분리시키면서 연결하는 기법이라고 말할 수 있다. 두 이미지 가운데 삽입되면서 디졸브는 이 두 이미지를 섞어버린다. 디졸브가 진행되는 지점에서 한순간 스크린에 두 이미지가 공존한다. 그리하여 이 두 이미지 간에는 매우 친밀하고 심층적인 (디제시스와 밀접하게 연관된) 관계가 암시된다. 디졸브는 봄의 광경에서 같은 장소의 겨울 광경으로, 꿈꾸는 누군가의 얼굴에서 그가 꿈꾸는 내용으로, 젊은 남자의 모습에서 그가 차후 늙었을 때를 의미하는 노인의 모습으로, 사랑하는 남자의 미소에서 그를 보고 미소 짓는 여인의 얼굴로 부드럽게 전환시킨다. 많은 이론가*가 디졸브의 너무나 명백한 특성, 부드러운 센티멘털리즘을 주장했다. 반면 그럼에도 불구하고 실체적으로 이 두 이미지는 뚜렷이 구별되는 것이기에 어찌할 수 없는 분리가 있다고 지적한 사람은 단지 에드가 모랭과 루돌프 아른하임뿐이다. 봄과 겨울은 서로 다른 계절이고, 젊음과 노년은 서로 다른 나이이고, 사랑하는 남자와 여자는 서로 다른 사람이다. 고전적 방식의 디졸브는 바로 이 측면도 포함하고 있다. 디졸브는 관념적으로 서로 다른 생각이 신비스럽게 혼합되는 것을 함축한다.

페이드인·아웃에는 연관시키는 힘이 줄어들고 분리시키는 페이드 시간 동안 전환의 측면은 완전히 지워져버린다. 더 분명하게 영화의 자율 분절체를 계열별로 나누는 기법이라고 할 수 있다. 검은색 화면은 때로

---

* 벨라 발라즈(*Theory of the film*, Londres: Dennis Dobson, p. 148), 앙리 아젤(*Le cinéma*, Paris: Casterman, p. 74), 마르셀 마르탱(*Le langage cinématographique*, Paris: Éditions du Cerf, p. 79), 프랑수아 슈바쉬(*Le langage cinématographique*, pp. 56~57), 장 미트리 (*Esthétique et psychologie du cinéma*, tome I, Paris: Éditions Universitaires, p. 157), 에드가 모랭(*Le cinéma ou l'homme imaginaire*, Paris: Éditions de Minuit, p. 71), 루돌프 아른하임(*Film als Kunst*, Berlin: Rowohlt, 1932, p. 141).

는 모든 페이소스에서 벗어나서 단순히 영화의 일부분이 끝났다는 사실만을 가리킨다. 혹은 경우에 따라서는 미리 시퀀스가 끝날 것을 암시한다. 앞으로 다른 인물, 다른 장소 혹은 다른 시간대에서 벌어질, 지금까지 본 것들과 다른 장면이 시작될 것을 표시하는 것이다. 페이드인·아웃은 디제시스 영화가 지금까지 진정한 구두점 기호로서 구축한 거의 유일한 기법이다.

이제 이 글을 마쳐야 할 때인 듯하다. 이 글을 통해 구두점을 둘러싼 문제가 겉으로는 소소해 보이지만 영화에서 제기될 수 있는 모든 역사적 개념을 논하는 장을 제공할 수도 있다는 사실이 알려지기를 바랄 뿐이다.

제3부

유사성의 전과 후

제6장

이미지와 가르치기

이 글*은 보르도 아카데미에서 몇 년 전부터 강의한 '오디오-비주얼 문화 입문' 수업 경험을 살려 1967년 집필되었고, 1970년 보르도 교육문서보관소에서 발간한 『메시지』 제1호, pp. 3~7에 수록되었다. 같은 해 『코뮈니카시옹』 제15호(Paris : Éditions du Seuil) 특집 「이미지 분석」, pp. 162~68에 수록되었다.

전통적으로 이미지와 교육의 관계를 둘러싼 광대한 문제는 (영화 입문과 같은) 이미지에 관한 교육과 (역사교육영화, 지리교육영화 등과 같은) 이미지를 이용한 교육, 두 가지 범위로 구분된다. 하지만 이 두 가지 범주를 구분하는 일은 그다지 중요한 일이 아니며, 논리적으로 같은 뿌리를 공유하는 두 나뭇가지라고 볼 수 있다. 이미지를 가르치길 원하건 이미지를 이용해 가르치길 원하건 두 경우 모두 우선은 이미지가 문화 가르치기와 맺는 관계에 대해 어떤 생각을 갖느냐가 핵심이다. 여기에서 문화는 문화인류학적 의미로 쓰인다. 각 문화는 인간이 세상과 스스로에 대해 관심을 기울인 광대한 영역을 역사적이고 지리학적으로 특정 범

---

* 「이미지와 가르치기」라는 같은 제목으로 1969년 11월 국립교육협회가 발행한 『미디어』 제7호, pp. 7~12에 미셸 타르디의 논문이 실린 바 있다. 이는 1969년 5월 28일부터 31일까지 생클루드 오디오비주얼 센터에서 개최된 프랑스 비교문학학회 학술대회 '이미지와 문학' 중 미셸 타르디의 발표를 실은 것이다. 미셸 타르디의 논문과 필자의 논문은 개별적으로 집필된 것이고 서로 다른 논문이지만 두 가지 점에서 공통점을 갖고 있다. 첫째 이 두 논문은 모두 이미지를 오직 유사성이라는 차원으로만 단순화시키지 않으려는 노력을 기울이고 있으며, 둘째 이미지에 관한 이론적 접근과 오디오-비주얼 가르치기의 개혁적인 방법(= 손쉬운 적용주의에 반대하는 입장)을 서로 비교하면서 변증법적으로 발전시키려는 노력을 기울이고 있다.

주에 초점 맞춘 것이며, 결국 자연에서는 멀어진 어떤 것이다. 각 문화는 '문화적 소양 없음inculture'에 대립되기에 앞서 다른 문화와 구별되고 대립된다. 우리가 '문화적 소양 없음'이라고 지칭하는 인간의 전통은 사회적으로 문화에 노출된 정도가 적은 사람 혹은 사람의 무리를 겨냥한 것이다.

* * *

흔히 오해를 불러일으키는 문제부터 살펴보려고 한다. 여기저기서 사람들은 고등학교에서 프랑스어 문법이나 독일어 문법 수업을 하는 것처럼 '영화 문법' 역시 가르칠 수 있다고 말하고 듣곤 한다. 더 일반적으로 사람들은 언어를 가르치는 것처럼 이미지 역시 가르칠 수 있다고 믿는다. 바로 이 지점에서 문제가 발생하는 것이다. 다양한 시도, 하지만 거의 대부분 대충 판단하고 잘못 접근한 것들이다.

모국어 혹은 외국어의 경우 사람들은 언어를 가장 기초적인 것부터 전부 배운다. 어린아이는 모국어의 음소들을 모두 배워야만 한다. 사실 이 학습 과정은 학교에서 이뤄지는 것이 아니라 가정에서 사회에서 아이를 둘러싼 주변 환경에서, 즉 갓난아이일 때부터 옆을 지키는 부모와 친지에 의해 차츰 이뤄진다. 단어의 모든 힘은 학습을 통해 얻는다. 언어는 처음부터 끝까지 문화적 산물이다. 언어는 감각적 지각에 의존하는 측면이 매우 약하다. 예를 들어 발음을 매우 잘 감지하는 지각 능력을 지닌 사람이 일반 언어적인 지적 작용을 더 수월하게 행하지 않는다는 것이다. 언어적 지적 작용은 발음을 구별하는 과정이 아니라 음운론적 체계를 배우는 과정이고 음운들 간의 변별적 자질을 학습하는 과정이다. 바로 이러한 이유에서 사람들은 잡음 때문에 명확히 들을 수 없는 전화 통화의 경우에도 의사소통이 가능한 것이다.

감각적으로 지각하는 것 역시 문화적이고 사회적인 현상이지만 각 문화에 따라 그 변화하는 정도가 언어 상징주의에 비해 약한 편이다. 문화 혼종 양상을 연구하다 보면 금세 생체 질서를 따르는(뇌신경 메커니즘, 눈의 해부생리학적 구조 등) 인류학적인 접근에 부닥치게 된다. 텔레비전이건 영화건 '이미지 랑가주'는 모두 그 출발부터 시지각視知覺에 기반을 두고 있다. 그런데 시지각이 항상 시각적인 재료를 기반으로 지적 작용을 따르지는 않는다. 결코 그런 법은 없다. 그보다는 특별한 학습 없이도 쉽게 이해할 수 있는 기초적인 1차 재료를 눈으로 지각하는 것이다. 언어에는 이러한 대응 항을 전혀 찾을 수 없다. '이미지를 가르치고'자 한다면 최대한 빨리 지각 메커니즘 쪽으로 돌아서는 편이 바람직하다. 지각 메커니즘은 사실 모든 문화와 사회를 반영하고 있다(공간의 특성이 역사적으로 어떻게 변화했는지를 연구한 프랑카스텔의 저서를 생각해보자). 이미지 수업에서 느끼는 한계는 이미지를 지각하는 것이 현실의 대상을 지각하는 것과 밀접하게 연결되어 있기 때문에 발생하곤 한다. 예를 들어 길을 걷다 자동차를 알아보는 아이라면 정면으로 잘 찍은 사진에서 역시 자동차를 알아보게 마련이다. 반면 사진에서 자동차를 알아볼 수 없다면 길에서도 알아볼 수 없다. 다시 말해 이 아이는 자동차를 모른다.

이즈음 되면 '이미지 선생님'은 문명 혹은 문화 선생님으로 바뀌면서 커피메이커, 잔디 깎기 등 문화 생산물을 더 많이 설명해준다거나 물개, 낙엽송 등 자연의 대상을 알려주거나 그 이름을 가르쳐주는 식의 수업을 진행하게 된다. 그리하여 이미지 수업은 사물 수업, 즉 상당 부분 사물의 이름을 가르치는 단어 수업이 되어버릴 것이다.

언어 수업과 달리 이미지 수업은 애초부터 전문화된 수업이 될 수 없을 것 같다. 언어는 완전히 세상을 분석하고 재구성하지만 이미지는 사물의 '자연적' 외관을 우선적으로 존중하는 원리를 따라 의미작용이 전개된다. 물론 일부분만을 나타내고 늘 약간은 변조되기는 하지만 대상의 자연적 형태는 도상의 모험이 시작되는 최초 단계이다. 언어는 이 부분에 결코 의존하지 않는다.

　도상에 관한 수업을 제대로 하려면 본질적으로 의미 층의 1차 재료를 넘어서야만 한다. 기존 수업들과 비교하자면 이미지 수업은 언어 수업이라기보다는 오히려 (먼저 습득된 언어를 기초로 하는) 문학 수업에 더 가깝다.

　이미지 수업을 외관상 명백하게 구별될 것 같은 '구체적인' 하위 범주로 세분화할 수 있다. 영화 수업, 텔레비전 수업, '고정 이미지' 수업 등. 영화 수업은 다시 액션영화, 서부영화 등 구분하기 '쉬운 장르'에 따라 나눠질 수 있고, '사회정치'영화 등과 같이 좀더 '까다로운' 장르로 나눌 수 있으며, 나아가 랑가주로서의 영화 등과 같이 이론적인 문제를 다룰 수 있다. 우리는 이미 이상에서 언급한 수업 과정을 구성하고 실행 중이다.

　하지만 이와 같은 구분이 실제 교육 현장에서 수업을 배분하고 시간을 할당하고 시간표를 정하는 문제 등 실용적인 수준에서는 효과적이라고 할지라도 이미지 교육 면에서 더 근원적인 사유를 하는 데 도움을 주지는 못한다. 제대로 된 수업 계획은 다른 방식으로 전개되어야 한다. 만약 세상의 사물들을 해석할 만큼 충분히 성장해 있고 이미지를 보고 기본적인 지적 작용을 할 수 있는 어린아이라면 다음 단계에서 이미지에 관해 배울 것은 오직 두 가지뿐이다. 물론 그 각각은 거대한 영역을 구성한다. 이 구분은 앞서 언급한 영화 내부 장르 혹은 사진, 텔레비전, 영화를 구분하는 일과 같은 수준은 아니다. 현실의 대상을 해석할 수 있는 어린아이라면, 이 아이가 이미지를 해석하기를 원한다면 다음 두 가지를 배워야만 한다. 첫째 모든 이미지 표현수단에 공통적인, 즉 이미지만의 고유한 **기표 구성, 외형, 배치** 등을 알아볼 줄 알아야 한다. 둘째 이미지 랑가주보다 더 큰 사회에 속하는 **문화적 상징들**을 알아볼 줄 알아야 한다. 사실 문화적 상징은 이미지 형태로 표현되는 경우가 많다.

* * *

첫째 범주는 '영화 통사 규칙 개관' 혹은 '이미지 수사학 입문' 등과 같은 수업에 해당한다. 이 수업에서 주요 학습목표가 되는 것은 학생들이 문명의 광대함을 인식하는 과정인데, 영화 통사 규칙이나 이미지 수사학 등과 같은 개념은 너무나 커다란 문명의 일부분에 해당할 뿐이다. 현대 복제 기술은 사물의 외관을 물리적 현존 상태에서 분리시킬 수 있도록 만들었고, 이렇게 자유로워진 사물의 초상肖像은 다른 초상들과 함께 새로운 구조를 만들 수 있게 되었다. 복제된 사물의 초상은 사실 사물 그 자체보다 더 조작하기 쉽기 때문에 어떤 의미에서 보면 담화에 더 가깝다고 할 수 있다. 사물의 복제 형태들이 만들어낸 새로운 양상은 플래시백, 평행 편집 등과 같이 세상에서 자연스럽게 접할 수 없는 양태일 수도 있다.

이런 종류의 수업은 학생들의 연령에 따라 두 가지 수준으로 나눠진다. 나이 어린 학생들에게는 보는 것만으로 이해하기 어려운 의미들을 지닌 이미지 형태와 배치를 가르친다. 예를 들어 일정 나이 전에는 숏-리버스 숏을 보고도 자연스럽게 그 뜻을 이해하지 못한다고 한다. 요컨대 이 수업에서는 '기법'의 의미 자체에 관해 가르치는 것이 주가 된다.

그리고 비교적 빠르게 다음 단계로 넘어가야 하는 순간이 오는데 학생들이 이상의 설명을 더 이상 필요로 하지 않는 때이다. 일반적으로 어린 아이들은 학교 교과 과정이 아니더라도 집에서 텔레비전 시청을 한다거나 대중 매체에 노출이 심한 일상생활을 경험하면서 전문적인 방식은 아니지만 효과적인 방식으로 이미지 형태의 의미들을 학습한다. 이즈음 되면 어린이는 플래시백을 보고 스스로 연속되는 기표 이미지들이 곧 기의 사건들과 연계되는 것을 쉽게 이해한다. 이제 가르쳐야 하는 범위가 한 단계 상승한다. 선생님은 **랑가주** 수준에서 **메타-랑가주** 수준으로 설명을 끌어올리게 될 것이다. 플래시백을 이해하는 아이는 거기에 덧붙여 왜 자신이 이해할 수 있는지 그 이유도 알고 있다. 서술된 도상적 사건들을 1차적으로 이해하는 지적 작용에 추가적으로 도상적 내레이션의 메커니즘을 이해하는 2차 지적 작용을 할 수 있게 된다. 이때 아이의 이해 수준은 **대상에서 분리되어 담화 현상**을 인식하게 되는 기초적 단계를 거친다. 이런 형태의 교육을 거의 받지 않고 단순히 '자연스러운' 지능만 있는 사람과 '정규 과정'에서 **고차원적인 수준으로 배운 경험이 있는 사람**의 차이는 바로 이 지점에서 발생하는 것이다. 후자의 경우 이미지를 보고 거리를 유지하며 언어로 사유할 수 있는 능력을 기르게 된다. '이미지 수업'에서 학생들에게 설명할 수 있는 기회를 주는 일은 간과할 수 없는 부분이다. 언어로 가득한 글 텍스트의 경우, 대부분의 학생은 텍스트가 완벽한 모습으로 홀로 존재한다고 느끼곤 한다. 이에 비해 이미지는 언어가 아니기에 더욱 **언어적 반응**을 유도하는 데 효과적이다. 과연 어느 고등학교 국어 선생님이 어려운 텍스트를 읽은 후 학생들에게 질문을 던졌을 때 반드시 따라오는 침묵의 의미를 이해하지 못할 것인가? 이 침묵이야말로 매우 특별한 방식으로 '텍스트를 설명'하는 것이 아닐까?

* * *

이제 이미지 수업의 두번째 범주, 도상이 아닌 외적인 요소, 다시 말해 이미지에 자주 등장하는 사회적 상징들을 가르치는 분야에 관해 살펴보자. (영화 수업이라면 선생님은 특정 영화들에서 자주 채택되는 내용을 기준으로 설명을 할 것인데, 이 구분은 달리 말하면 영화 장르, 영화의 이런저런 경향, 시네아스트들의 걸작 등에 주목하는 것이다. 반면 앞에서 설명한 첫번째 범주는 특정 사례들을 통해 영화 랑가주를 설명하는 것에 초점을 맞춘다.)

이미지에 자주 등장하는 문화 상징들을 이야기하다 보면, '액면 그대로'의 의미작용에서부터 다양한 혹은 심층적인 내포를 포함하는 구조까지 기호학적인 측면을 폭넓게 고려하게 된다. 단순한 차원에서 문화 상징을 학생들에게 설명할 경우 산업 사회에 속한 시민이라면 알고 있어야만 하는 **이미지 유형**에 주목한다(교육이 대중화되면서 보편화된 지식에 속하는 것을 모르고 있다면 멸시당하는 상황이 발생할 수 있다). 예를 들어 뉴욕 허드슨 강의 자유여신상을 단번에 알아본다거나, 아랍의 도시 풍경과 홍콩의 거리를 즉시 구별한다거나, 서부극에서 1달러짜리 지폐를 알아본다거나, 소련 영화에서 레닌이나 트로츠키를 알아보는 것 등에 해당한다. 여기에서는 **도상적 지식**, 다시 말해 문화적 소양이 학습되는 과정이며 이런 소양이 없는 사람은 즉시 무식한 사람으로 분류되기도 한다. 실제로 학교는 이런 종류의 지식을 전달하지 않는다. 부르디외에 따르면 문화 자본을 '부모에게서 물려받은 상층 계급'만이 보유하는 자산이다.

내포를 지니는 이미지에 관한 수업은 학생들에게 사회 변동 사항에 관한 가장 '단순한' 정보를 제공하는 것만으로도, 굳이 일장 연설을 늘어놓지 않고도 해방자적인 면모를 갖출 수 있다. (교육을 많이 받지 못한 부모 밑에서, 그런 가정환경에서 자란 학생은 실제적으로 이런 종류의 정보를 일상에서 배우기란 힘들다. 이 학생을 둘러싼 주변에서 이런 주제를 둘러싸고 일상적인 대화를 전혀 들어보지 못하기 때문이다.) 가령 영화에서 이탈리아 사람들이 거의 항상 갈색 머리에 라틴족이라면, 아이에게 실제 이탈리아에는 금발인 이탈리아 사람도 있다고 설명하는 것으로 충분하다. 영화는 사실 인종차별을 전파하는 수단이 되기도 한다. 따라서 영화가 전파하는 인종에 관한 고정관념에서 벗어나게 하기 위해 그동안 믿고 있던 것들을 흔들어줄 필요가 있다. 이미지의 내포 수업은 또한 어린 학생 양성하기와 일맥상통한다. 왜냐하면 우리는 이들에게 사회생활, 직장생활을 잘 꾸려가기 위한 방법을 배우는 기회도 제공하기 때문이다.

만약 이 학생들이 성인이 되어서 교양 있는 사람들과 모이는 자리가 있다고 하자. 이때 무식한 소리를 해서 쫓겨나는 일은 없어야 할 것이다. 반대로 교육 정도가 낮은 사람들과 모인 자리에서 너무 잘난 척을 해서도 안 될 것이다. 프랑스 대중 영화에서 남자 주인공은 왜 시트로엥 DS를 타고 등장하는 것일까? 현실에서 이 고급 승용차를 보는 일은 훨씬 드문데도 불구하고 말이다. 학생들에게 그 이유를 설명해줄 필요가 있다. 이러한 수업 과정을 통해 학생들은 교활한 방식으로 한 개인을 소외시키는 스테레오타입의 본질과 그 기능에 대해 깨닫기 시작할 것이다. 사실 반복적으로 생산되는 이미지를 통해 관객은 사회·경제적인 현실에 대한 허상을 접하게 되며, 이 과정에서 본인의 생각과 주장을 상실한다거나 상상을 통해 본인의 욕구를 충족시켜주는 이미지의 '홍수'에 침잠되기 쉽다.

보편적인 관점에서 보자면 **이미지의 문화 내포**에 관한 체계적 연구는 매우 구체적인 사례들에서 출발하는 연구로서 젊은이들의 감각에 접근할 수 있는 최상의 방법이라고 할 수 있다. 따라서 학생들의 주변 환경을 점령하고 있는 이데올로기와 수사학의 지배력을 감소시키며 그 본질을 관찰할 수 있는 능력을 조금이나마 제공할 수 있는 연구이기도 하다. 대상을 충실하게 재현하는 이미지와 이미지가 내포하는 현실에 대한 정확성은 별개라는 사실을 깨닫게 하기도 한다. 대상을 충실히 재현하는 이미지는 거의 자동적으로 얻을 수 있는 부분이지만 현실에 대한 정확성은 결코 노력 없이 얻어지는 부분이 아니다. 만약 존재한다고 한다면 언제나 쟁취되는 것이다. 학생들에게 이미지 속에 의도된 바가 숨겨진 상태에서도 현실과 유사하게 보일 수 있다는 사실을 알려준다면 기본적인 학습 내용에 추가적으로 이미지 기호학의 기본 골격을 배우는 기회를 제공할 수 있다. 다시 말해 1차원적인 의미에 중첩된 2차원적인 기표 체계의 개입으로서 내포 이론을 설명하는 것이다.

* * *

이제 마지막으로 한 가지만 더 언급하기로 하자. 이미지를 가르치는 일은 결코 규범적이 되어서는 안 된다. 우리는 종종 '영화 수업 프로그램 기획'이라는 표현을 접하곤 한다. 이 프로그램에서 주된 학습목표는 학생들이 한 주 동안 개봉한 영화들을 '좋은' 영화와 '나쁜' 영화로 구분하여 목록을 작성하는 일이다. 하지만 새로운 교육 프로그램을 만들면서 선구자적인 입장을 취하고자 시도할 필요가 없다. 더구나 이 과정에서 가르치는 사람을 다른 분야의 연구 경향에 무관심한 상태로 만들어버린다면 더욱 소용없는 시도가 될 것이다. 미학, 언어학, 사회학, 심리학 등의 현재 연구 상황을 보면 고루한 개념이 되어버린 '순수 취향' 대신 분석 정신을 더 우선시하는데, 가르치는 사람이라면 한 분야에만 고정되어서는 안 될 것이다.

사실 특정 취향은 아예 취향이 없는 경우보다 더 안 좋을 수 있다. 사회학적인 입장에서 거리 두기 혹은 풍자가의 유머 등의 시선에서 말고 다른 입장에서 제임스 본드 시리즈에 열광하는 관객이 있을 수 있다. 지식 계층에 속한 고유한 취향이 있다고 한다면 이는 학창 시절 이러한 취향을 갖게 하는 교조주의적이고 규범적인 수업 덕분이 아니다. 이 취향을 지닌 성인은 오랜 기간의 사고 과정, 다양한 지식과 정보, 점진적으로 넓혀진 문화적 소양, 기존의 '취향'을 쇄신하는 기회 등이 축적된 개인적인 여정을 통해 도달하게 된 것이다. 그리하여 어떤 사람은 같은 장르 내부에서도 이런 영화는 좋고 저런 영화는 나쁘고 하는 선구안을 가지게 된다. 우리가 취향을 발전시키는 과정은 결코 타인의 취향이 형성되는 과정을 보고 따라 하면서 어떤 취향이 옳다고 표명하는 길이 아니다. 선생님은 '학생이 스스로' 만들어갈 수 있는 일반적이고 간접적인, 그러면서도 효율적인 조건을 만들어주면서 순진하지 않은, 더 성숙된 취향 쪽으로 발전시킬 수 있게 돕는 편이 옳다. '이미지 선생님'은 학생들에게 어떤 것이 좋고 나쁜지를 강요해서는 안 된다. 이는 선생님의 궁색한 취향일 뿐이다. 좋은 혹은 나쁜 수많은 이미지의 규범적이지 않은 분석을 통해, 굉장히 많이 반복되는 평범한 이미지들의 구조를 밝히거나 그 반대로 매우 독창적인 새로운 이미지들의 구조를 밝히면서, 즉 정보와 묘사를 통해서 학생들이 스스로 점차 자신의 길을 찾아가도록, 그리하여 '좋은' 혹은 '나쁜' 이미지의 개인 목록을 채워갈 수 있도록 도와주면 된다. 이 목록은 결국 한 개인이 속한 나라와 시대에서 가장 많이 교육 받은 사회 계층의 목록과 근본적인 입장에서는 일치할 것이다.

* * *

이제 결론을 내보자. 문화 수업은 일반적으로 정규 교과 과정을 따른 사람이 교양 많은 사람이 되도록 가르칠 뿐만 아니라, 배우는 사람이 (한 나라와 시대가 정의하는) 사회성을 제대로 갖출 수 있도록, 즉 민족학적인 의미에서 문화에 잘 접근할 수 있도록 도와주는 목적을 지닌다. 이러한 맥락에서 모든 가르침은 근본적으로는 보수적이라고 할 수 있다. 동시에 근본적으로 개방적이고 자유롭다. 왜냐하면 문화 변동은 기존의 문화를 잘 알고 있고 직접 경험한 사람들의 작품을 통해 이루어지기 때문이다.

가르침은 문화를 전달하기 때문에 이미지보다는 언어에 의존하는 경향이 강하다. 언어는 근본적으로 이미지보다 더 문화적이고 사회생활에서 더 핵심적인 역할을 한다. 심지어 말의 사회보다도 더 오늘날의 이미지 사회에서 그 역할이 중요하다.

가르침이 문화를 전달하기 때문에 그리고 이미지가 우리 문화에서 중요한 역할을 하기 때문에 이미지를 가르치는 일이 반드시 필요한 것처럼 여겨진다. 물론 이때 '오디오-비주얼'을 향한 맹신은 배제되어야 할 것이다. 이미지 수업에서 전달되어야 하는 내용은 이미지 자체라기보다는 **이미지를 둘러싼 가식과 그 이후에 따라올 결과, 이미지가 가능하게 하는 기표 형식의 집합** 등이다. 사실 최종 구성 요소를 보면 이미지는 이해하기 쉬운 형태인데, 다수의 학생을 대상으로 하는 선택 교과 과정에 포함시키기에는 인류학적인 부분이 너무 강하고 문화적인 부분은 너무 약한 듯하다.*

---

* 이미지 유사성 '이후' 관여하게 되는 약호작용의 중요성을 강조하면서 잊지 말아야 할 점은 약호의 다른 측면도 있다는 사실이다. 유사성에 중요한 역할을 하는 것, '닮음'을 만들어내는 것은 논리적으로 유사성 '이전'에 개입된다. 사물을 지각하는 것이건, 사물의 그림자 혹은 그 유사성을 지각하는 것이건 지각이란 복합적인 과정을 거쳐 만들어지며, 체계적이고 사회화된 경우에 가능하다. 물론 전 세계적으로 단어가 닮음의 기호보다 더 다양하긴 하다. 이 글에서 연구 대상으로 삼았던 교수법과 관련해서 지각 약호, 더 일반적으로 보면 유사성 내부에 있는 모든 약호는 다른 조건을 포함하고 있고 이에 대해서 별도의 연구를 필요로 한다. 아이는 학교 수업과 별도로 점진적으로 약호들을 제대로 이해하게 된다. 이 학습 과정의 핵심은 육체적이고 심리적으로 성숙해가는 성장 과정과 더불어 '문화화 과정'에 있다. 다시 말해 한 개인이 속한 사회에서 '성장하는' 단순한 사실만으로 '교육'의 상당 부분이 이루어진다는 뜻이다. 학교에서 실제로 지각하는 방법을 가르치지는 않는다. 그보다는 지각과 관련된 이론을 가르친다. 이 경우 이 글이 설명하려고 했던 '이미지 수업'과는 멀어질 수 있다. 오히려 고등학교 고학년이나 대학생에게 좀 더 전문화되고, 복잡하고 더 많은 사유를 요구하는 다양한 가르침이 될 것이다. 지각의 생리학, 지각의 심리학, 시각과 관련된 사회학과 민족학, 혹은 좀더 심화된 형태의 기호학 이론 등이 해당된다.

제 7 장

이미지, 유사성 너머로……

이 글은 1969년 집필되었고, 다음해 『코뮈니카시옹』 제15호(Paris: Éditions du Seuil) 특집 「이미지 분석」, pp. 1~10에 수록되었다.

이미지에 관한 기호학 사유가 진행된 초기에는 다른 형태의 기표 대상, 특히 단어 혹은 형태소 연쇄와 이미지를 가장 뚜렷이 구분해주는 차이점에 주목했다. 즉 '유비類比에 근거한' 특성, (미국 기호학자들의 용어를 따르자면) '도상성', 재현된 대상과 전체적으로 비슷하다고 지각되는 특성을 연구하는 데 심혈을 기울였다. 고양이 이미지는 고양이를 닮았다. 반면 '고양이'라는 글자는 고양이 자체를 닮지는 않았다. 이미지 중에는 다이어그램과 같이 구상적이지 않은 이미지도 있다고 주장해봤자 소용이 없으며(퍼스는 다이어그램이 '논리적 도상'이라고 설명한다), 표음문자만이 존재하는 것이 아니라고 주장해봤자 소용이 없다. 이미지와 유사성은 밀접하게 연결되어 있다. 소쉬르의 개념 중 '자의성'을 보고 혹자는 '유비에 근거한' 특성과 정반대의 특성이 균형을 이루고 있다고 믿기도 했다. 하지만 이와 같은 판단은 소쉬르에게조차 자의성은 유사성과 대립되는 개념이 아니라는 사실을 모르고 있기 때문에 가능하다. 자의성은 '유연적인motivé'과 반대되는 개념이며, 유연적인 것은 유사성의 일부분을 구성한다.* 또한 이미지는 다양한 자의적 관계를 포함하면서도 전체적인 모습에서 유비에 근거할 수 있음을 모르고 하는 이야기이다. 여하튼 일반적인 형태로 보면 이미지의 대부분은 재현하는 대상을 '닮은' 것이 사실이다. '비非구상' 시각 예술이라고 해서 반대 주장을 타당하게 할 만한 근거를 제공하지 못한다. 왜냐하면 추상 회화나 **순수영화**의 숏은 다른 이미지와 마찬가지로 대강의 윤곽선, 기하학적인 형태, 암시적인 외곽 등 무엇인가를 닮아 있기 때문이다. 이 '무엇인가'의 특성, 즉 닮음이라는 현상이 아니라 닮은 대상이 일반적인 사물처럼 보이지 않는 특성 때문에 비非구상 이미지라고 지칭하게 되는 것이다.

이러한 맥락에서 이미지에 관한 기호학의 사유가 유사성이란 개념 자체를 고민하게 되는 것은 당연하다. 하지만 이 수준에서만 머물 수는 없는 법, 과거에는 유사성에 전념했으나(특히 샤를 윌리엄 모리스 이후로 미국 기호학자들의 연구와 프랑스에서는 『코뮈니카시옹』 초기 연구들) 오늘날에는 유사성을 넘어 사유를 확장시키는 작업이 필요하다.

* * *

'도상성에 머무는 태도'로 요약될 수 있는 지적인 경향이 존재한다. 특히 이미지 기호학 초반기를 정의할 수 있는 특성이라고 하겠다. 주지하다시피 기호학 분야에서 선구자적인 역할을 했던 퍼스는 도상 기호를 정의하는 특성으로 닮음(=likeness)을 꼽았다. 유사성을 기준으로 다른 두 범주에 속하는 기호, 즉 지표, 상징과 도상을 구별했다. 최근 연구에

---

* 퍼스는 상징(=자의적인 의미작용), 도상(=유비적인 의미작용), 지표(=인과관계 추론에 의한 의미작용)를 구분했다. 소쉬르의 용어를 따르자면 도상과 지표는 둘 모두 '유연적인 것'이라고 할 수 있다. 같은 맥락에서 에릭 뷔상스는 두 종류의 '내재적인'(=유연적인) 의미작용을 분류했는데, 퍼스의 지표처럼 '인과관계에 근거한 의미작용'과 퍼스의 도상처럼 '모방적인 관계에 근거한 의미작용'이다. 요컨대 야콥슨이 제안한 바의 연장선상에서 보면 유사성이라는 은유적인 동기와 인접성이라는 환유적인 동기가 있다. 여하튼 유사성은 유연관계가 전부인 것은 아니다. 따라서 오직 자의성에만 대립되는 개념이 아니다.

서는 이 개념을 발전시켜 수정·보완하고 있으며, 이에 대해 이 글에서 차차 언급하고자 한다.

퍼스 이후 (퍼스보다 더 심층적인 사고를 하지 못한) 많은 이론가가 도상을 연구하면서 도상성 쪽으로만 몰고 가는 경향을 보였다. 우리 주변에서 '이미지 랑가주'와 '언어 랑가주' 사이에 도저히 넘을 수 없는 경계선을 고집스럽게 구축하는 담론들을 쉽게 발견하곤 한다. 누구라고 딱히 정할 수 없을 정도로 널리 퍼져 있는 생각들, 매우 종종 단순한 인상이나 반사적 행동일 뿐인 이야기들이 오고가곤 한다. 이미지와 언어 사이의 엄격한 구획선은 상호 포함관계와 같은 중간자적인 형태의 자리를 빼앗아버리는 결과를 낳고, 결국 맹목적인 믿음을 양산시키면서 일종의 대립 항을 만들어버린다. 이미지는 단어와 정반대에 놓여버린다. 이러한 맥락에서 '영화 예술'을 찬미하는 자들이 영화의 원동력과 효력이 비非언어성에 근거하기 때문이라고 주장하는 현상을 목도하게 되는 것이다. 오디오-비주얼 교수법 중에는 단어를 아예 완전히 배제하는 경향도 있다(다행히 모두 이러한 시도를 옹호하는 것은 아니다). 실제로 교육 과정에서 단어를 사용하면 훨씬 간단할 뿐만 아니라 반드시 말로 설명할 수밖에 없음에도 불구하고 단어와 이미지가 서로 섞일 수 없는 것으로 간주한다. 글을 쓰는 작가들은 이미지를 깎아 내리는 말투로 아주 단순하고 간단한 문장으로 같은 의미를 전달할 수 있다고 큰소리 치고, 이미지 분야에 종사하는 사람들은 언어를 비방하는 말투로 "장황하게 말을 늘어놓지 마시오. 잘 된 스케치 혹은 잘 찍은 사진을 가져다 이야기하란 말이오!"라고 말하면서 마치 쓸데없는 이미지는 존재하지 않는 것처럼 말하기도 한다.

하지만 진실은 그렇지 않다. 언어에 '대립'하거나 혹은 찬성하거나 그 반대로 이미지에 반대하거나 '찬성'하거나 하는 의미는 존재하지 않는다. 이 글의 목표는 바로 이 사실을 명확히 하고 이미지 기호학이 언어를 대상으로 하는 기호학과 나란히 공존할 수 있음을 알리는 데 있다.

심지어 메시지가 혼종적일 때에는 이미지 기호학과 언어 기호학은 서로 교차지점을 공유하기도 한다. 단지 이미지 속에 언어가 명확히 드러난 경우, 가령 자막을 포함한 경우에만 해당하는 것이 아니라, 언어 구조가 은밀히 이미지 속에 내재되어 있는 경우 혹은 시각적인 형태로 인해 언어 구조가 잘 드러나는 경우 등도 마찬가지이다. 물론 이 글에서 유사성의 개념을 포기하는 것은 아니다. 유사성을 더 유연한 시각으로 바라보면서 유사성과 관련된 주변을 자세히 관찰하고자 한다. 유비관계에 놓인 것과 약호화된 것, 이 둘을 단순하게 대립시킬 수 없다.* 유사성은 약호를 담아 전달하는 여러 방법 중 하나이다. 이미지가 그 재현 대상을 닮았다고 말하는 것은 다시 말해 이 닮음 덕분에 이미지를 해석할 때 현실 대상의 해석 속에 작용하는 약호의 영향을 받는다고 말하는 것과 같다. 도상성이라는 이름하에, 도상성으로 인해 유비관계에 근거한 메시지는 매우 다양한 약호를 사용한다. 게다가 닮음은 그 자체로 약호화된 것이다. 왜냐하면 닮았다고 평가하는 기준이 필요하기 때문이다. 시대에 따라 나라에 따라 인간이 닮았다고 평가한 이미지는 항상 변화한다 (이 주제와 관련해 프랑카스텔의 연구를 참조하기 바란다).

---

* 이 부분에 관해 솔직히 고백하자면 필자는 이 글이 『코뮈니카시옹』 학술지에 발표되었을 때 시각 메시지와 관련해서 '유비관계에 놓인 것'과 '약호화된 것'이 서로 정반대의 것이라고, 유사성은 당연히 모든 약호를 배제한다고 가정했다. 좀더 성숙해지고 발전된 연구를 원하는 입장에서 당시 주장이 경솔했음을 밝힌다. 필자의 사례에서도 볼 수 있듯 도상성에 초점을 맞춘 입장은 모든 시각 기호학이 초기에 범할 수 있는 미성숙의 징조로 해석될 수 있다. 초기에 가장 접근하기 쉽고 관심을 끄는 부분은 유사성에 근거한 의미작용이 다른 의미작용, 즉 언어 의미작용과 어떻게 다른지를 입증하는 작업이었다. 실제로도 이미지와 언어 사이에는 실로 주목할 만한 차이점이 존재한다. 특히 사람들이 이미지를 지각하는 방식이나 도상적인 사유 등에 초점을 맞출 때에는 더욱 그러하다. 차츰 좀더 심화된 연구를 함에 따라 (부분적으로) '랑그'를 발견하게 된다. 이미지 주변, 즉 이미지를 둘러싼 이야기 혹은 이미지와 함께 보이는 텍스트라든가, 이미지 내부, 혹은 이미지가 전달하고자 하는 것 등. 이미지와 언어의 공존 가능성을 발견하지 못하는 경우는 다음과 같은 착오로 인해 일어나는 결과이며, 다음 세 가지 지적은 순서대로 영향을 주는 것으로 여겨진다. ① 언어와 약호를 혼동한다. 사회적으로 언어의 역할이 대단히 중요하기 때문에 언어에 상당한 비중을 두지만 사실 랑그는 존재하는 약호들 중 하나일 뿐이다. 약호들의 유형학에서 보자면 특별히 더 중요한 약호가 언어라고 할 수는 없다. ② 언어가 부재하기 때문에 약호도 부재한다고 생각한다. ③ 1, 2번의 결과 언어 쪽에 속하는 모든 약호를 부정한다.

이미지는 홀로 자율적이고 폐쇄적인 왕국을 세울 수 없다. 이미지를 둘러싼 것과 소통 없는 닫힌 세상을 만들 수 없다. 단어나 혹은 다른 나머지와 마찬가지로 이미지도 의미의 법칙과 작용에 포함될 수밖에 없고 사회 내부에서 의미작용을 만드는 광대한 영향권 내부에 속할 수밖에 없다. 이미지 창조자의 영혼에 문화는 항상 내재하게 마련인데, 문화와 관련되자마자 도상적인 텍스트는 담화 형태를 지닐 수밖에 없게 된다. 이미지 기호학은 따라서 일반 기호학 영역 외부에 속할 수가 없다.

* * *

이러한 맥락에서 이 글이 관심을 갖는 것은 언어학뿐만 아니라 문화와 관련된 일반 기호학이라고 하겠다. 이미지를 둘러싼 이론적 논쟁 중에는 '언어학'의 개념을 완전히 다른 낯선 분야에 이식시키는 행위를 비난하는 경향이 존재한다. 그들은 부당한 확대적용이라고 주장한다. 물론 언어학의 개념론적인 도구와 더 포괄적인 기호학의 개념론적인 도구를 서로 혼동해서는 안 된다. 이 두 분야가 서로 관계가 없는 것은 아니며, 사실 기호학을 다른 분야에 확대 적용하려는 시도가 있는 것도 사실이지만, 언어학에만 고유한 개념과 일반 기호학에서 다룰 수 있는 개념 중에 엄연히 서로 다른 부분이 존재한다. 음소, 형태소, 단어, 이중 분절, 접미사, 접두사의 변형, 단수·복수에 따른 변화, 모음 개구도 등의 개념은 오직 언어학에만 해당하는 고유한 것이고, 통합체, 계열체, 파생, 생성, 표현 영역, 내용 영역, 형식, 실질, 의미작용 단위, 변별적 단위 등은 일반 기호학에 속하는 개념들이다. 물론 후자의 개념들이 초기에는 언어학 분야에서 소쉬르, 퍼스, 옐름슬레우 등에 의해 구상되고 제안되었지만 차후에는 다른 의미작용 시스템, 특히 이미지에서도 충분히 왜곡 없이 적용될 만한 보편적인 개념으로 정의되었다. 이미지 분야에만 적용되는 것도 아니다. 언어학도 아니고 도상학도 아닌 다른 형태의 글쓰기, 가령 서사성에 내재하는 구조에 적용될 수 있다. 이미지에서 계열체를 찾는 작업과 음소에 해당하는 단위를 찾느라고 고전하는 것은 별개의 문제이다. 한 개념이 언어학 분야에서 한정적으로 적용되기 위해서는 애초에 이 개념을 언어학자가 제안했다는 사실만으로는 불충분하다. 한 개념이 어디까지 적용될 수 있는지 적합성의 여부를 가늠하려고 한다면 그 개념을 만든 아버지나 그 사람의 직업에 집착해서는 안 된다. 중요한 것은 이 개념 자체, 개념의 정확한 정의 그리고 적용 가능한 범위이다. 변별적 음소 특질*의 개념은 이미지 연구에 적용될 수는 없다(그냥 변별적 특질과 혼동하지 말자). 이미지 연구에 변별적 음소 특질 개념이 적용될 수 없는 이유는 이 개념이 처음 언어학자에 의해 제시되었기 때문이 아니라 이미지가 음성 단위로 구성되지 않기 때문이다. 반면 계열체와 통합체를 구별하는 작업은, 원래 두 용어의 근원지는 언어학 분야에서였지만, 이미지 분야에서도 얼마든지 흥미로운 연구이다. 왜냐하면 언어학자들이 이 개념 자체를 설명할 때 언어와 다른 의미작용 시스템과 구별할 수 있는 언어만의 고유한 특성으로 정의하지 않았기 때문이다. 어떤 형태이건 메시지의 분절체들은 서로 공존하는 관계, 즉 통합체적인 관계를 맺을 수도 있고, 부재하는 관계, 한 분절체가 다른 분절체로 '치환되어' 같은 자리에 등장할 수 있는 관계, 즉 계열체 관계에 놓일수도 있다. 이러한 현상은 언어에서도 발견할 수 있지만 동일한 정도의 정확성을 가지고 다른 분야에서도 적용될 수 있으며, 단지 언어학적 현상에만 제한되지 않는다.

정리하자면 언어학이 확대 적용될 수 있는 문제를 두고 그 '적합성'을 논하는 자리에서 종종 간과되는 부분은 언어학에서 출발되어 확대 적용

---

* (옮긴이) 언어학에서는 음소phonème를 의미 분화를 일으키는 최소 단위로 보는 입장이 존재하는데, 이때 음소를 연속적인 음성의 흐름으로부터 절취된 미분적 요소들로 보고, 그 요소들을 규정할 수 있는 변별적 특징들을 언급한다. 변별적 특질이란 이런 규정 안에서 음소들이 떠맡는 가치, 각 음소에 해당하는 개별적 가치를 의미한다고 할 수 있다.

한 것이 아니란 사실이다. 그보다는 오히려 (언어학을 포함해) 더 넓은 영역에서 사용될 수 있는 방법론적인 적용을 논하는 것이다. 이 방법론이 언어학 분야에 적용된 것이므로 확장이라고 말할 수 없다. 방법론은 사실 논리학, 정신분석학, 사회학 등에도 적용될 수 있고, 따라서 단지 이미지와 언어 두 분야에만 국한시키는 일은 일종의 착각이라고 할 수 있다.

그러므로 이미지 연구를 언어학 분야에 종속시키는 것도 있을 수 없는 일이며, 도상성에만 국한되어 이미지를 고립시키고 다른 사유와 단절시키고, 나아가 일반 기호학이나 문화에 관한 사유와 맺고 있는 수많은 관계를 훼손시키는 일도 결코 시도해서는 안 된다.

* * *

한때 '비주얼' 혹은 '오디오-비주얼'적인 것에 너무나 열광한 나머지 무분별한 이야기들을 양산한 적이 있다. 가령 메시지가 시각적인 경우 모든 약호 역시 시각적이다. 어떤 약호가 다른 분야에서는 절대 나타날 수 없기 때문에 시각 메시지에서만 나타나는 것이다. 이러한 생각들을 떠올리며 당시 얼마나 부적절한 담론들을 만들었는지 상기할 필요도 있을 것 같다. 사실 약호는, 이미지 약호라고 할지라도, 결코 눈에 보일 수가 없다. 왜냐하면 약호란 논리적 관계 망으로 이루어지기 때문이다. 비주얼 '랑가주'는 다른 랑가주들과 다양하고 복합적인 통합체적 관계를 맺는데, 이때 '언어적인' 것과 '시각적인' 것을 두 개의 커다란 덩어리, 각각 동질적이고 균일한 덩어리로 보고 서로 교차지점이 전혀 없이 대립하는 다른 영역이라고 간주할 수는 없다. 특별히 시각적인 시스템 전체가 시각적으로 구체화된 메시지 전부, 시스템에 속하는 모든 부분을 지배할 수는 없다. 또한 시각적인 요소는 시각적이지 않은 메시지 안에서도 상당히 중요한 역할을 맡을 수 있다. 몇몇 어휘 범주에는 자연어의 의미 구성 과정이 약간의 정도 차이는 있으나 시각적으로 보는 범위와 그 외형을 아우르는 경우도 있다. 가시적인 세계와 단어는 사실 서로 완전히 낯선 존재만은 아니다. 아주 세세한 부분까지 가시적 세계와 단어 간의 약호 차원의 상호작용에 관해 연구가 이루어지지는 않았으며, 이 둘의 관계가 완전하고 맹목적인 모방처럼 간주될 리는 없으나, 언어가 시각적으로 한정짓는 단위들을 지칭하는 기능을 수행하고, 뿐만 아니라 시각적으로 일정 범위를 절단하는 일을 도와주는 것은 사실이다. 반대로 시각이 언어의 의미작용에 영감을 주는 역할을 하는 것 역시 사실이다. 이 관계는 바로 아주 오래전부터 사유의 대상이 되어왔던 '지각과 랑가주의 관계'와 일맥상통한다.*

언론 사진의 설명문, 영화의 말, 텔레비전 논평 등 시각 이미지에 부분적으로 언어를 첨가함으로써 외부에서 관찰할 수 있는 관계뿐만 아니라 내부, 즉 시각성 자체 안에도 존재하는데, 여기에서 구조는 눈에 보이지 않는 부분이다.

만약 이미지나 영상에 우리가 편하게 말할 수 있는 언어가 포함되지 않기에 정작 아무것도 이야기할 수 없고, 시각적인 것에 대해 할 말이 정말 없다면 아마 세상에는 더 적은 숫자의 이미지들이 존재할 것이다. 사실 이미지에 관해 언급하고 있는 이 책은 프랑스어로 씌어진 것이다.

진실을 말하자면 현재 담론의 대상이 되는 포괄적이고 통일된 의미에서 '시각적'이라는 개념은 일종의 환상 혹은 관념론일 뿐이다. 이런 식의 균일하고 잘 정리된 개념을 지닌 이미지만의 고유한 어떤 것은 존재하지 않는다고 하겠다.

필자가 존재하지 않는다고 규정한 범위를 짚고 넘어가도록 하자. 왜냐하면 만약 본질적으로 이미지에 고유한 특성이 전혀 없다고 한다면 이

---

* 최근에는 기호학적 관점에서 그레마스가 매우 흥미로운 관점을 제시한 바 있다. 자연어의 경우 '기호학적 차원'의 개념과 '의미론적 차원'의 대립 쌍(*Sémantique structurale* 참조). 시각 메시지의 경우 '자연 세계의 기호학적 환경' 전체(*Langages* n° 10, 1968 참조).

미지 관련된 저서를 도저히 쓸 수 없다는 뜻이 되기 때문이다. 물론 이런 생각을 하는 사람도 있을 수는 있다. 하지만 필자의 입장은 아니다. 이미지가 아닌 다른 모든 것, 특히 '언어'에 대항하는 견제 태도를 고수하면서 폐쇄적인 영역을 만드는 것을 거부하는 입장과 이미지 형태로 전달되는 메시지와 그렇지 않은 메시지가 있다는 사실을 부인하는 입장은 서로 다른 차원의 문제이다.

우리의 입장은 단순한 생각에서 일종의 고집에 의해 이미지와 언어를 대립시키지 않는다. 우리는 이미지의 그 어떤 통일주의도 지지하지 않는다. 오늘날 연구자들의 관심은 이미지를 여러 형태의 담화 현상 중의 하나라고 재정립하는 데 있으며, 바로 이러한 작업이 '이미지를 연구하는 일'이다. 물론이다. 이미지를 연구할 필요가 있다.

* * *

지금까지 언급한 논쟁을 불러일으킨 주요 원인으로 '영역'이란 개념을 들 수 있다. 과연 누가 기호학 분야에서 가장 본질적인 구획 나누기가 영역의 구분과 같은 것이라고 설명할 수 있을까? 과연 누가 기호학 작업은 반드시 서로 '독립적인 유형별'로 나뉘어야 한다고 입증할 수 있을까? (이때 각각의 유형은 논리학자들이 외재성이라고 지칭하는 관계를 일률적으로 유지한다. 즉 유형 간의 공통 부분이 전혀 없고, '논리적 결과물'도 전혀 없다.) 이미지 영역, 음악 영역, 문학 영역 등으로? 이상의 관점에서 형이상학적인 관념론으로 빠질 위험은 없을까? 실제로 영역이란 매우 현실적 산물이다. 연구를 편하게 진행하기 위하여, 도서 목록을 정리할 때, '전문화' 과정, 전공을 선택하기 위해, 어쩔 수 없이 작업 분야를 적절하게 경계짓는다. 또한 인간의 능력과도 연결되는 문제이다. 사람은 동시에 모든 것을 다룰 수는 없다. 하지만 그렇다고 해서 기본 구획을 넘어 더 심층적이고 본질적인 구분을 미리 예상할 필요는 없다. 심층적인 차원에서 구분의 문제를 사유하다 보면 많은 사람이 믿는 바와 달리 그 경계가 반드시 명확하지는 않기 때문이다. 각 영역은 관습 혹은 전통적 단위를 구성하는데, 이는 사회에서 통상적으로 '순진하게' 분류해버린 단위들을 연구자들이 그대로 따르는 경우이다. 영역은 엄격한 의미로 볼 때 과학적인 접근 이전의 단위를 표상한다.

몇몇 영역은 어떤 의미에서 장르와 일치한다. 다시 말해 안정적으로 굳어진 사회적 실행에 해당한다. 광고를 보자. 광고는 말의 형태를 띨 수도 있고, 글쓰기, 고정 이미지, 동영상 등의 형태도 얼마든지 취할 수 있다. 하지만 광고는 그 목적과 사회적 기능으로 인해 언제나 광고이다. 고전소설이 서사시와 다른 것처럼 이런저런 '문학 장르'의 구분은 고대 수사학까지 거슬러 올라간다. 반면 (옐름슬레우의 용어를 따르자면) '표현수단'에 따라 혹은 여러 표현수단이 어떻게 결합되는지에 따라 단위가 구분되는 영역도 있다. 이런 맥락에서 보면 회화의 영역을 구분할 수 있다. 회화 적어도 '고전'회화는 고유한 표현수단을 지닌다. 손으로 그린 하나의 고정 이미지. 사진도 고유한 표현수단을 지닌다. 기계적으로 얻은 하나의 고정 이미지. 이에 비해 포토로망은 기계적으로 얻은 여러 개의 고정 이미지. 만화의 경우, 손으로 그린 여러 개의 고정 이미지. 영화나 텔레비전은 기계적으로 얻은 여러 개의 움직이는 이미지이고 말, 배경 소리 음악 등 다른 음향 요소들을 혹은 자막과 결합된 이미지이다.

기호학 연구에서 가장 중요한 분류는 반드시 사회적 의도인 장르의 단위와 일치하지도 않고, 감각적이고 기술적인 단위(＝표현수단, 컴퓨터나 사회학 분야에서 통용되는 용어로 '채널' '매체')와도 일치하지 않는다. 기호학이 도출해내고 정교화해야 하는 단위들, 이 작업으로 진행되어갈 필요가 있는 단위들은 구조적인 형식들, (옐름슬레우의 용어를 따르자면) 내용의 형식 혹은 표현의 형식 등과 같은 '형식', 그리고 시스템이다. 이는 완전히 관계망으로 구성된 개체이며, '치환 가능성의 장'이고, 이 내부에서 다양한 단위는 서로와의 관계를 통해서 의미를 획득한다. 이

를 재구성하는 분석 작업이 존재할 뿐이다(이 과정에서 타당한 원칙인지
를 구별할 수 있을 것이다). 시스템은 자유로운 상태로 존재하지 않는다.
시스템은 영화 매체 혹은 광고 장르가 제시되는 방식과 동일한 방식으로
사회의식 속에 자리하지 않는다. 형식, 시스템, 구조 중 (서로 명확히 구
분되는) 어떤 유형들은 하나의 채널 혹은 하나의 장르를 통해 전달되는
메시지 속에 함께 공동으로 내재되기도 한다. 다시 말해 하나의 메시지
속에 여러 개의 약호가 있다는 것이다.* 또한 시스템의 (전혀 변하지 않
는) 어떤 유형들은 다양한 매체, 다양한 장르를 통해 전달되는 메시지
속에 내재되기도 한다. 다시 말해 여러 '랑가주'에 공통적인 약호가 있
다는 것이다. 이미지를 연구하는 일이 반드시 이미지의 시스템을 찾는
작업은 아니다. 이미지 속에서 이해할 수 있는 의미작용 전체를 고려하
는 전체적이고 통합적인 단 하나의 시스템을 찾는 일은, 게다가 이 시스
템은 이미지 외에 다른 분야에서 결코 나타날 수 없는 것인데, 불가능할
수도 있다. 사실 이미지 속에 존재하는 것이 모두 도상적이지는 않으며,
이미지 외에 다른 분야에서도 도상적인 것은 존재한다.

* * *

이 글이 비교적 한 가지 논점에만 치중했을 수 있다. 이제 마지막으로
지금까지의 이야기들을 간추려 요점을 정리하면서 몇 가지 제안을 해보
고자 한다. 필자가 제시하는 사안들 중 일부는 지지를 얻을 수도 있으나

---

* 바로 이러한 이유 때문에 『랑가주와 영화』에서 필자는 담화의 구체적 단위, 습관상 메시지라
고 부르는 겉으로 드러나는 단위를 텍스트라고 지칭하는 편이 훨씬 논리적이라고 설명한다. 사
실 '메시지'란 용어는 담화의 단위란 본질에 적합하지 않다. 텍스트는 서로 다른 여러 약호의
흔적을 포함하고 있으며, 서로 다른 여러 메시지의 결과로 구성된다. 메시지는 엄밀히 말하면
텍스트의 일부분, 한 측면 혹은 한 차원일 뿐이며 한 가지 약호와 관련이 있을 뿐이다. 반면
하나의 텍스트에는 약호의 숫자만큼 메시지가 있다. 이렇게 정의된 텍스트는 영화 분야에서는
영화 개별 작품 한 편이 될 것이고, 조각 분야에서는 동상 한 작품, 문학에서는 책 한 권 등에
해당한다.

어떤 부분은 비난을 받을 수도 있을 것이다. 하지만 이 자리에서 투표를 통해 좋고 나쁜 것을 결정할 필요는 없을 듯하니 우선 세부 사항을 고려하여 10가지 정도로 제안하려고 한다.

1) 시각 메시지는 유비관계(통용되는 의미의 유사성)에 근거하지 않을 수 있다. 가령 '비非구상'이라고 지칭되는 이미지, 퍼스가 제안한 논리적 도상(더 정확하게 시각적인 것만 고려하기로 한다)을 들 수 있다.

2) 시각적인 유사성은 양적인 변주가 가능하다. 아브라암 몰A. Moles 이 말한 다양한 '도상성의 정도' 개념을 상기해보자. 이는 다양한 수준에서의 '양식화stylisation' '도식화schématisation'의 문제와 같은 맥락이다.

3) 시각적 유사성은 질적인 변주도 가능하다. 문화마다 '닮음'에 관한 기준이 다르다. 심지어 동일 문화권에서도 닮음에 여러 가지 축이 있다. 두 대상이 서로 닮았다고 할 때 언제나 어떤 관계가 있게 마련이다. 따라서 닮음 그 자체도 하나의 시스템 혹은 시스템들이 모인 집합이라고 할 수 있다.

4) 시각 메시지는 전체적인 외형에서 매우 강력한 수준의 도상성을 제시하지만 동시에 어느 정도 체계화된 논리적 관계를 포함하고 있다. (이와 같은 맥락의 논리적 관계는 다른 것들과의 차이를 상쇄한 후에는 가장 충실한 '닮음'에서 점차 '추상적인' 단계까지 변화할 수 있다.) 이때 논리적 관계는 설사 도상 속에서 나타난다고 할지라도 도상적이지 않다. 그중 어떤 경우에는 '자의적'이기도 하다. 따라서 닮음 자체에 시스템이 내재되어 있다.

5) 우리가 일반적으로 '시각적'이라고 지칭하는 메시지 상당수가 실제로는 혼합적인 텍스트이다. 심지어 유성영화, 설명문이 붙은 이미지 등 사용된 표현수단에서도 혼합적이다.

6) 그 자체로는 혼합적이지 않은 시각 메시지도 구조 면에서는 혼합적일 수 있다. (약호적으로 이질적인 메시지와 외형이 혼성적인 메시지를

혼동하지 않도록 경계심을 늦추지 말자. 어떤 경우에는 두 종류의 혼성 경향을 모두 포함하기도 한다.)*

그 어떤 이유에서도 이미지가 완전히 이미지에만 해당되는 특정한 약호를 보유하지는 않는다. 한 가지 약호로만 이미지를 전부 설명하지 못한다. 이미지는 매우 다양한 시스템으로 갖춰지며, 그중 몇몇은 도상적이지만 다른 부분은 비非시각 메시지에서도 분명 나타날 수 있다. 이와 관련해서 도상학의 다양한 연구 주제를 상기해볼 수 있다. (에코가 주목한) 같은 이미지 속 서로 다른 다양한 약호의 중첩이라든가 (프랑카스텔, 바르트, 부르디외 등이 주목한) 이미지의 사회-문화적인 계층 등.

7) '시각적인 것'과 '언어적인 것'을 엄격하게 구분하는 일은 그 교차 지점에 속할 수 있는 모든 경우, 혼합, 결합, 중첩 등을 완전히 배제하기 때문에 단순한 사고라고밖에 볼 수 없다. 대립 구도를 설정하는 일은 지엽적이고 편협한 사고이며 원칙상 모든 의미작용이 온전히 언어적이지도 않고 온전히 시각적이지도 않다는 사실을 간과한 결과이다.

8) 도상 연구가 의미작용, 커뮤니케이션, 정보전달 등과 관련해 이론적 개념을 차용하는 과정을 언어학의 낯선 개념들을 부적절하게 끌어들이는 것과 혼동해서는 안 된다. 이미지의 아성을 수호하고자 하는 사람들은 언어학이 부당하게 이미지 영역을 침범한다고 생각하지만 말이다. 사실 언어학의 몇몇 개념은 (전부는 아니지만) 정의상 다른 분야로 확대 적용할 수 없는 반면, 다른 몇몇 개념은 기호학의 방법론 속에 포함된다. 이 방법론은 언어학적 분석과 도상적 분석을 모두 훌쩍 뛰어넘으며, 의미작용에 관한 연구에서는 피할 수 없다.

9) 이미지에 관한 사유는 대부분 이미지를 생산하지 않고 단어를 생산한다. 이런 상황을 두고 우리는 메타언어라는 고전적 현상을 떠올릴 것이다. 메타언어에 사용되는 언어는 매우 다양한 랑가주를 대상으로

* 이 주제에 관해서는 에밀리오 가로니의 연구를 참조하기 바란다. *Semiotica ed Estetica*, Bari: Laterza, 1968.

삼으며 그중에는 언어학이 아닌 다른 분야도 있다. 또한 매우 급진적인 해석도 접할 수 있는데, 가령 언어보다 글쓰기에 근접하다고 보는 입장이다. 이미지는 우리가 그 안에서 읽을 수 있는 것에 의해서만 존재한다고 보는 것이다. 여하튼 시각 기호학은 본질적으로 시각적인 행위가 아니다. 이미지의 왕국에 갇히기를 거부하는 또 하나의 이유라고 할 수 있다(시각의 순수성에 관한 신화).

10) 이 모든 사유를 통해 내리는 결론, 대다수의 이미지에서 가장 두드러지는 특성인 도상적 유사성이란 개념은 이미지에 관한 사유에서 출발점이 될 수밖에 없다(물론 이 출발점이 반드시 필수불가결하지는 않다. 단지 매우 편리할 뿐이다). 유사성과 관련하지 않고는 이미지에 대해 할 이야기가 아무것도 없다는 착각을 할 수도 있다. 하지만 기호학 연구는 유사성을 넘어섰을 때만 시작할 수 있다. 유사성 너머를 '저편'이라고 본다면 마찬가지로 '이쪽 편'도 생각해봐야 할 것이다. 유사성에 부가적으로 덧붙여지는 약호가 있고 유사성을 가능하게 하는 약호도 있다. 후자의 경우나 전자의 경우 모두 결국 시각 기호학의 연구 작업이 유사성이란 개념을 넘어 진행되어야 함을 의미한다. 유사성의 개념은 기호학의 최초 개화 지점은 될 수 있지만 완전히 꽃 피우기도 전에 말라죽을 자리는 되지 말아야 할 것이다.

제8 장
내포 다시 보기

이 글은 1971년 집필되었고, 이 책에서 처음 소개되었다.

오늘날 내포의 문제는 필자의 초반기 저작에서 논의되었던 방식과 다르게 발전하고 있다. 이 발전 과정은 크게 두 가지 방향으로 정리해볼 수 있다.

첫번째, 내포 개념 자체와 관련된 맥락. 초반기 기호학에서 내포 개념에 부여했던 중요성이 다소 감소했다. 그동안 '약호의 복수성'이란 가정이 기정사실화되면서 발생한 변화이다. 외연과 내포를 구별하는 작업은 두 종류의 약호, 두 종류의 모델에 기반을 두고 텍스트를 파악하는 분석에서 매우 적절하게 작용한다. 내재적으로 이중적인 개념이다. 분석가의 가장 기본적인 작업은 텍스트를 관찰하는 과정에서 가능한 최상의 유연함을 기본으로 기표를 다양한 의미로 이해하는 것인데, 이때 텍스트에서 그 자취를 추적하게 될 약호들은 대부분 두 개보다 늘어날 가능성이 높다. 이러한 맥락에서 필자의 책『랑가주와 영화』에서 더 많은 약호를 공리화하면서 내포의 개념을 다른 개념들과 동등한 차원으로 내리게 된 것이다.

그렇다고 해서 내포 개념이 쓸모없게 된 것은 결코 아니다. 텍스트 내부에서 관찰할 수 있는 약호들이 두 종류 이상이라고 하더라도 이 약호들은 논리적으로 두 그룹으로 구분되어 배치된다. 영화 텍스트의 경우 눈으로 지각하는 '유사성 전에 개입하는 약호'들과(닮았다는 인상을 남기게 되는 이유로 작용한다) 그들의 고유한 의미작용을 포개어놓거나 전제하면서 '유사성 이후에 개입하는 약호'들로 나눠볼 수 있다. '이전의 약호'는 도상성이라는 액면 그대로의 의미를 책임지는 반면, '이후의 약호'는 '상징' '2차적 의미', 숨은 의미 등의 표현을 통해 공통적으로 생각하는 다양한 의미 층위를 책임진다. 이상에서 언급한 두 그룹으로 구분된 약호들의 상호 지위는 옐름슬레우가 제안한 외연과 내포의 대립 항에 대체적으로 일치한다고 하겠다. 특히 옐름슬레우가 내포의 약호들(단수가 아니라 복수임을 주목하자)에 관해 설명한 부분을 참조하면 이런 생각에 일정 정도의 확신을 갖게 된다.

여하튼 약호 각각은 저마다 자신의 역할에 따라 규정되게 마련이고, '내포 약호' '외연 약호'와 같이 보다 구체적인 이름을 부여하게 되면, 우리는 두 그룹으로 구분하는 방법론에 급격하게 회의를 느끼게 된다. 바로 이 부분에 관해 롤랑 바르트가 그의 책 『S/Z』에서 「내포에 반대하며」「그럼에도 내포를 옹호하며」라는 의미 있는 제목을 붙인 두 단원에 걸쳐 설명하고자 했던 것이다.

* * *

두번째, 내포 개념을 이해하는 방식과 관련된 맥락. 첫번째 발전 방향이 개념과 직접적으로 관련되어 있었다면 두번째 방향은 더 수단적인 차원이라고 할 수 있다. 이 주제와 관련해 에밀리오 가로니*의 연구를 참조하면 옐름슬레우가 제안했던 내용들을 더 정확하게 이해하는 데 도움을 얻을 수 있다. 사실 내포 문제를 둘러싼 옐름슬레우의 논의는 다소

---

* *Semiotica ed Estetica*, Bari: Laterza, 1968.

복잡하여 그 해석에서 어려움을 겪곤 하기 때문이다.

이러한 맥락에서 잘못 해석된 내용이 일반화되는 것 같기도 하다. 필자 역시 이 함정에 빠진 적이 있다. 옐름슬레우의 내포 문제를 둘러싼 착오 혹은 오해를 잠시 살펴보자. 일반적으로 사람들은 "내포 약호에서 기표는 외연 약호 전체(기표＋기의)로 형성된다"고 믿는다. 하지만 '～으로 형성된다'라는 표현을 재고할 필요가 있다. 위 문장의 뜻을 "외연 기표와 기의가 합해지면 내포 기표를 형성하는 데 충분하다"라고 이해하고, 그 결과 내포 자체는 특별한 기표 없이도 기능할 수 있다고 본다. 왜냐하면 내포 기표를 대신하는 것은 외연이기 때문이다.

알아보기 쉽도록 촬영된 대상(＝외연 기의) 그리고 이 대상을 촬영한 방식(＝외연 기표)은 내포 기표를 제공하고, 이 기표는 다시 이런저런 영화 스타일, 이런저런 분위기 등과 같은 기의를 지닌다. 이런 종류의 분석에서 사람들은 '촬영 방식'을 내세우면서 마치 해결해야 할 과제를 모두 풀어낸 것처럼 생각한다. 다시 말해 외연 기표로 간주되는 촬영 방식은 내포 기의를 성립하는 데 기여하는 바가 없는 것이 맞다. 그런데 촬영 방식 내부에는 이미 내포 구조가 포함되어 있다. 가령 영화 장르마다 변화하는 조명의 형태와, 이 다양성이 지니는 '상징적' 가치, 조명의 의미 등, 내포 기표 혹은 기표의 일부분이 외연 기표와 일치하는 일이 발생한다는 뜻이다. 역으로 '촬영 방식'을 전면에 앞세워 순수한 외연 상태로만 고려한다면(유사성의 약호에 따라 단지 현실에서 알아볼 수 있는 대상, 그 외에 어떤 가치도 없을 때) 우리는 그 어떤 내포 기의도 파악할 수가 없다. 대상의 정체는 파악될지 모르지만 내포는 부재하고, 따라서 그 대상을 넘어 환기시키는 그 어떤 것도 부재하게 된다.

* * *

이러한 맥락에서 우리는 옐름슬레우 계승 전통에서 결코 이의를 제기한 적이 없는 테제를 수정하고자 한다. 내포가 고유한 기의를 보유하고 있는 것처럼 고유한 기표 역시 보유한다.

혹자는 그렇다면 옐름슬레우가 이미 제기했던 '내포소connotateur'라는 개념을 들어 반박할 수 있다. 하지만 내포소 개념을 전통적으로 해석한 방식 역시 그리 명료하지만은 않다. 만약 내포 기표가 별도의 독립적 상태로 존재하지 않는다면, 왜 '내포소'라고 지칭되는 특정 형태의 단위를 규정하는가?

프랑스어 어미 '-teur'(행위자를 지시함)를 통해 불미스럽게 암시되는 사안에도 불구하고, 널리 통용되는 인상에도 불구하고, 내포소는 내포 기표가 아니라 내포 기의이다. 즉 내포하는 것이 아니라 내포된 것을 말한다. 내포소란 용어는 『랑가주 이론 서설Prolégomènes à une théorie du langage』*에 처음 등장했는데, 기의와 기표 간의 구별을 명확하게 하지 않은 상태에서 사용되어 차후 발생한 혼동의 원인을 제공했다고 볼 수 있다. 당시 설명된 바를 보고 사람들은 내포소가 내포의 특정 개체, 특히 내포하는 것과 내포된 것을 동시에 포함하는 양가적인 개체라고 이해하게 되었다. 하지만 그다음 이어지는 문단에서 옐름슬레우는 "내포소 전체를 내용으로, 그 표현은 외연 랑가주로 간주하는 편이 맞다. 바로 이 내용과 표현에 의해 형성된 모든 것과 랑가주란 이름, **내포 랑가주**란 이름으로 정의하는 편이 맞다"라고 설명한다. 이 주장은 같은 페이지에서 좀더 분명하게 보완된다.

* * *

용어보다 더 중요하게 생각해봐야 할 부분은 옐름슬레우가 기표와 기

---

* 앞으로 인용될 옐름슬레우의 주장은 1968년에 발행된 프랑스 번역본(Éditions de Minuit)을 기준으로 제22장, pp. 156~60에서 찾을 수 있다.

의를 지닌 외연 약호 혼자서 내포 기표를 구성하고, 이때 이 기표는 내포소와 일치한다고 보는 인상을 주는 점이다. 그렇게 되면 옐름슬레우 자신이 논리적이지 못한 주장을 펼치고 있는 셈이기 때문이다. 앞서 인용한 문장에서 옐름슬레우는 외연 랑가주가 '표현'이라 하고 그 내용은 내포소라고 했다. 그는 또 "내포 랑가주는 랑그가 아니다. 내포 표현 영역은 외연 랑가주의 내용과 표현의 차원으로 구성된다"라고 주장한다.

사실 옐름슬레우의 주장은 지금까지 그 맥락을 상세하게 살펴보면서 연구된 적이 없었다. 이제 이 문장들을 둘러싼 앞뒤 페이지를 참고하여 조금 더 생각해보자. 내포소는 '기호'와는 구별된다. 기호란 항상 외연 약호의 (한 가지 측면이 아니라) 두 가지 측면에 관련된다. 다시 말해 내포가 형성되기 위해서는 외연의 기표와 기의가 모두 필요하다. 이어서 옐름슬레우는 내포의 사례로 국가의 상징으로 사용되는 언어와 지방의 상징으로 사용되는 방언을 든다. "우리가 프랑스 언어라고 부르는 언어학적인 사용과 구도는 '프랑스의français'라는 내포소의 **표현**이다." 이 문장은 해석이 까다롭기도 하지만 해결의 실마리이기도 하다. 옐름슬레우가 찾은 예시는 특정 장르의 내포에 해당되는데 외연 약호 전체가 기표의 역할을 대신하는 경우와는 다른 것이다. 프랑스가 환기시키는 것, 프랑스적인 것은 프랑스어의 이러저러한 구체적 특성이 아니다. 그랬더라면 내포 기표가 별도로 존재할 것이다. 반대로 프랑스어 전체, 프랑스어가 사용된다는 사실을 지적한다. 이와 같은 범주에서는 외연 약호 혼자서 내포 기표를 구성한다고 보는 편이 맞다. 요컨대 옐름슬레우가 내포와 외연관계를 두고 생각한 것은 한 나라의 언어 전체의 사례와 같은 부분이었다. 혹은 '독창적 문체' '평범한 문체' '수려한 문체' '천박한 문체' '공통 언어' '사회나 직업에 따라 다양한 계층에서 사용되는 언어' 등과 같이 오늘날 '언어의 층위 분화niveaux de langue'(담화 전체에 영향을 준다)라고 정의하는 범주에 해당한다. 이런 현상들에서는 외연 약호 혹은 하위 약호들이 그 자체로 함의, 즉 옐름슬레우의 용어를 따르자면 내포 기표를 지니게 된다.

반면 옐름슬레우는 다른 맥락에서는 더 일반화시킬 수 있는 개념을 암시한다. 언어의 계층 분화에도 역시 적용할 수 있는 개념이기도 한데, 특정 단어, 특정 어투 등 약호 내부에서 발견되는 변이체(變異體, variant)와 관련해서이다. 이 경우 더 이상 약호 전체 혹은 하위-약호 전체에 해당하지 않는다. 이러한 맥락에서 외연 약호 분석에서 "기호들은 서로 다른 내포소와 결합되기 때문에 다르게 구분되고, 따라서 다양소variétés로서 나타난다"고 옐름슬레우는 설명한다. 결합 변이체는 모두 외연 약호에 포함되고 이 차원에서 보면 결국 동일한 것이다. 왜냐하면 이 기호들은 내포에 의해서만 구분될 수 있기 때문이다. 결합 변이체는 서로 다른 내포의 여러 기의와 밀접한 관계를 맺으면서 자유 변이체가 아니라 '다양소'로서 나타난다. 내포의 기표는 이 경우 외연 약호로 구성되지 않는다. 단지 외연 약호의 일정 부분 정확하게 규정지을 수 있는 부분으로만 구성된다(기호의 다양한 형태와 같은 사례).

이와 같은 주장을 뒷받침하는 옐름슬레우의 설명을 인용해보자. "분명 서로 밀접한 관계를 맺고 있는 몇몇 기호 층위와 내포소들도 있다. 이 결속력 혹은 상관성을 **기호학적 기능**이라고 본다. 기호 층위는 내용에 속하는 것으로 간주되는 내포소의 표현이기 때문이다." 다시 말해 옐름슬레우는 기표와 기의의 관계를 의미하는 '기호학적 기능'이 외연 기호(자체로 기표와 기의를 지닌다)와 내포소 사이에 존재한다고 보았다. 내포 약호 내부에서 '기호들'은 기표의 역할을 하며 내포소들은 그에 상응하는 기의가 된다. 하지만 이는 단지 외연 약호의 몇몇 기호에 해당할 뿐 전체 약호에 관한 주장은 아니다.

* * *

옐름슬레우의 진정한 의도가 무엇이든 간에 우리는 그의 저서를 통해 암시된 두번째 의견을 수용하고자 한다(일반적으로 사람들은 첫번째 의견을 채택한다). 첫번째 의견은 외연 약호 중 일부는 내포 가치를 지닌 채 사용된다는 주장인데, 필자는 이 입장이 담화 전체에 일반적인 '거대 내포'가 세분화되지 않은 방식으로 작용한다는 관찰을 제외하고는 어떻게 구체적인 내포가 외연 담화에서 작용하는지 이해할 수 있도록 전혀 도움을 주지 않는다고 보기 때문이다.

우리가 고려해야 할 점은 내포 약호가 (이후 고유 기표가 될) 분절체들 혹은 분절체의 결합들을 선택하기 위해 외연 텍스트를 새롭게 분절한다는 사실이다. 이 과정에서 내포를 '2차' 약호로 보고 외연이라는 1차 약호에 근거해 발생한다고 보는 것이다.

따라서 내포가 외연의 형식 이외에 아무것도 아니란 생각은 잘못된 판단이다. 내포는 외연의 형식 위에 자신만의 고유 형식을 추가적으로 덧붙일 때에만 성립된다. 내포 기표는 이론적으로 만들어낸 자율적인 실재를 가질 뿐만 아니라 바로 이 질료 차원에서 외연 영역과 뒤섞이게 된다(질료적으로 일치). 외연 영역은 그 자체에 한 가지 혹은 여러 개의 약호를 내재하고 있고 내포와의 관계에 따라 새로운 재편에 필요한 기본적인 받침대로 작용한다.

* * *

옐름슬레우는 양면 심급인 외연 약호와 단면 심급인 내포 기표 간의 밀접한 (동시에 불균형적인) 결합에 대해 주목했다. 이는 옐름슬레우의 개념들이 발전되는 과정에서 단순한 발상으로 여겨졌으나 오늘날에는 기호학의 보편적인 개념이 되어버렸다. '분리된' 약호로서의 내포, 즉 기표만 있는 내포가 기표와 기의를 지닌 온전한 외연 위에 겹쳐진다. 내포의 기의는 옆으로 빠져나와 이 결합을 지나친다(바로 이 때문에 기의가 별도로 떼어내기 가능하다는 인상이 만들어지는 것이다). 외연과 내포가 서로 겹쳐지는 범위와 관련해서는 내포 기표는 곧 외연 약호 일체라는 생각을 은밀하게 암시하고 있다. 이 역시 일종의 착각이나 오해가 아닐 수 없다.

일방적이고 선별적인 겹치기 형식은 다른 방식으로 이해되어야만 할 것이다. 옐름슬레우도 이미 설명한바(명확하지 않은 점은 안타깝지만), 외연 약호 전체는 내포 차원으로 이행되면 기표로서만 기능한다. 외연이 내포라는 2차 약호에 제공하는 것은 바로 기표의 1차적 토대이지 기의와 관련된 것이 아니다. 물론 그럼에도 불구하고 기표와 기의는 언제나 밀접하게 관련되어 있기 때문에 기의 역시 감지되게 마련이다. 하지만 이 부분은 간접적인 결과이다. 외연과 내포 사이의 직접적인 유일한 끈은 내포 기표 측면에 연결된다.

프랑스어로 쓴 시를 사례로 생각해보자. 고유하게 시적인 내포가 프랑스어(=외연 약호)를 다듬고 더 세련되게 만드는 것은 기의가 아니라 기표를 통해서이다. 글쓰기가 언어를 갈고닦는다면 이는 그 기표를 통해서이다. 시를 읽고 우리가 언어 속에 담겨 있다고 생각하는 것은 바로 시의 기표 속에 있다. 시의 기의는 언어를 다듬은 변형을 통해서만 만들어진다. 이는 언어학적인 부분이 아니다.

영화도 시와 크게 다르지 않다. 내포 약호는 외연에서 그 기표를 통해서만 (즉 유사성이란 약호에 근거한 이미지와 소리 속에서) 직접적으로 감지된다. 영화적 문체는 우선 이미지와 소리라는 질료를 통해서 구체적으로 드러나는 기표 전체에 해당하고, 이 스타일에 상응하는 기의는 영화 텍스트에서는 직접적으로 모습을 드러내지 않는다. 단지 기표를 근거로 파악될 수 있을 뿐이다.

여하튼 옐름슬레우의 주장을 재조명해보려는 필자의 해석이 옳다고 한다면, 그의 의견이 일반적으로 알려진 것보다 훨씬 현대적인 사고였음에 동의하게 될 것이다.

* * *

이제 새로운 관점에서 영화적 문체를 생각해보자. '문체'는 여러 개가 존재하고 내포의 숫자만큼 늘어날 수 있다. 사실 영화적 문체는 양면 심급인 내포로 정의될 수 있다. 이때 양면 심급 내포는 (환기 능력, 다양한 반향, 이데올로기 추론 등과 같은) 고유한 기의와 함께 (영화에 맞춰 특별히 선택한 필름, 초점, 카메라 앵글, 편집, 카메라 워크 등과 같은) 고유 기표도 보유하고 있다.

재현의 영화, 디제시스 영화에서 내포 기표는 유비관계에 근거한 형상(=외연)의 작용 법칙을 넘어 성립된다. 사실 내포 이론은 지금까지 발전된 바로는 구상 텍스트에만 적합하다. 원칙상 외연이라고 지칭하는 1차원을 전제하기 때문이며, 이와 같은 차원은 모든 글쓰기 행위에서 선행되는 부분이다.

그렇다면 지시적인 도상 약호들의 기표와 기의는 도대체 무엇인가? 이 약호들의 특정한 행위, 아니 정의 자체와 일치하는 부분은 닮음을 생산하는 것이고, 그리하여 우리가 현실의 대상을 알아볼 수 있는 것이다. 이 약호들에서 기의 역시 인식되는 대상이고, 기표는 이 대상을 알아볼 수 있도록 근거가 되는 귀로 혹은 눈으로 지각할 수 있는 질료 집합이다 (영화에서 이미지트랙은 빛과 그림자의 흔적, 그래픽 윤곽, 일정 속도로 연이어 지나가는 포토그램들, 그들을 분리시키는 일정 시간 동안의 검은색 띠 등이다).

이와 같이 정의된 기표와 기의라는 양면을 가진 외연 영역은 내포 기표가 될 것이다. 내포는 결코 단독으로 존재하지 못한다. 내포는 언제나 무엇인가의 내포이다. 가령 영화의 한 시퀀스가 '슬픈 분위기로 가득 차 있다'라고 할 때, 슬픔은 독립적이고 자율적인 형태로 드러날 수 없다. 이 경우 단어 슬픔이 지칭하는 것처럼 지시된 슬픔이다. 이때 시퀀스의 디제시스를 형성하고 있는 지시적인 여러 사물과 분리될 수 없는 내포적인 슬픔, 일상적 표현을 따르자면 슬픈 '분위기'에 관해서 말할 수 있게 된다. 내포 기표를 구체적으로 어떻게 연출할 것인가의 문제, 다시 말해 이 슬픈 분위기를 조성하기 위해 어떤 조명을 쓸 것인가, 조리개를 어떻게 조정할 것인가, 앵글은 어떻게 잡을 것인가 등의 문제는 정확히 촬영 단계에 개입된다. 모든 외연-내포 시스템은 지속적으로 동시에 두 방향으로 진행되는데, 사물을 직접적으로 지시하고 규정하는 것과 동시에 간접적으로 이 사물들을 해석한다.

* * *

내포 기표는 표현된 혹은 지시된 대상을 보고 알아보는 외연의 기의를 부여한다. 이와 병행하여 외연 기표 역시 불러 모은다. 즉 같은 과정의 두 가지 측면이라고 할 수 있다. 이 과정에 의해 내포는 그 기표를 얻게 되고 외연작용 전체에 근거하여 유기적으로 구성된다.

촬영이라는 행위는 이미 유사성 약호를 따라 이루어졌다. 사물을 '재생산하기' 위해서는 촬영을 해야만 하니 말이다. 사물이 보이는 대로 혹은 정의된 대로 정체성을 지니게끔 촬영하는 여러 가지 방식이 있을 수 있다. 이 부분은 옐름슬레우가 언급한 다양소에 상응하겠다. 외연이 아닌 내포와 관여되는 변이소variation들이다. 방금 전에 슬픔을 내포하고 있던 사물은 다른 맥락에서는 부조리를 내포할 수도 있을 것이지만 외연적인 차원에서는 동일하다. 다시 말해 지시적으로 보기에 같은 사물일지라도 내포 기표 형식에서 다른 앵글이나 다른 각도 다른 조명에서 촬영되었다면 내포하는 바는 변할 수 있다는 뜻이다. 서로 다른 촬영 방식은 슬픔을 내포하는 기표나 부조리를 내포하는 기표나 둘 모두 내포 기표이고 동시에 외연 기표이기도 하다. 왜냐하면 이 기표들을 보고 그 표현하는 사물을 즉시 알아볼 수 있기 때문이다. 제대로 유사성을 재현하는 일이 이 기표들의 고유한 임무라고 할 수 있다. 내포 기표와 외연 기표는 서로 밀접하게 포개어져 있으나 결코 서로 혼동되는 일은 없다.

언어학에서도 이상의 관찰을 적용해볼 수 있는데, 예를 들어 언어학의 내포 담론에서 자주 인용되는 사례를 살펴보자. 프랑스어 두 단어 crin-crin(깽깽이) 그리고 violon(바이올린)이다. 이 두 단어는 모두 문화적으로 분류된 한 장르, 음악 악기를 지시하는 음성 분절체들(=기표들)로서 같은 대상인 바이올린이라는 외연 기의를 공유한다. 하지만 동일한 기의를 공유하지는 않는다. 깽깽이는 바이올린이란 기표에는 없는 속어적 특성, 그 가치를 낮추는 경멸적 어조가 포함되어 있다. 즉 내포에서 두 가지 다른 기표가 존재하는 것이고, 이들은 서로 치환될 수 있으며 뜻이 확실히 구분된다. 반면 외연 차원에서 보면 한 가지 기표의 두 가지 자유 변이체로서 서로 치환되는 것이 아니라 대체될 수 있을 뿐이다(치환은 음성 단위가 바뀌면서 의미에 변화를 일으키는 것이고, 대체는 이와 반대 경우라는 것을 상기하도록 하자). 바이올린과 깽깽이는 모두 구체적인 사물을 지시하고 있으므로 외연 약호에 속한다. 반면 외연 약호의 특성에 해당하지 않는 부분은 이 두 기표 사이의 차이이다(결국 이 두 기표는 동일한 대상을 지시하고 있다). 외연 기표에 포함되면서, 즉 음성 분절체이면서 동시에 내포 기표로 작용하는 부분이 있다는 뜻이다. 둘 중 한 가지는 음악 악기의 초라한 면모를 내포하고, 다른 한 가지는 그저 평범함을 내포한다. 사실 바이올린이라는 단어는 제로의 내포라고도 하겠으나 이 역시 내포 단위이다. 이러한 맥락에서 외연 기표와 내포 기표는 질료적으로 일치한다. 하지만 엄격하게 형식적으로 일치하지는 않는다. 왜냐하면 변별적인 두 단위가 서로 다른 구도에서 마주하게 되기 때문이다. (바이올린은 아니고 깽깽이만 중립적인 가치를 훼손한다는) 이중성 혹은 분배는 동일한 질료를 근거로 하는 외연 약호에 내포 약호를 겹쳐 특정한 방식으로 재편하는 과정에서 가능하다. 이와 같은 해석은 이미지에, 즉 두 가지 '촬영 방식'이 동일한 대상(대상들의 동일한 묶음, 즉 디제시스의 같은 단면)을 지시하고 있지만 다르게 내포하는 경우에 얼마든지 적용할 수 있다.

* * *

사실 외연을 구성하는 여러 다양한 방식 중에서 무엇을 선택하는가의 문제가 곧 내포라고 말할 수 있을 것이다. 하지만 이렇게 설명하고 그친다면 내포 과정에 관한 상세한 조건은 전혀 제시하지 않는 셈이다. (외연에 해당하는) 다양한 촬영 방식은 다른 문화 약호 내부에서는 특정한 내포 가치를 지니고 있어야 한다. 그렇지 않다면 다양한 촬영 방식은 지시하는 대상 이외에는 그 어떤 것도 의미할 수가 없다. 한 가지 촬영 방식은 항상 내포 기표와 외연 기표가 (약호 차원에서가 아니라 질료 차원에서) 서로 겹쳐지는 장소이다. 대상을 촬영하는 상당히 많은 방식이 있을 수 있기에 외연 차원이 개입하고, 작가의 특정 방식이 있기에 내포 차원이 개입한다.

기호학에서 통용되는 것처럼, 내포 기표는 외연의 기표와 기의가 기계적으로 결합된 총합으로서 간주되는데 내포 기표의 재현 방식은 별도로 생각할 필요가 있다. 즉 특정한 사회·문화적 형태로 간주하면서 내포 기표의 재현 방식 전부가 외연 차원으로 모두 환원될 수는 없다고 보아야 한다. 내포 기표는 언제나 고유한 특성을 지니고 있으며, 다른 약호의 기표·기의 과정에서 파생되는 결과로서 작용하게 마련이다.

이제 내포 현상에 관한 주의 깊은 관찰을 통해 얻은 세 가지 근본적인 특성을 열거하면서 정리하기로 하자. 첫째, 내포 현상은 1차 약호의 온전한 작용에 근거하여 그 상위 수준에서 개입한다. 둘째, 이 과정에서 1차 약호의 기표들이 중요하게 작용한다. 셋째, 이 기표는 처음 1차 약호 외연 과정에서 기능한 것과는 다르게 작용한다.

제 9 장

특수 기법과 영화

이 글은 1971년 집필되었고. 이 책에서 처음 소개되었다.

1. 이미지트랙 개념

유성영화의 시각적인 부분 혹은 무성영화 전체는 우리가 '이미지트랙 bande-images'이라고 지칭하는 것에 해당한다. 이미지트랙이란 명칭에도 불구하고 이미지트랙은 단지 이미지만으로 구성되지는 않는다. 거기에는 다른 성질의 두 요소도 포함되는데, 한편으로는 영화 제목, 제작사와 감독 이름, '끝'과 같은 단어, 무성영화의 중간 자막, 외국어로 번역된 경우의 자막, '20년 뒤'와 같이 작품 여기저기 삽입된 자막 등이 있고, 다른 한편으로는 이 글의 연구 대상인 다양한 광학 효과가 있다. 이 효과들은 적절한 조작 과정을 통해 얻어진 결과물인데 일반적으로 사진이 아닌 시각 질료들로 구성된다. '와이프' '페이드'는 이미지, 즉 어떤 사물의 재현은 아니지만 눈에 보이는 시각적인 것이다. '아웃 포커스' '빨리 감기' 등은 그 자체로 사진은 아니지만, 사진에 적절한 수정을 가해 얻어진 결과물이다. 에티엔 수리오의 표현을 따르자면[140] '장면 전환의 가시적 질료'는 언제나 디제시스 외부에 속한다. 영화 이미지가 현실의 사물을 지시 대상으로 한다면, 광학 효과는 이미지 자체 혹은 이미지 연쇄에서 인접해 있는 이미지를 지시 대상으로 삼는다.

마르크스적인 입장에서 영화 이론을 설명했던 벨라 발라즈[141]는 이러한 광학 기법들이 이야기 속에 시네아스트가 직접적으로 개입한다는 사실을 알려주는 지표라고 했다. 반면 사진의 경우에는 (영화에서처럼 움직임이 살아 있다고 하더라도) 작가의 관점이 스토리를 이야기하는 행위를 통해서만 전달된다. 요컨대 이야기가 전개되는 방식은 제시되고 있는 사건들에 관한 작가의 입장을 드러내거나 감추거나 혹은 포장한다. 포장 효과가 바로 데쿠파주, 몽타주, 카메라 움직임 등을 모두 포함한 '미장센'의 개념 속에 담겨져 있으며, 영화 텍스트의 명백한 내용과 관념(=이데올로기) 사이에 맺을 수 있는 관계를 생각해볼 수 있다. 반면 페이드인·아웃은 이러한 관계를 변화시킨다. 즉 시네아스트 혹은 카메라가 자신의 고유한 이름으로 말하는 것 같다. 벨라 발라즈가 정리한 대로[142] 하면, '절대적인 영화 효과' '카메라의 표현적 기술' 등을 들 수 있다.

하지만 광학 효과 모두가 촬영장에서 얻어지지 않는다는 사실을 잊어서는 안 된다. 몇몇 광학 효과는 작업실에서 만들어진다. 어떤 것들은 '카메라 조작'을 통해서 얻어지고, 다른 것들은 '이미지트랙을 조작'해서 얻어진다.* 바로 이 구분이 '특수 기법' 내에서 가능한 첫번째 분류이다.

2. 특수 기법과 통사적 기호들

이제 다른 분류에 대해서도 생각해보자. '구두점 기호'가 핵심이 되는 '통사적 표시'를 위한 조작과 '특수 기법'으로의 구분이 가능하다. 특수

---

* 코몰리는 모든 영화 기술이 카메라와만 연결된다고 축소해서는 안 된다고 설명한다. "Technique et idéologie", *Cahiers du cinéma*, n° 229, 1971, pp. 7~8.

기법에는 이미지 전환, 패스트 모션, 슬로모션, 한 배우의 두 가지 모습을 이미지 하나 속에 담기 위해 화면을 분할하는 방식 등이 해당한다.

방금 제시한 범주에서의 '특수 기법'과 영화 스튜디오 기술자들이 말하는 '특수 효과'를 같은 것으로 혼동하지는 말자. 영화 전문 종사자들에게 모든 특수 효과는 평범한 촬영 작업에 반드시 추가적으로 특정 기술을 더해서 얻어지는 효과를 의미한다. 특수 효과 작업을 전문적으로 하는 사람들이 있고, 때로는 영화 마지막 자막에 그 이름을 올리기도 한다. 하지만 기호학자들이라면 특수 기법의 항목을 분명 다르게 정의할 것이고 매우 혼합적인 집합을 형성하는 형식들을 모아 한 범주로 묶게 된다. 장 루이 코몰리가 지적했듯이[143] 특수 기법과 관련된 (직업적인 특성을 지닌) 기술자들의 개념이 이론적인 개념으로 자연스럽게 연결되지는 않는다. 경우에 따라 상세하게 검토해야 할 필요가 있다.

3. 문법 특성소 그리고 지수

세번째 분류는 광학 효과 범주 내부를 세분화하는 작업과 연관된다. 영화 이미지 연쇄의 요소들 사이에서 분포상의 기준을 적용해 **기표의 위치**를 비교해본다면 페이드인·아웃은 나머지 모든 기법과 구별된다. 페이드인·아웃은 유일하게 이미지트랙에서 다소 긴 분절체를 차지한다. 페이드로 닫히는 이미지가 다시 페이드로 열리는 경우 잠시 동안 검은색 직사각형 화면이 시각적으로 볼 수 있는 전부일 때가 있다. 여기에서 광학 효과는 옐름슬레우의 개념을 적용해 영화적인 **문법 특성소**taxème*라

---

* (옮긴이) 줄리아 크리스테바, 『언어, 그 미지의 것』, 김인환 옮김, 민음사, 1997, p. 300. "형태소는 마지막까지 분석될 수 없는 '최후의 구성 요소'로 단순한 형태를 지닌다. 형태 의미소는 형태소의 기의이다. 음소에 의해 형성된 어휘 형태들과 문법 특성소에 의해 만들어진 문법 형태들은 '언어 표지의 의미 자질들'을 구성하며 평행관계에 있는 두 계열을 제공한다. 음소들 자체는 다른 자질들이 동반하는 변별적 자질들로 구성되어 있고 '언어 형태들의 구조적 구성' 안에서 특정한 역할을 담당한다."

고 할 수 있다. 이미지 연쇄에서 더 이상 분해할 수 없는 분절체로서 검은색 화면만이 한순간 스크린을 독점한다.

한마디로 모든 특수 기법들을 정의하는 것은 **사진성과의 차이**이다. 페이드인·아웃의 경우 잠시 동안 어떤 사진도 볼 수 없다는 특성이 바로 이 차이에 해당한다. 반면 다른 기법들은 전혀 상황이 다르다. 이중 인화나 디졸브는 사진적인 특성의 두 이미지가 서로 포개진다. 이 포개짐 자체는 사진으로 얻을 수 없는 것이다. 바로 이 포개짐이 사진성과의 차이에 해당한다. 하지만 그 어떤 순간에도 관객은 광학 효과만을 지각할 수는 없다. 일종의 기호학적인 지수exposant*라고 할 수 있는 특수 효과의 영향을 받은 이미지들을 볼 것이다. 여기에서 기법은 문법 특성소 혼자가 아니라 하나 혹은 여러 문법 특성소의 지수이고, 초분절음소suprasegmental**에 해당한다. 이중 인화나 디졸브의 포개짐 기법은 같은 순간에 공존하는 이미지들과 관계를 맺지만, 페이드인·아웃은 즉각적으로 전에 있었던 혹은 앞으로 있을 이미지들과 연관된다.

문법 특성소적인 기법인 페이드인·아웃에 비해 지수적 특성을 지닌 기법은 훨씬 다양하다. 아이리스, 와이프, 특수 렌즈, 아웃 포커스, 이

	어휘	문법
기의가 없는 최소 단위	음성 음소phonème	문법 특성소taxème
기의를 지닌 최소 단위	형태소morphème	문법소tagmème
이 단위들의 기의	형태 의미소sémème	의미 형태épisémème
기의를 지닌 단위	어휘 형태	문법 형태

* (옮긴이) 어떤 수나 문자의 오른쪽 어깨 위에 붙여 그 수나 문자의 거듭제곱을 나타내는 숫자나 문자를 말한다. 같은 수 'a를 n번 거듭 곱'한 것을 a^n으로 나타내고, 'a의 거듭제곱 혹은 n 승'이라고 하는데, 이때 n을 지수라고 한다. 메츠가 이 문단에서 지수라는 표현을 사용하는 것은 아마도 각각의 포토그램이 내는 고유한 효과와 차별화된 측면에서 이미지와 이미지가 만나면서 발생하는 제곱의 효과 혹은 3승의 효과, 그 이상의 효과를 의미하기 위한 것이라고 생각된다.

** (옮긴이) 분절음에 해당하는 모음과 자음이 모여 음절을 구성하는데, 음절은 다시 여러 개가 모여 하나의 언표를 구성한다. 이런 분절음의 상위에 놓이는 초분절음소라고 알려진 자질이 있다. 강세와 높이, 길이의 변화 등을 들 수 있다.

미지의 좌우 역전, 패스트 모션, 슬로모션, 고정 이미지 삽입, 디졸브, 이중 인화, 과다 노출, 화면이 분할되어 여러 이미지가 병치되는 동시 편집 등 한 개 혹은 여러 개의 사진에 영향을 미치는 기법들은 모두 해당된다.

하지만 이 기법들 중에서도 유사 문법 특성소에 해당하는 변이체들이 있다. 가령 동그란 모양으로 열리고 닫히는 아이리스 기법을 들 수 있다. 끝나는 순간까지 보이는 이미지의 일부분, 계속해서 보고 있는 이미지 위로 검은색 빛이 서서히 닫히는 기법은 지수적 특성을 지니고 있다. 반면 이때 시선을 주목시키는 힘이 있는 검은색을 고려하면 아이리스 기법은 페이드인·아웃과 유사하다는 생각을 하게 된다. 게다가 아이리스 기법은 영화 역사에서 점진적으로 그 자리를 페이드인·아웃에게 내주었다고 해도 과언이 아니다. 전부는 아니더라도 어느 정도까지는 아이리스 기법이 영화의 해당 분절체를 차지한다(적어도 이미지트랙에서만큼은 말이다. 이 글은 청각 요소를 배제하고 이미지 요소에만 집중하기로 결정했기 때문에 이 문제는 심각하게 고려하지 않기로 한다).

와이프 기법도 아이리스 기법과 마찬가지로 설명할 수 있다. 와이프 기법이란 두 개의 이미지 중 하나가 다른 하나를 스크린 밖으로 밀어내듯 나타나는 기법이다(이 기법의 효과는 두 이미지를 곱한 지수적 특성으로 나타난다). 흥미롭게 벌어지는 이미지 밀어내기 효과는 기법이 마무리되는 순간까지 볼 만한 광경 자체가 되기도 한다. 와이프의 다양한 형태 중 제법 넓은 흰색 긴 조각을 사용하여 화면을 닦으면서 밀어내는 예를 생각해보자. 토니 리처드슨의 영화 「톰 존스의 화려한 모험」(영국, 1963)에 보면 화면 전환 기법 자체를 하나의 자율 분절체로 삼은 경우가 있다. 디제시스 외부 질료를 삽입함으로 인해서 지각 과정에서 상당한 충격을 받게 된다. 흰색 띠가 화면의 직사각형 모양과 수직적으로 평행을 이루다가 갑자기 중앙 지점에서부터 화면에 원을 그리며 밀어낼 때더 자유분방하고 몽환적인 인상을 남기게 되는 것이다. (「톰 존스의 화려한 모험」에서는 이 기법이 내용상의 확실한 구분을 위해 도입된 것이며, 18세기 소설 중 일부 글쓰기 형태에 해당하는 일종의 영화적 방식이라고 할 수 있다.) 반면 구로사와 아키라의 「7인의 사무라이」(일본, 1954)나 다른 영화들에서 보면 다른 형태의 와이프 기법을 접하게 된다. 그림자의 물결이 측면으로 지나가면서 사라지는(나가는) 이미지와 나타나는(들어오는) 이미지를 구분한다. 이런 경우 두 이미지가 지수적 특성의 기법으로 연결되기 때문에 페이드인·아웃의 특성과는 구별된다.

광학 효과에서 문법 특성소적인 특성이 매우 드문 이유는 영화는 그 본질상 이미지를 다루는 장르이며, 이미지 이외에 다른 것을 보여주는 일이 거의 없기 때문이다. 필자는 고전영화에서 특수 기법의 최적의 기능이라고 평가되던 것이 사실은 투명성의 믿음을 흔들리게 함으로써 디제시스와 동시에 언표 상황 역시 연관되는 일이었음을 설명하고자 한다. 문법 특성소 기법은 디제시스 외부에 속하는 것, 그리하여 담화 행위 옆에 존재하는 것으로 인식되었다. 페이드인·아웃은 이야기 내부에서 절대적으로 명확하게 요구되는 구분의 기능을 수행했다. 바로 이 점이 페이드인·아웃의 특수성에 만족했던 이유이기도 하다. 가끔 시네아스트는 시퀀스와 다음 시퀀스를 매우 또렷하게 구분하기를 원한다. 이 경우 통상적으로 페이드인·아웃이 사용되나, 이 기법의 지위를 보면 오히려 예외적이라고 할 수 있다. 즉 페이드인·아웃의 지위는 이미지를 바탕으로 하지 않는 그저 검은색 혹은 단색의 배경만을 가진 도입부 혹은 후반부 자막이라든지 제목 혹은 '끝'이라는 단어에 견줄 만하다는 것이다. 이미지트랙에서 어떤 이미지도 볼 수 없는 순간에만 해당한다. 심지어 자막의 경우는 글자라도 볼 수 있지만 페이드인·아웃은 정말 아무것도 없다. 검은색 화면은 영화에서 보통 검은색 화면으로 지각되지 않는다. 오히려 빈 순간으로 간주된다. 페이드인·아웃의 힘은 바로 이 비어 있음에 있다. 일반적인 영화의 세계가 빽빽하게 가득 차 있다면 화면의 특별한 비어 있음은 그 색다름으로 인해 이 기법 전과 후의 강력한 차단을 이끌어낸다. 어쩌면 페이드인·아웃이야말로 영화가 오늘날까지 만들어 낸 다양한 구두점 중 유일하게 진정한 '구두점'이라고 할 수 있다. 불규칙적이기 때문에 더 효과적이었고, 효과적이었기 때문에 결국 익숙한 것이 되어버렸다. 시스템 속에서는 찾아보기 힘든 특성이지만 텍스트에서는 가능한 자주 볼 수 있는 경우이다.

4. 전前영화적인 특수 기법과 영화적인 특수 기법

이번에는 통사 기호들을 제외하고 특수 기법에만 관련된 분류를 살펴보자. 사람들은 '특수 기법'이란 한 단어로 영화 제작 과정에서 같은 단계에 개입할 수 없는 두 종류의 작업을 모두 지칭하는 경향이 있다. 첫 번째 경우는 좀더 정확히 하면 영화학의 용어로 전前영화적인profilmique (카메라 앞에 놓는 모든 것, 혹은 카메라가 사진 찍도록 두는 모든 것을 지칭) **특수 기법**을 말한다. 다시 말해 카메라로 촬영하기에 앞서 사물이나 사람 혹은 행위에 미리 작은 속임수를 쓰는 것이다. 촬영 전에 미리 손써놓는 것이다. 가령 특수 분장. 마법사의 속임수라고나 할까? 이때 영화의 특정 약호는 그리 중요하지 않다. 물론 기술자들에게는 다른 특수 효과와 마찬가지로 전문적인 지식이 요구된다. 가장 쉬운 사례로 '대역'의 경우를 들 수 있다. 너무 위험한 장면이거나 특정 무술, 특정 연기를 요구할 때 원래 배우를 대신할 대역을 쓰기도 한다. 감독은 배우와 닮은 사람을 선택하고, 더 유사함을 강조하기 위해 분장과 의상에 신경을 쓰고, 촬영 감독은 일정 거리에서 카메라 앵글에 주의를 기울이며 대역을 마치 원래 배우처럼 보이게 촬영하도록 노력한다.

조르주 멜리에스의 '트릭' 대부분은 영화적이지 않고 전前영화적이다. 멜리에스는 이 둘을 구별하지 않았다(그의 직업이 마법사였음은 익히 알려진 사실이다). 멜리에스는 본인 극장의 기계설비가 불충분한 탓에 제대로 실현할 수 없는 환상 세계의 일시적 대용물로 영화적 트릭을 생각했다.[144] 1896년 멜리에스가 「부인의 증발」에서 사용한 '사라지게 하는 마술'은 (실제로는 부인이 화면에서 사라지는 동안 볼 수 없게 하는 단순한 방법이었다) 진정으로 그가 생각했던 해결책은 아니었다. 그가 사용한 임시방편은 연극 무대에서 바닥에 배우가 드나들 수 있도록 뚫어놓은 구멍을 대신하는 (당시에는 널리 사용되지 않았던) 기법일 뿐이었다. 1900년부터 멜리에스의 영화적 발명은 점점 줄어들고 멈추기 일보 직전까지 되었다. 왜냐하면 멜리에스의 새로운 스튜디오에 연극 장치들이 완벽하게 갖춰지기 시작했기 때문이다. 장 콕토는 본인의 영화 여러 편에서, 특히 「오르페우스」(1950)에서 영화적 기법보다 더 오래된 속임수를 선호한다고 밝힌 바 있다.[145] 가령 거울에 비친 모습은 대역처럼 해석될 수 있다고 말이다.

전前영화적인 속임수는 영화에서 특정한 특수 기법과는 상반되는 것이다. 영화 제작 과정에서 이 둘은 서로 다른 시기에 개입한다. 전前영화적인 특수 기법은 촬영된 후 그 생산물에 작용하는 것이 아니라 촬영 중에 개입한다. 카메라의 속임수처럼 촬영 동안 생산되기도 하고, 이미지 트랙을 조작하거나 스튜디오에서 작업되는 것처럼 촬영 후에 생산되기도 한다. 하지만 여하튼 촬영 전은 아니다. 게다가 '영화적 특수성'은 그 정도 차이는 포함하고 있다. 어떤 형태는 다른 형태보다 (둘 모두 영화에만 고유한 것이지만) 더 전문적이다. 뿐만 아니라 영화적 속임수의 경우에도 특수성의 차이는 있다. 예를 들어 '아웃 포커스'로 얻어진 흐릿한 이미지는 촬영된 행위와 연관되는 것이 아니라 촬영 자체와 연관이 있다. 따라서 특정한 기법이다. 흐릿한 이미지는 영화가 취한 사진적 기술이다. 그렇다고 해서 전혀 특수성이 없다는 뜻은 아니다. 왜냐하면 영화적 약호의 고유한 특성 중 일부는 사진적 약호를 포함하기 때문이다. 요컨대 아웃 포커스는 좀 덜 영화적인 특정 기법이다. 영화는 다른 랑가주들과 상당 부분 공유하는 약호들이 있다. 반면 패스트 모션은 아웃 포커스보다 더 특정한 영화 약호이다. 포토그램이 여러 개 있는 영화에서만 가능하기 때문이다. 요컨대 전前영화적인 속임수들과 다양한 수준의 영화적 속임수들의 계열은 서로 마주한다고 할 수 있다.

'통사 규칙적인' 가치를 지닌 광학 기법은 속임수와는 전혀 상관이 없고 결코 전前영화적일 수 없다. 검은색 스크린, 디졸브, 아이리스 기법, 와이프 기법, 가로지르는 파노라마 등은 모두 카메라 작업 혹은 이미지트랙 작업을 필요로 하는 영화적 기법이다. 언표 상황의 표시들은 영화 역사상 점진적으로 형성되었고, 최종적으로 다듬어진 기법은 촬영된 행위 도중에 개입되는 기법들을 배제하기에 이르렀다. 다시 말해 언표 상황 표시, 통사 규칙적인 가치를 지닌 광학 기법은 스토리가 아닌 서사에 포함되는 것이고, 이야기된 심급이 아니라 이야기하는 심급과 관련된다. 하지만 영화에서 현실적으로 기능하는 기법들을 보면 최소한 일부분은 디제시스의 도움을 종종 받고 있다는 예외적 사실을 발견할 수 있다.

5. 지각할 수 없는 특수 기법, 비가시적인 특수 기법, 가시적인 특수 기법

지금까지 살펴본 전前영화적인 것과 영화적인 것의 구분은 영화 제작 쪽에 더 관련이 있다. 이 구분은 우선 특수 기법에만 적용되는 것처럼 보이지만 차츰 특수 기법과 통사 규칙적인 기법을 구분하는 데에도 도움이 된다.

디제시스 영화인 고전영화에서 사용된 영화 체제에 속하는 약호와 프로토콜은 관객이 특수 기법과 맺는 관계의 다양한 형태를 규정하고 있다. 이는 역사적으로 영화 장르의 분포를 결정지었다고 보는 지각에 관한 문제로 직결된다.

어떤 특수 기법은 지각할 수 없는 반면 (슬로모션, 패스트 모션 등과 같은) 몇몇 특수 기법은 지각하기 쉽도록 드러난다. 하지만 **지각할 수 없**

는 특수 기법과 **비가시적인 특수 기법**을 같은 것으로 혼동해서는 안 된다. 가령 대역을 쓰는 일은 지각할 수 없는 특수 기법이고, 감독은 관객이 알아차릴 수 없도록 신중을 기한다. 관객이 대역을 썼다는 사실을 차후 영화 잡지를 통해서 알게 될 수도 있지만, 영화를 보는 동안 알아차리지 못했다면 그리 중요하지 않다. 지각할 수 없는 특수 기법은 중간 정도의 리얼리즘 영화, 즉 사실주의 영화라고 지칭되는 체제의 컨벤션과도 완벽히 일치할 수 있다. (잉그리드 버그만과 샤를 부아예가 주연한 「가스등」에서처럼) 여배우보다 키가 더 작은 남자 배우가 특수 제작된 신발을 신고 키 차이를 감추는 특정 앵글로 촬영한 것과 같은 사례나 혹은 알베르 라모리스의 「야생마 크랭블랑」(프랑스, 1952)에서 한 마리 말의 이야기를 사실적으로 들려주는 과정에서 세 마리의 다른 말을 촬영하여 편집했다는 사례를 들 수 있다.

비가시적인 특수 기법의 경우, 관객은 이 기법이 정확하게 언제 어떻게 사용되었는지 알 수가 없다. 관객은 이 기법을 볼 수가 없기 때문에 어디에 쓰였는지도 모른다(반면 아웃 포커스, 이중 인화 등 가시적인 기법은 바로 알게 된다). 하지만 지각할 수는 있다. 다시 말해 그 존재를 느끼게 되고 이 감정은 영화를 감상하는 과정에서 필수불가결하다고 여겨진다. 영화에서 가장 성공적으로 사용된 특수 기법을 든다면 '투명 인간'에 쓰인 기법들이 아닐까 싶다. 매우 설득력 있는 기법인 데다 정확히 어느 지점에서 어떤 기법이 쓰였는지 모르지만 기법이 사용되었다는 사실만은 확실히 감지된다. 또한 이 기법의 존재는 영화를 이끄는 주된 관심사이기도 하고 완성도에 따라 정말 잘 만들었다는 감탄을 일으키게 되기 때문이다. (반면 대역을 쓰는 시퀀스를 생각해보면, 관객이 대역을 썼다는 사실조차 알아차릴 수 없을 때 잘 만들어진 게 되는 셈이다.)

영화를 즐겨 보는 관객이라면 영화의 법칙들을 익히 잘 알고 있고, 지금까지 설명한 내용들을 어렵지 않게 이해하고 구분할 수 있을 것이다. 지각할 수 없는 특수 기법, 가시적인 특수 기법 그리고 지각할 수는 있지만 비가시적인 특수 기법. 구두점 기호들은 모두 가시적인 효과를 내는 범주에 속한다.

6. 공개적으로 밝힌 속임수로서의 특수 기법

영화 이론은 전통적으로 광학 효과들 중 수사학적인 도구, 담화를 맺는 결구 역할을 하는 기법들을 속임수가 아닌 별도의 기법으로 분류한다. 속임수를 오히려 영화 체제 속에서 특수 기법의 공식적인 지위로 간주하곤 한다. 흥미롭게도 언제나 공개적으로 속임수라는 사실을 알리게 마련인데, 가시적인 특수 기법은 말할 것도 없이 비가시적이지만 지각할 수 있는 특수 기법일지라도 영화 속에서 그 존재를 드러낸다. 지각할 수 없는 특수 기법의 경우에는 영화를 둘러싼 다른 홍보물, 광고, 영화 소개 글 등에서 작품에 사용된 특수 기법의 기술적인 완성도에 관하여 반복적으로 강조된다. 이런저런 특수 기법이 너무 훌륭하여 도저히 알아차릴 수 없을 정도라고 말이다. (물론 모든 속임수를 속속들이 드러내지는 않는다. 홍보에서 해가 될 만한 기법, 가령 배우의 키를 인위적으로 크게 보이게 했다거나 하는 지각할 수 없는 방식은 침묵하기도 한다. 하지만 더 거시적인 차원에서 보면 특수 효과를 통해 얻어지는 결과물에 대해서는 공공연히 자랑을 아끼지 않는다.)

우리는 특수 기법 개념 자체에서 일종의 이중적 면모를 발견한다. 항상 숨겨진 무엇인가(특수 기법을 지각하는 관객이 깜짝 놀라게 되는 상황에서야만 특수 기법이 그 역할을 제대로 수행하기 때문)와 함께 동시에 공개적으로 밝혀진 무엇인가가 공존한다. 영화의 힘은 뜻밖의 것을 감지하는 순간조차 진실한 것처럼 믿게 만드는 데 있다. 가시적인 특수 기법, 비가시적인 특수 기법 그리고 지각할 수 없는 특수 기법은 바로 특수 기법 개념 자체에 근본적으로 존재하는 이중적 측면 사이에서 균형을 맞추는 세 가지 형태의 해결책이다.

7. 디제시스 만들기 과정으로서의 특수 기법

이러한 맥락에서 통사적인 표지들은 원칙상 속임수와는 거리가 먼 특수 기법이다. '특수 효과'란 용어(다소 모호하게 사용되는 경향이 있다)는 일반적으로 특수 기법에만 국한되어 있으며, 매우 자주 수사적인 기호들을 배제한다. 하지만 수사적인 기호 역시 좀더 엄밀하게 생각해보면 정의상 특수 효과 혹은 기법에 해당한다. 이 글의 초반에서 특수 기법이란 사진 이미지들이 평범하게 연속되는 것과 확실히 다른 특별한 광학 기법, 연쇄의 일정 지점에 국한된 기법, 사진이 아닌 시각적 효과들이라고 정의내린 바 있다.

특수 기법과 언표 상황 표지들은 실제 작품에 구체적으로 사용되는 경우 영화 이론 개론서에서 양 축으로 단순하게 구분하는 것 이상으로 더 복잡하다. 영화 이론 개론서는 고민하지 않고 와이프 기법은 전과 후를 구분하는 통사적인 표시라고 설명하고, 슬로모션은 몽환적인 분위기를 형성하는 특수 기법이라고 설명할 것이다. 물론 이 두 기법 사이의 차이는 분명하다. 하지만 점진적으로 고착된 컨벤션에 따르면 슬로모션은 꿈의 내용을 암시하는 경우가 일반적이더라도 꿈으로 넘어가는 부분에서 수사적인 기호 역시 될 수 있다. 바로 이 가능성이 문제를 더 복잡하게 만들고 사유할 과제를 제기하는 것이다. 특수 기법과 언표 상황 표지들은 확실히 서로 다르다고 받아들인다고 할지라도 항상 모든 경우에 그러한 것은 아니기 때문이다.

영화가 탄생할 무렵의 관객은 오늘날 단순히 담화의 한 형태처럼 느껴지는 기법들마저 마술적인 무엇인가, 신비하고 놀라우면서 동시에 하찮은 무엇인가로 바라보곤 했다. 이미 잘 알려져 있듯 초기에 광학 기법의 상당 부분을 고안한 사람은 멜리에스였다. 멜리에스가 당시 발명한 기법들 중 대부분은 여전히 사용되고 있다. 사실 멜리에스는 자신이 만든 기법들을 랑가주의 형태라기보다는 오히려 '마술 양식들' '순수한 아브라카다브라 주문'으로 생각했다.(이 점에 관해서는 조르주 사둘, 에드가 모랭, 장 미트리의 저서를 참조하기 바란다.[146]) 특수 기법이 특수 기법으로 고려되지 않으려면 약호로서 점차 안정화되는 과정, 습관으로서 익숙해지는 힘이 작용해야만 한다. 디졸브의 경우를 보면 금세 이해가 될 것이다. 통시적으로 불확실한 부분은 공시적인 영역, 즉 현재 영화 내부에서도 일부분 발견된다. 두 시퀀스 사이에 디졸브가 등장하면 두 시퀀스를 분리함과 동시에 이 둘 사이에 심층적인 관계가 있음을 상정한다. 이 양가성은 디졸브라는 '구두점' 기호의 기의에 해당한다. 디졸브는 화면이 전환되는 것을 표시하면서 동시에 환기시키는 역할도 수행한다. 두 이미지가 겹쳐지는 시간이 좀더 길게 늘어나는 경우, 가령 꿈꾸는 주인공의 얼굴에 겹쳐 그가 꿈꾸는 내용을 재현한 이미지가 잠시 동안 지속된다면 수사적인 지표와 특수 기법 간의 구분은 훨씬 더 어려워진다. 디졸브로 연결된 시퀀스들은 마술 같은 신비로운 면을 포함하게 된다. 디졸브와 유사한 사례로 (일반적 길이보다 좀더 길게 지속되는) 이중 인화에 대해 생각해보자. 그리고리 추크라이Grigori Tchoukhraï 감독의 구소련 영화, 「병사의 시Ballada O Soldate」(1959)에서 특수 기법이 언표 상황의 지시를 감지하게 하는 실마리로서 제공된다. 쓸쓸한 겨울 풍경을 가로지르는 기차 속 젊은 주인공을 본다. 이 젊은이는 행복했던 시절의 짧은 순간을 회상하고 있다.

광학 효과는 종종 특수 기법적인 지위를 갖기도 하고 혹은 담화를 맺는 결구적 지위를 갖기도 한다. 사진이 아니라면 단연 사실적인 느낌을 주지 않을 것이다. 광학 효과는 영화의 나머지 부분과 어느 정도는 차이를 보인다(바로 이런 특성 때문에 특수 기법에 해당하는 것이다). 그리고 이 차이를 보고 사람들은 판타지, 코미디, 혹은 좀 덜 환상적인 작품 등 영화 장르에 따라 색다르거나 엉뚱한 측면을 부각시키는 기법이라고 해석하기도 하고 혹은 인접한 이미지를 더 잘 이해하도록 돕는 메타언어적인 지표라고 해석하기도 한다.

「병사의 시」 시퀀스에서 젊은 여인의 얼굴이 얼어붙은 풍경 위로, 달리는 기차 위로 겹쳐지는 이중 인화를 보고 관객은 결코 실제로 이런 일들이 벌어진다고 해석하지 않는다. 현실에서, 즉 디제시스 속에서 병사는 기차로 여행을 하고 있다. 이 병사가 만난 젊은 여인을 떠올리는 것은 단지 정신적으로 발생하는 일이다. 이제 다른 사례를 들어 이와 같은 설명을 적용해보고자 한다. 에이젠슈테인의 영화 「낡은 것과 새로운 것」 (소련, 1929)에서 보통 속도보다 빨리 진행되는 시퀀스(퀵 모션 촬영된 것을 보통 속도로 영사하면서 얻어지는 효과)를 생각해보자. 집단 농장 농민들이 무기력한 사무실 관료들을 설득하여 드디어 최초의 트랙터를 구입하는 데 필요한 서명을 받아내는 장면이다. 지금까지 아무것도 하지 않은 채 거의 잠들어 있던 정부 관료들이 갑자기 (가속화된 효과 덕분에) 매우 활기에 차 흥분한 것처럼 보인다. 결국 눈 깜짝할 사이에 중요한 서명을 한다. 물론 관객은 이 부분이 과장되고 풍자되었다는(코미디 장르의 컨벤션) 사실을 잘 알고 있다. 사무실 관료들은 디제시스 현실에서 같은 모양새로 일하지는 않는다는 사실도 잘 알고 있다.

이상의 사례와 비교하여 '투명 인간' 이야기를 다룬 영화 중 특수 기법이 매우 잘 연출된 경우를 생각해보자. 여기에서 관객은 주인공이 보이지 않는 것이 디제시스적인 진실이라고 믿게 된다. 문손잡이가 혼자서 돌아갈 때, 관객은 보이지 않는 투명 인간을 생각한다. 분명 이 장면을 연출하기 위해서는 특수 기법이 사용되어야 할 것이다. 하지만 관객은 그 순간 특수 기법을 즉시 떠올리지 않는다. 엉성하게 만들어진 영화에서만 광학 기법이 사용되었다는 생각이 분명히 머리에 스칠 것이다.

요컨대 속임수가 있을 때만 특수 기법이 있다. 관객이 시각적인 요소들 전체를 디제시스와 연결시킬 때에만 이 용어를 사용하겠다고 정하는 편이 나을 수도 있다. 판타지 영화에서, 비현실성은 관객이 눈앞에 나타나는 사건은 불가능할 것 같은 혹은 믿을 수 없는 장면이지만 그 재현 방식은 사실적이라는 생각이 들 때 설득력 있게 작용한다. 이는 관객이 인간적인 법칙이 아닌 다른 세계의 법칙을 따르는 그럴듯한 묘사 장면을 본다고 느끼는 때와는 다르다. 이와는 달리 관객이 영화 텍스트를 구성하는 시각 질료들 중에서 일종의 선별 과정을 거치고 이때 디제시스 일부분에만 연관되는 경우도 있다. 농산부 장관을 보필하는 공무원들이 외부적 압력에 의해 평소보다 더 빠르게 업무를 처리할 수도 있다. 이렇게 생각하게 되면 다시 디제시스로 돌아오는 셈이다. 「낡은 것과 새로운 것」에서 감독은 너무나 갑작스럽게 등장하는 속도감을 강조하면서 조롱할 의도였을 것이다. 반어적으로 과장하고자 한 의도였고, 이와 같은 해석은 언표 상황으로 돌아오는 셈이다. 이러한 맥락에서 내포된 것은 결코 외연적으로 지시된 것일 수 없으며, 특수 기법은 없다. 다시 말해 관객은 특수 기법을 지각하는 과정에서 디제시스와 언표 상황을 왔다 갔다 하는 이중적 입장을 경험한다. 이제 광학 효과는 사진들의 연쇄로 만들어지는 일반 법칙과 혼동되어서는 안 되며, 시각적인 것 모두가 사진 이미지라고 생각해서는 안 되며, 디제시스 만들기 역시 매번 완벽히 발생한다고 생각해서는 안 된다는 결론을 이끌어낼 수 있다.

8. 특수 기법과 수사적인 표지─유연한 경계

이상의 설명이 특수 기법이 존재함과 동시에 부재한다고 말하는 대다수의 경우를 더 명료하게 해줄 것으로 여겨진다. 지각하는 과정에서 발생하는 분리는 결코 공고하게 지켜지지도 않고 완전히 무시되지도 않는다. 관객은 특수 기법의 속임수가 존재한다는 사실을 아예 모를 만큼 속지도 않을뿐더러 특수 기법이 영향력을 전혀 발휘할 수 없을 정도로 의식하지도 않는다. 특수 기법에 관해 믿기도 하고 믿지 않기도 하는 관객의 이중적 태도는 영화가 자신의 속임수를 공개적으로 알리는 측면과 상통한다. 이 과정에서 영화 체제는 언제나 두 배로 승리한다. 첫째 재현과 관련하여, 특수 효과는 디제시스와 밀접하게 연결되어 분리의 힘은 약해지고 마술의 힘 속으로 빠져든다. 둘째 담화와 관련하여, 특수 효과는 기법으로 분명히 존재감을 드러내면서 분리의 힘은 강해지고 수사적인 즐거움은 증가한다. 바로 여기에서 영화만의 고유한 매력이 확인되고 영화를 향한 사랑이 생겨난다.

구두점 기호, 다른 화면 전환 기법들, 특수 기법 등을 정확하게 구분하기 힘든 이유에 대해 이제 조금이나마 명확한 답을 얻게 되었기를 기대한다. 이 기법들을 서로 구분하기 힘든 까닭은 영화 역사에서 화면 전환 기법이 우선 특수 기법으로 출발했기 때문이고, 기술적인 측면에서 특수 효과라는 서로 공통점을 갖고 있기 때문이다. 뿐만 아니라 특수 기법 자체에 내재적으로 수사적 표지들과 밀접한 관계를 맺고 있으며 공시적으로 봤을 때 이 둘을 구분할 수 있는 것은 경계 지점에서만 가능하기 때문이다. 관객이 광학 효과의 그 어떤 부분도 디제시스와 연결시키지 않는 순간에만, 속임수가 더 이상 존재하지 않는 순간에만, 이 둘 간의 모호한 구분이 사라지고 공개적으로 알린 속임수라는 특수 기법에서 순수하게 통사 규칙적인 형태로 이행된다(가령 페이드인·아웃의 경우 확실히 '장이 바뀌는' 경계 지점을 알려준다). 따라서 특수 기법과 비교해 화면 전환 기법을 순수 기호로 정의하는 것은 속임수가 없는 기법에 국한된다고 할 수 있다. 순수한 화면 전환 기호는 매우 드물고, 특수 기법을 수반하지 않는 경우도 매우 드물 뿐이다.

영화 「투명 인간」에서 가장 성공한 경우 순진한 관객일지라도(적어도 극장에 자주 가본 경우) 이야기에 빠져들기는 하지만 투명 인간의 이미지를 얻기 위해서는 전문적인 기술이 필요하다고 생각하게 된다. 하지만 「낡은 것과 새로운 것」의 경우에는 영화에 정통하고 비판적인 관객일지라도 시네아스트의 문체를 생각하면서 영화의 등장인물이 화면에서 보는 것처럼 정말로 움직인다고 순식간에 생각하기도 한다. 구분 작업도 규정하는 작업도 완전하게 이루어질 수 없다. 이는 어찌 보면 실재계와 상상계 사이의 '교차 지점' 중 한 측면에 해당한다(이 주제와 관련해서 에드가 모랭이 이미 연구한 바 있다).

영화의 '통사 규칙'을 높이 평가하는 사람들이 있고, 훌륭한 특수 기법이라면 언제나 사실주의적인 영화에서도 컨벤션이 될 수 있다. 너무나 매력적인 판타지 영화, 너무나 재미있는 코미디 영화는 담화의 도구로서 지각되는 특수 기법을 제시한다. 심지어 특수 기법 자체가 이런 종류의 장르를 구성한다고까지 할 수 있다. 게다가 특수 기법이 영화에서 작용할 수 있는 이유는 관객이 모순적이고 이중적인 반응을 보이기 때문이다. 판타지 영화이건 코미디 영화이건 제시된 사건을 현실적으로 믿으면서 동시에 영화가 지닌 힘을 믿을 수도 있다. 이런 종류의 영화 장르는 흔들리기 쉬운 균형감에 기반을 두고 있다. 이 균형감은 매 순간 이런저런 의미에서 깨지곤 한다. 이러한 이유로 아마 훌륭한 코미디 영화, 훌륭한 판타지 영화를 보기 어려운 것이라고 할 수 있다.

요컨대 특수 기법 자체, 오직 환상적이지만은 않은 특수 기법에는 수사적인 차원이 존재한다. 역으로 담화 형태 역시 순전히 통사 규칙적이지만은 않다. 이 역시 매우 종종 디제시스 만들기 과정을 돕는다. 앞서 「병사의 시」 관객이 이중 인화의 내용을 디제시스화하지는 않는다고 설명했다. 관객은 젊은 여인이 기차에 없다는 사실, 젊은 병사만이 혼자 기차에 있다는 사실을 잘 알고 있다. 광학 효과를 통해 관습적으로 디제시스의 재현 이미지 속에 마음속 이미지를 삽입시키는 것이다. 하지만 이때 이미지를 삽입하는 방식은 결코 언어학 언표와 같은 방식이 아니다. "병사는 기차를 타고 젊은 여인을 생각했다"라는 문장은 단어들로 표상된 언표인 반면, 이중 인화는 '사물의 재현'으로 제시된다. 게다가 디제시스 이미지와 심리적 이미지는 특별한 공식적인 표시도 없이 사진이라는 동일한 '매체적 성질'을 띠면서 서로 겹쳐진다. 오직 영화적 기법을 통해서만 '실재'계와 정신적으로 환기된 것을 구분할 수 있다. 게다가 관습상 명백하게 특수 기법이 사용되었다는 것을 충분히 감지할 수 있는 순간에도 매우 교묘하게 특수 기법은 그 존재 자체를 흐릿하게 만들기도 한다. '내면 세계로의 진입'이라는 서사적 기호가 더 복잡하고 더 심층적인 생각을 이끌어내게 마련이다. 우선 두 얼굴을 압축적으로 보여준다. 이 얼굴에서 관객은 젊은 병사가 꿈꾸는 것이 실제 실현되었다고 생각하게 된다. 즉 수세기 동안 지속되어온 전설 같은 믿음, 사랑하는 사람들 간에 통하는 텔레파시, 실제로는 없지만 바로 옆에 있는 듯한 느낌, 마음이 알아본다는 믿음 등. 이러한 맥락에서 이중 인화라는 특수 기법은 순수하게 통사 규칙으로만 작용하기를 그만두고 디제시스를 더 풍성하게 만들게 된다. 비단 「병사의 시」뿐만이 아니다. 정도의 차이는 있겠으나 다른 모든 언표 상황 기호들이 '순수하게' 담화 기호로만 작용하는 것은 극히 제한된 경우에서이다.

반면 앞서 예로 든 대역과 같은 지각할 수 없는 특수 기법의 경우를 살펴보면 상황은 완전히 반대가 된다. 어느 범위까지 이 효과를 디제시스로 인식해야 할지 결코 고민하지 않아도 되는 유일한 경우이기 때문이다. 관객은 이 기법을 전혀 지각하지 못하기 때문에 디제시스에 완전히 포함된다고 생각하게 된다. 영화 체제는 결국 특수 기법을 겉으로 드러내기보다는 오히려 자신의 힘을 계속 유지하기 위해 숨기기를 선호한다고도 말할 수 있다. 속임수는 최대한, 고백은 최소한으로 말이다.

9. 영화에서 지각의 부인

대부분의 특수 기법과 상당수의 '통사적' 기호에 해당하는 중간자적인 경우를 두고 디제시스와 연결지으면서 동시에 언표 상황을 고려하는 관객의 이중적 입장은 프로이트가 거세 불안과 페티시즘의 탄생을 설명했던 '부인(否認, déni 혹은 dénégation)'*이라는 정신 과정과 유사하다. 우리

---

* (옮긴이) 1977년에 발행된 『상상적 기표』에서 메츠는 이 주제와 관련된 더 심화된 설명을 제시

가 영화 '관객'이라고 지칭하는 대상, 즉 영화를 보는 자는 의식의 '자아 le moi'(분열된 주체)와 더불어 한 개인 전체이다. 광학 기법을 끊임없이 디제시스와 분리시켜 생각하려는 논리적 사고가 있다. 이에 근거하여 관객은 「병사의 시」의 젊은 여인(= 욕망의 대상)이 기차에 없다는 것을 주지한다. 하지만 동시에 우리의 다른 부분, 원초적 사고와 쾌락의 법칙에 더 근접한 다른 사고는 자아가 알고 있는 것의 영향을 받지 않는다. 아니 자아가 알고 있는 것을 알기를 거부한다. 이 사고에 근거한 관객은 의식에 의해 문법화된 것을 디제시스와 연결시켜버린다. 사실 이 과정이 근본적인 관심사이다. 영화가 제공한 시지각 대상, 젊은 병사에게 2차 동일시*하고 난 후, 관객은 젊은 여인이 기차 안에 있었으면 하고 바라

하고 있다. "정신분석학은 페티시와 페티시즘을 거세와 거세 공포에 밀접하게 연결시키고 있다. 〔……〕 엄마의 육체를 본 아이는 자신이 지각한 것을 두고, '감각기관을 증인'으로 하여, 페니스 없는 인간이 존재하는 사실 앞에 어색하고 어리둥절해한다. 하지만 아이는 제법 긴 시간 동안 양성 간의 해부학적 차이(페니스/질)라는 피할 수 없는 확증을 해석하지 않으며, 아이 내면 어떤 부분은 영원히 해석하지 않을 것이다. 아이는 인간이 모두 애초에는 남근을 소유하고 있었다고 믿고, 따라서 자신이 본 것은 절단된, 거세된 결과라고 이해하며, 이는 곧 아이에게 일종의 대체물을 어쩔 수 없이 받아들여야 한다는 공포(혹은 일정 정도의 나이부터 여자 아이에게는 이미 대체물을 수용했다는 공포)를 증폭시킨다. 〔……〕 "모든 인간은 남근을 갖고 있다"(애초의 믿음). 그리고 "몇몇 인간은 남근이 없다"(감각적으로 증명된 믿음). 요컨대 아이는, 새로운 믿음 근저에, 자신의 원래 믿음을 결국 유지해나갈 것이지만, 동시에 지각된 새로운 확증 역시 유지할 것이다. 이때 아이는 자신이 지각한 것을 다른 차원에서 '인정하지 않는데', 이를 프로이트 용어로 하자면 지각의 거부, 부인이라고 한다. 그리하여 인간이 이후 다양한 영역에서 행할 수 있는 모든 종류의 믿음 분열을 가능하게 하는 감정의 원형, '신뢰'와 '불신' 사이를 왕복하면서 무의식적으로 때로는 의식적으로 행하는 무한대로 복잡한 놀이의 지속적인 모태가 자리하게 된다. 이렇게 하여 인간은 예민한 문제들을 해결하거나 부정하는 방식을 터득하게 되는 것이다." 크리스티앙 메츠, 『상상적 기표—영화·정신분석·기호학』, 이수진 옮김, 문학과지성사, 2009, pp. 109~10.

* (옮긴이) 메츠가 언급하는 2차 동일시에 관해서는 그의 책 『상상적 기표』, pp. 74~94를 참조하기 바란다. 간단히 설명하자면 2차 동일시는 등장인물에게 감정이입하는 과정을 지칭한다. 반면 1차 동일시는 카메라를 대상으로 하는 거울상의spéculaire 동일시, 즉 라캉이 제시한 개념, 거울 단계에서 아이가 거울에 비친 이미지를 보고 자신의 모습을 지각하게 되는 동일시를 영화에 적용한 것이다. 관객이 카메라의 시점에서 촬영된 이미지의 주체가 되는 전지적 입장으로서 자신을 위치시킨다는 뜻이다. "영화에서 스크린에 존재하는 것은 늘 타자이다. 나는 그를 보기 위해 존재한다. 나는 지각되는 것 어떤 부분에도 속하지 않고, 오히려 '전지적 지각 주체'가 된다. 전지적이라고 하는, 다시 말해 영화가 관객을 전능하게 만드는 편재성, 어디에서 무엇이든

게 된다. 너무나 '압축적인' 이중 인화를 통해 충분히 관객은 그녀의 존재를 꿈꾸거나 환각을 경험한다.

영화 체제의 힘은 관객의 욕망에 과감하게 맞서면서 생겨난다(관객의 욕망은 피상적인 수준이 아니라 더 원초적인 수준이다). 그 결과 영화 자체는 그만큼 더 단단해진다. 영화 체제 속에서 관객이 자신의 믿음을 끊임없이 양분시킨다는 가정은, 다시 말해 개인의 욕망과 충동을 어느 정도는 만족시키면서 동시에 불안 증상을 보이지 않을 만큼 방어 기제를 작동할 수 있게 그 중간 지점에서 타협한다는 뜻이다. 결국 그 이득은 영화 체제로 돌아갈 것이다.

이러한 맥락에서 한 개인이 영화에 애착을 갖게 되는 현상이 발생한다. 또한 이 애착 현상은 상당히 난해한 진화 과정의 결과(욕망 충족과 방어 기제 작동 사이의 타협 과정에서 징후들이 나타나기도 한다)이기도 하며 혹은 그 반대로 초자아가 더 유연하게 되면서 주체 스스로를 받아들이는 최소한의 능력을 갖추게 되면서 가능한 가장 덜 죄책감을 느끼는 방식으로 전략을 세운 명석한 진화 과정의 결과이기도 하다. (후자의 경우 아주 영리한 시네필의 모습에 해당한다고 할 수 있다.) 후자에 해당하는 사례로 욕망 실현의 과정을 근거로 하는 고전영화의 몇몇 장르를 들 수 있다. 이러한 장르는 관객과 영화 체제 간의 공모의 쾌감, 그 무엇으로도 대체할 수 없는 쾌락을 만들어내기 때문에 계속해서 존재하게 되는 것이다.

지 볼 수 있는 힘, 나는 온전히 지각 주체에만 속하기 때문에 더욱 전지적인, 스크린에는 부재하지만, 영화관에서는 실제로 존재하면서 위대한 눈과 귀를 지닌 주체, 그 없이는 스크린에서 인지되는 대상이 지각되기 위해 그 누구도 갖지 못할 것이기에, 결국 '영화 기표를 구성하는 심급'이다(영화를 만드는 것은 바로 나이다). (같은 책, p. 82).

10. 영화의 특수 기법에 관한 생각에서
특수 기법으로서의 영화에 대한 사유로 넘어가기

이 글은 이제야, 다시 말해 영화 텍스트의 매우 지엽적인 현상이라고 할 수 있는 구두점 기호와 특수 기법을 분석하고 난 후에서야, 더 일반적인 문제에 관해 고려하고자 한다. 이 구성 순서에 관해 놀라움을 표시하는 사람들도 있을 것이다. 하지만 필자가 보기에 이 지엽적이고 개별적인 문제들은 영화 전체를 규정하는 두 가지 현상, 영화 체제에서 공개적으로 밝혀진 속임수의 역할과 관객이 스크린 거울상의 지각을 부인하는 정신 현상을 밝혀주기 때문에 중요하다.

사실 영화 전체는 어떤 의미에서 거대한 특수 기법이다. 영화에서 특수 기법의 지위가 사진이라는 텍스트에서 특수 기법의 지위와 매우 다르다는 사실을 알 필요가 있다. 이 차이는 영화가 여러 개의 사진으로 구성되고, 영화 내부에는 숏들이 연속해서 이어지고, 숏 내부에는 여러 개의 포토그램이 이어지는 특성으로 인해 발생한다.

고정 이미지이면서 하나밖에 없는 사진에 특수 기법을 적용하는 일은 매우 생경하다. 사진이 대상을 재현하는 일은 엄격하게 유사성 혹은 동일성에 근거한다고 널리 알려져 있기 때문이다. 그리고 바로 이러한 특성에서 사진의 특정한 사회적 기능이 규정된다. 사진에서 도저히 찾아볼 수 없는 것은 영화에는 아주 많은 담화의 통사적인 지표들이다. 물론 카메라 앵글, 피사체와의 거리, 조명 등에 의해 사진 찍힌 대상을 주관적으로 해석하기도 하고, 같은 대상을 다른 방식으로 사진 찍는 것 역시 사회적으로 수용되기도 한다. 하지만 롤랑 바르트가 지적했듯이[147] 이러한 해석은 문화적으로 분명히 내포로서 간주되는 것이지, 외연, 즉 재현된 대상(고정 이미지에서 디제시스에 해당하는 부분)과 직결되지 않는다. 사진을 이해하는 법칙은 두 가지 측면을 동일하게 지각하는 과정에서 작용한다. 첫째 사진의 의도를 지각하는 것, 특수 기법은 거의 쓰이지 않기 때문에 대부분 보자마자 즉시 알아차릴 수 있다. 둘째 사진 재현 자체를 지각하는 것, 사진의 결과물은 한 번에 얻어지는 것이므로 원칙상 분명히 대상에 충실하다. 관객은 '날것의, 가공하지 않은, 순수한, 정면으로 찍힌 사진'을 바라보게 된다. 이 과정에서 언표 상황에 대한 생각은 감소된다. 우리는 공통적으로 사진을 보면서 외연은 '만들어지지 않았기를', 모든 것은 내포에 의해 생겨난 것이기를 기대한다.

이와 같은 이유로 인해 기술적으로 어려운 것이 아니라 심리적으로 윤리적으로 사진을 조작하는 일이 어려워진다. 사진은 두 가지 선택밖에 없다. 우선 '보통'의 촬영법이 있다. 대부분은 정상적인 방식으로 찍힌 사진을 원하며, 조작되지 않기를, 어떤 특수 기법도 더해지지 않기를 바란다. 이상적인 외연이란 그 어떤 장식 효과도 없는 순수한 방식으로 얻어진 것이다. 다른 한 가지는 사진이 무엇인가를 속이고 조작하기를 정말 원한다면 과장된 거짓말, 위조된 작업을 전면에 내세우는 방식이다. 가령 '포토몽타주'라든가, 서로 다른 사진들을 잘라 붙여 만드는 '콜라주'를 들 수 있다. 흔히 정적을 낙선시키기 위해 부정직한 정치인이 사용하는 합성된 사진들을 떠올려보자. 이 사진의 '목적'은 상대 정치인의 명예를 실추시켜 평판을 좋지 않게 만드는 것이다. 사진을 위조하는 일, 사진에 특수 기법을 적용하는 것은 부끄러운 잘못된 행동이다. 따라서 사람들은 그렇게 해서는 안 된다고 생각한다. 뿐만 아니라 사진 촬영하는 행위 도중에 개입하는 것 역시 좋게 생각되지 않는다. 왜냐하면 사진은 현실의 광경을 덩어리로 한 번에 담아내야 하는 작업이며, 고도의 보정 작업 혹은 유사 작업을 허용하게 만드는 그 어떤 균열이나 틈새도 없어야 한다고 믿기 때문이다.

하지만 영화는 다르다. 영화는 수많은 틈새를 포함하고 있다. 한 발자국씩 나아갈 때마다 그 사이를 지나간다. 예를 들어 다소 적은 진폭의 슬로모션이나 패스트 모션을 생각해보자. 숏에서 숏으로 넘어가는 과정, 포토그램으로 넘어가는 과정은 압축적인 사각형 공간 사이를 미끄러지는 것과 같다. 그 각각은 유사성 약호화 과정을 따라 만들어지며, 개별적으로 떨어져 있다. 여기에서는 특수 기법을 최대한 잘 이용하여 슬로모션이나 패스트 모션을 만드는 것이 일종의 법칙이다. 그리고 이 효과를 제대로 발휘하기 위해 거짓말을 할 필요는 없다. 왜냐하면 여러 개의 사진에 작용하는 기법이기 때문이고, 특수 기법은 서로를 연결하는 작업에 작용하기 때문이다. 게다가 이 기법은 공개적으로 이미 고백된 것이며, 따라서 도덕적으로 별 문제를 일으키지 않는다. 외연은 더 이상 순수하게 얻어지지 않으며, 그 자체로 만들어진 결과물이다. (바로 이 점이 영화와 사진 사이에 존재하는 중요한 기호학적 차이 중 하나이다.) 외연과 내포 사이에 개입된다고 여겨지는 단절은 더 이상 없다. 간단한 담화 의도(그래도 관객은 부분적으로 디제시스를 떠올리게 된다)를 생각하다가 관객은 자연스럽게 특수 기법을 발견하게 된다.

사실 편집은 모든 영화의 기본이다. 편집 자체는 이미 끊임없이 지속되는 조작이다. 그렇다고 해서 일반적으로 편집 기법을 거짓말이라고 보지는 않는다. 연속되는 여러 개의 이미지가 다른 각도에서 본 한 장소를 재현하고 있다면 ('특수 기법'의 희생양인) 관객은 자발적으로 이 장소를 동일하다고 인식한다. 왜냐하면 우리의 지각은 자연스럽게 단위를 재구성하기 때문이다. 여기에서 특수 기법은 필름 영사에 기반을 둔다. 영사란 유사성의 구축, 재현물의 구축이 지니는 또 다른 측면이다. 영화가 구축되는 방식, 관객의 머릿속에서 구축되는 방식. 하지만 관객은 동시에 자신이 여러 개의 사진을 봤다는 사실을 잊어버리지 않는다. 관객은 결코 속지 않는다. 오늘날 우리는 편집에 너무 익숙해져서 편집 기법에 쓰인 특수 효과, 특수 기법은 평범하고 일반적인 것이 되어버렸으며 아무도 몇 개의 기법이 쓰였는지 세지 않는다. 반면 1910년대에는 (사진에서는 특수 기법의 한 유형으로 간주되는 매우 특별한 의미의) 편집이 영화 기술의 가장 기본적인 테크닉으로 고려되었다. 영화에서는 결국 가장 보편적인 통사 규칙이나 혹은 아주 드물거나 아주 심사숙고해서 만들어진 특수 기법이나 모두 근본적으로 동일한 기반을 두고 있다. 어떤 방식인가에 따라서 종류가 구분될 뿐이다. 이와 같은 맥락에서 지각할 수 없는 특수 기법만이 유일한 순수한 특수 기법이라고 간주되는 이유를 설명할 수 있을 것이다. 아무것도 알아차릴 수 없기에 이 기법들만이 관객을 제대로 속게 만들 것이라고 생각하게 되는 것이다. 사람들이 지각할 수 있는 특수 기법이 개입된 수많은 경우를 관찰하다 보면 특수 기법과 랑가주는 연속된 공통 축의 양 끝에 놓인 두 지점이 된다. 그들은 경계면에 의해서가 아니라 중력의 중심으로 인해 서로 구별될 뿐이다.

* * *

이상에서 관찰한 영화와 사진의 차이, 즉 사진은 어떠한 속임수도 용납하지 않고 영화는 특수 기법 자체가 편집과 밀접하게 연결되어 있다는 차이에 관한 설명은 모순적인 측면을 포함한다. 사실 우리 문화에서 사진에 비해 '현실성에 대한 신뢰도'가 훨씬 더 높은 대상은 영화이다. 움직임과 시간적 흐름을 기본으로 하는 영화는 (굳이 말과 소리까지 언급하지 않더라도) 사진보다 훨씬 더 살아 있는 것처럼, 훨씬 더 완전한 모양새로 '삶을 재생산'하지 않는가? 이 두 랑가주의 사회적 기능은 단지 현실과의 관계에 의해서만 구별되는 것이 아니라 (서사시, 고전 소설, 테마가 있는 그림, 서사 연극 등) 재현 예술의 역사적 전통 안에서의 지위와도 연결된다. 영화는 허구 세상을 그럴듯하게 보이게 하는 '현실적인' 지표들이 충만한 덕분에 별 어려움 없이 재현 예술의 전통 속에 포함된 데 반해 사진은 너무 '빈약하다'는 평가를 받으면서 아예 재현 예술의 전통 속에 들어가지 못했다고 할 수 있다. 심지어 '예술이 아니다'라고 간주될 만한 사진들이 저변에서 사용되기도 하는데, 예를 들어 증명사진, 가족사진, 전문 서적의 삽화처럼 사용된 예시사진, 자료사진 등을 들 수 있다. 사진을 향한 사회적 편견 중 무시할 수 없는 부분은 주민등록처럼

한 개인의 신분을 증명하는 수단이란 점이다. 이는 영화에는 없는 특성이다.

일반적으로 사람들은 사진이 허구적인 상상계와 관련된 임무를 수행할 만한 현실 환기 능력을 충분히 갖추지는 못했으나 대신 현실을 보이는 그대로 존중하면서 가공하지 않은 온전한 상태로 저장하려는 욕망은 충분히 실현시킨다고 믿는다. 이런 맥락의 완고한 믿음 때문에 사진을 가공하는 사람에게 위조자라는 오명을 씌우는 것이다. 하지만 동일한 측면에서 대중은 영화에게 너그럽다. 사람들은 일반적으로 영화가 완벽하게 정직할 것이라고 기대하지 않으며, 어느 정도의 속임수는 경멸할 일이 아니라고 생각한다. 필자가 본론에서 언급했던 공개적으로 밝힌 속임수를 상기해보면 쉽게 이해할 수 있을 것이다. 우리 문화는 그 이전에 소설이나 그림을 보고 그러했듯이, 재현 예술로서의 영화에서 발견할 수 있는 '현실의 허구'와 '허구의 현실'이라는 법칙을 수용하고 정당화한다. 그리하여 영화는 사진은 누릴 수 없는 사회적 '인정'을 받으면서 재현 예술의 자리를 계승하게 되는 데 아무런 문제가 없게 된 것이다.

* * *

이제 기술적인 부분도 생각해볼 필요가 있다. 영화의 기술적 측면과 사진의 기술적 측면은 솔직히 매우 유사하다고 할 수 있다. 영화는 기본적으로 사진에 기반을 두어 구성되기 때문이다. 더 본질적인 측면을 이야기하자면 사진은 유사성의 약호작용에 의해 생산되는데, 여기에서 약호와 관계가 없어 보이는 닮음이라는 특성이 도출된다. 사실 영화와 사진의 차이는 약호들이 얼마나 복잡하게 얽혀 있는가와 직결된다. 사진의 약호작용은 상대적으로 단순하지만 굉장히 압축적이다. 사진은 기계를 이용하는 과정이 견고하여 몰래 어떤 부분을 조작하는 일은 쉽지 않으며, 피사체를 촬영하는 과정에서 왜곡이 일어났다고 고백하기 위해서는 정말로 확실한 개입이 있어야만 한다. 동일한 유사성에 근거를 둔 형태이지만 영화에서 기계를 이용하는 과정은 사뭇 다르다. 여기에는 다양한 약호작용의 절차가 얽혀 서로 복잡한 관계망을 형성한다. 각각의 포토그램은 사진이지만 그 사이에는 짧은 시간 동안 지속되는 검은색의 중개물이 있다(그 개수는 초기 영화와 지금의 영화와 비교했을 때 역사적으로 달라졌다). 이 포토그램은 다시 한 묶음처럼 모여 숏을 구성하고 이를 어떻게 연결시킬 것인가 결정하는 과정에서 매번 스트레이트 컷, 광학 기법 등의 선택이 필요하다. 게다가 고화질 이미지를 생산할 수 있는 기계설비가 갖춰지자 현실을 똑같이 재현한다는 생각도 훨씬 더 증가하게 되었고, 이와 병행하여 가벼운 조작 실수는 필수불가결한 수많은 조정 과정에 따르는 이면일 뿐이라고 생각하게 되었다.

이 주제에 관해서는 좀더 많은 설명과 깊은 사고가 요구된다. 그러나 이 글에서는 영화의 특수 기법의 두드러진 특성과 연관된 부분만 간단하게 언급하는 수준에서 만족하기로 하자. 영화의 특수 기법 중 그 어떤 것도 조작하려는 부분이 완전히 위조되거나 숨겨지지 않는다. 예를 들어 평범한 동영상 이미지와 달리 한 이미지에 정지하는 기법은 사진성을 전면에 내세우는 방식이며, 초점을 조작하여 얻어진 아웃 포커스의 흐릿한 이미지는 공간 속 사물의 위치를 그대로 두고, 이미지의 좌우 역전은 일종의 거울에 비친 이미지를 모방하는 것이며 이 역시 시간적인 순서를 따른다. 또한 화면 분할은 조작되지 않은 사진 표면을 그대로 남겨둔다. 슬로모션은 속도를 조작하는 것이지만 움직임의 방향이나 형태는 결코 왜곡시키지 않는다.

최근 이 부분에 대해 많은 연구가 소개되고 있는데, 그중에서도 장 파트릭 르벨Jean Patrick Lebel의 저서는 논의거리도 많을뿐더러 명석한 관찰과 함께 타당한 주장을 내세우고 있다.[148] 필자가 르벨의 연구를 높이 평가하기는 하지만 몇 가지 핵심 사안에 대해서는 의견을 달리하는 부분이 있다. '기술 분야'가 역사로부터 안전한 울타리를 쳐줄 수는 없다. 물론 기술이 매체의 기본이 되는 원칙들의 과학적인 진실을 입증하는 것은 사실이다. 하지만 기계를 다루는 조정 방식, 기능이 무엇인가 하는 문제는 왜 그런 기계를 사용하는가의 문제와 혼동될 수 없다. 뿐만 아니라 어떻게 기능하는가는 과학을 통제하는 문제, 과학 기술의 발전 등과 결코 통하지 않는다. 오히려 사회적이고 문화적인 법칙을 따라 작용하는 것이 맞다. 요컨대 기술 분야가 문화에서 멀어진다기보다 몇몇 기술은 역사적·문화적으로 중요한 역할을 했다고 할 수 있다. 마르크스 이론을 거론하지 않아도 기술과 문화, 사회 변동의 관계를 수긍하기에 충분할 것이다.

결론─영화는 어떤 역사 속에 놓일 것인가?

지금까지 살펴본 모든 문제는 우리에게 마지막으로 (상업영화를 포함) 영화 체제가 일반적으로 이데올로기와 맺고 있는 (실제적이면서 동시에 잘못 알려진) 관계의 정확한 본질에 대해 고민하도록 한다. 영화 체제는 경제적 구조 속에서 이득을 얻기 위해 어디까지 관객을 유혹하고 싶어 하는 것일까? 영화 체제는 재현 예술의 출현이라는 사건(이는 경제 시스템의 연대순에서는 벗어나 있지만 그래도 역사적 사건이기는 하다), 그리고 디제시스의 존재와 얼마나 연관되어 있는가? 어느 범위까지 영화를 인간이 나르시시즘을 채우려는 목표를 위해 발명한 것들 중 하나, 감각적으로 지각할 수 있는 유희의 형태와 동시에 이야기의 시간성을 따르는 형태를 갖춘 수단으로 볼 수 있을까?

제4부

기호학자가 말하는 기호학

제10장

크리스티앙 메츠와
레몽 벨루르 간의 영화 기호학에 관한 대담

본 대담은 1970년 이루어진 후 다음 해 두 권의 저서에서 소개되었다.
1971년 국제기호학협회의 학술지 『세미오티카』 제4권(La Haye: Mouton), pp. 1~30.
레몽 벨루르의 저서 『타인들의 책 Le livre des autres』(Paris: Éditions de l'Herne), pp. 260~89.

벨루르: 『영화의 의미작용에 관한 에세이』 제1권을 영화 기호학의 첫 번째 저서라고 평가하는 데 대한 선생님의 생각을 듣고 싶습니다.

메츠: '공식적인'이라는 영역이 존재한다면 그렇다고 할 수 있겠습니다만, 제 의견으로는 동일한 맥락의 사유를 접할 수 있는 최초의 책은 아닙니다. 다양한 측면에서 러시아 형식주의자들이 공헌한 바가 크죠. 특히 1927년 시클롭스키, 티냐노프, 예이헨바움이 공동 집필한 『영화의 시학 Poetika Kino』은 주목할 만한 책이며, 좀더 산만하기는 하나 주요 영화 이론가들 혹은 비평가들의 글에서 역시 비슷한 사유를 발견할 수 있습니다. 에이젠슈테인은 물론이고 아른하임, 발라즈, 바쟁, 라파이, 미트리 그리고 다소 의견 차이를 보이기는 하지만 코앙-세아나 모랭도 생각해볼 수 있죠. 이 자리에서 언급하지 않은 이론가들을 포함해 앞서 열거한 작가들은 모두 **의미작용에 관한 다양한 문제**를 비교적 정확하게 고민했습니다. 이러한 맥락에서 그들이 공식적으로 '기호학'이라는 이름표를 달지 않았다고 해서 아무런 공헌이 없었다고 한다면 어리석은 판단일 수밖에 없습니다.

단지 본인의 1968년 책이 현대 언어학 이론의 방법론과 개념을 체계적이고 분명한 방식으로 영화에 적용한 최초의 책이라고 할 수는 있을 것입니다.

사실 저는 **'영화 랑가주'라는 은유**를 끝까지 파헤쳐보고 싶었습니다. 이 은유 속에 감춰진 것은 무엇인지 조사해보고 싶었죠. 이를 위해 랑가주를 연구하는 학자로서 이미 많은 성과를 올린 언어학자들의 경험을 '치밀한' 방식으로, 연속적으로 활용해보려고 했습니다.

벨루르 : 선생님께서 설명해주신 내용이 1964년 논문 속에 정확하게 표출되어 있다고 여겨집니다. 이 논문은 『영화의 의미작용에 관한 에세이』 제1권의 제2부를 여는 제3장으로 재수록되기도 했죠. 매우 중요한 가치를 지닌 이 논문은 상당히 논쟁적이기도 합니다. 제목 「영화— 랑그인가 랑가주인가?」에서부터 기호학적인 목표와 기획에 근본적인 질문을 제기하는 것 같습니다.

메츠 : 레비-스트로스가 『구조주의 인류학』에서 다양한 민족학 시스템과 제식에 관해 설명하면서 모든 의미작용 시스템과 관련하여 근본적인 질문을 던져야 한다고 말한 바 있습니다. 대략 다음과 같은 질문인데, 이런 종류의 랑가주는 어느 지점까지 랑가주가 될 수 있는가? 하는 문제였죠. 덧붙이자면 저는 '기호 시스템'이란 용어 대신 의미작용 시스템이라고 하고 싶습니다. 왜냐하면 기호라는 개념은 의미작용보다 더 축소된 개념이며 예전에 비해 현재 기호학 연구에서는 그 중요성이 훨씬 감소했기 때문입니다. 처음부터 끝까지 의미하려는 목적으로 만들어진 유일한 시스템인 랑가주, 즉 '분절하는' 음성 랑가주는 레비-스트로스의 질문에 답할 필요를 느끼지 못합니다. 하지만 다른 모든 경우, 기호학의 연구 대상이 되는 다른 분야들은 먼저 이 질문이 선결해야 할 과제로 다가오지요. 선결해야 할 과제이면서 동시에 굉장히 모순적인 측면도 포함하고 있는데, 왜냐하면 이 질문에 답하기 위해서는 랑가주라는 개념에 관해 이미 해박한 지식을 갖추고 음성 랑가주와 다른 종류의 랑

가주에 관해서도 잘 알고 있어야 하기 때문입니다. 이 질문을 던지면서 이미 답을 전부 알고 있어야 한다는 이야기가 됩니다.

벨루르 : 그렇다면 선생님, 어떤 계기로 레비-스트로스가 제기한 질문을 영화 분야에 적용해야겠다는 생각을 하시게 되었습니까?

메츠 : 음…… 제 대답이 어쩌면 「영화― 랑그인가 랑가주인가?」라는 논문이 논쟁적이라는 부분과 통하는 답이기도 하겠습니다. 그 계기는 놀라움이었습니다. 우선 '영화 랑가주'라는 주제를 다루는 수많은 책이 언어학 연구의 성과물을 고스란히 가져와 영화 분야에 대입시키는 현상을 보고 놀랐습니다. 그리고 이 책들에서 영화가 랑가주 혹은 랑그라고 단언하는 것을 보고 놀랐죠. 게다가 매우 종종, 심지어 에이젠슈테인까지도, 랑가주와 랑그라는 용어를 마치 동의어처럼 사용하는 것에 또 놀랐습니다.

이러한 맥락에서 저는 이 두 개념을 명확하게 구분해보고 싶었습니다. 그래서 제 1964년 논문의 제목에 두 용어를 넣은 것이기도 하구요. 처음에는 소쉬르의 **랑그** 개념에서 출발했습니다. 더 정확히 하자면 '랑그/파롤/랑가주'라는 삼분법적인 개념입니다. 제가 당시에 채택했던 방식을 지금까지도 고수하고 있지는 않습니다. 소쉬르는 랑가주를 거대한 현상들의 집합이라고 보았는데, 그 내부는 다시 매우 잘 조직된 랑그와 다양한 형상을 지닌 파롤로 재분류된다고 보았습니다. 제 생각에는 영화는 랑그와 비교될 수는 없습니다만 랑가주와 비교될 수 있습니다. 사실 영화에서 고정불변의 안정된 구조를 포함하고 있는 집합을 발견할 수 없습니다. 다시 말해 랑그를 찾을 수 없어요. 하지만 영화에서 반복적으로 나타나는 배열 방식이라든가 대략적으로 약호화되어 있는 구도, 다양한 형태의 '패턴' 등을 접하게 되는데, 이를 '파롤'의 특성에 맞는 부분적인 약호작용 현상이라고 볼 수는 있습니다. 아니면 오늘날 담화라고 지칭하는 것, 벤베니스트가 제시한 개념으로서의 '담화'에 해당한다고 보겠습니다.

그런데 솔직히 제가 1964년 이후 파롤의 개념에 상당히 비판적으로 변하긴 했습니다. 당시에는 파롤을 마치 조직되지 않은 나머지 부분들처럼 생각했었거든요. 사실 파롤은 하위-약호들의 집합인데 말이죠.

여하튼 전통적인 영화 관련 글에서 가장 보편적으로 통용되는 생각 중 하나는 이미지들이 시퀀스 내부에서 조직되고 배열되는 것이 마치 단어가 문장 속에서 그러한 것과 유사하다고 보고 영화를 랑가주라고 간주하는 것입니다. 하지만 단어가 배열되는 것과 이미지가 배열되는 방식은 완전히 다르죠. (이에 관해서는 구조주의 언어학과 변형 생성 언어학을 참고하기 바랍니다.) 뿐만 아니라 숏은 단어와 결코 비교할 수 없습니다. 시퀀스와 문장도 비교할 수 없습니다. 정말로 이들 사이의 유사성을 간절히 찾고 싶다면 차라리 숏 자체를 **문장 혹은 언표 규칙을 따르는 담화 분절체**에 비교하는 것이 조금 더 타당하다고 하겠습니다.

한 가지 교훈을 말하자면 많은 경우에 언어학으로부터 가져와 남용되는 비교와 대입이 언어학을 많이 알아서 발생하는 것이 아니라 너무 몰라서 일어나는 일이란 사실입니다.

언어학을 조금 알면 길을 잃고 헤매기 쉽지만 제대로 알면 길을 환히 비춰줄 것이란 얘기죠. 방금 말한 지적은 이중적 의미를 지닙니다. 우선은 많은 기호학자가 저를 비난했던 것이 부당하다는 반박이기도 한데, 제게 언어학적인 측면이 너무 강하다고 비난을 했었죠. 저는 물론 인정하지 않습니다. 또 다른 의미에서 이 지적은 저 스스로를 향한 자아비판이기도 합니다. 앞서 언급했던 논문을 비롯하여 언어학과 영화 분석의 관계에 대해 사유했던 내 자신의 글 역시 충분히 심화되지 않았다고 보기 때문입니다. 그사이 조금 더 공부하긴 했습니다만 아직도 할 일이 많이 있습니다.

여하튼 영화 랑가주에 관한 전통적인 입장의 사유 대부분은 일종의 오해에 기반을 두고 있습니다. 이 과정을 논리적인 세 가지 사고 과정으로 정리해볼 수 있는데요. 첫번째 단계에서는 사람들이 영화가 랑가주라고 선언합니다. 두번째 단계에서는 영화를 랑그로서 연구합니다. 세번째 단계에서는 랑그를 정확하게 연구하는 언어학적인 사고는 사라집니다. 동시에 랑가주와의 관계도 더 이상 고려하지 않게 됩니다.

　기호학 연구는 처음에 부정과 긍정, 두 가지 입장에서 출발했습니다. 부정으로부터 접근하는 방식은 영화가 아닌 것을 정확하게 선별하는 작업입니다. 더 많이 연구된 랑그에 대해 알고 있는 내용과 영화 간의 차이를 먼저 생각했습니다. 긍정에서 접근하는 방식은 영화가 무엇인지를 연구하는 작업이었습니다. 이론적으로 보면 첫번째 부정적인 단계를 거쳐 긍정적인 단계로 나아가게 되지만 사실 연구자들의 머릿속에서는 이 두 가지 입장이 서로 끊임없이 교차되게 마련입니다. 이렇게 보면 언어학은 방법론으로 매우 유용하게 됩니다. 그러면서 언어학을 넘어 일반 기호학으로 확장되는 것이지요. 동시에 영화 연구로도 확장됩니다. 하지만 두 가지 차원이 동일한 방식으로 이루어지지는 않을뿐더러 정확히 같은 언어학이라고 할 수도 없습니다.

벨루르 : 제가 보기엔 선생님께서 설명해주신 부정에서 접근하는 방식이 대단히 효과적이라고 여겨집니다. 예술사나 영화 이론사에서 관찰할 수 있는 애매모호함에 다소 불만을 느낀 사람이라면 선생님 저서에서 엄격하게 정의되고 있는 랑그와 랑가주의 구분에 충분히 공감할 것입니다. 비교할 수 없으면서도 동시에 비교할 수 있는 극단적인 두 입장에 더 이상 논쟁할 여지를 남기지 않게 만드셨습니다. 제가 말씀드린 두 입장이란 하나는 지가 베르토프와 에이젠슈테인의 입장을 말하고, 다른 하나는 영화 문법이 있다고 주장하는 입장을 말합니다. 우선 첫번째 입장을 견지하는 이들은 랑그를 과도하게 참조하면서 영화를 마치 혁명의 언어로 보고 있습니다. 이때 혁명의 언어는 온전히 창조적이면서 미래지향적인데, 역사유물론의 방법론으로 현실을 해석하도록 만드는 과학적 서정주의에 도취된 유토피아를 꿈꾼다고 할 수 있습니다. 반면 영화 '문법'을 주장하는 이들은 본질적으로 환원주의자이며 회고주의자라고 할

수 있습니다. 그들은 귀납적으로 음성 랑가주의 구조를 영화 문법과 비슷하다고 규정하며, 따라서 문학적 형태의 표현성과도 통한다고 봅니다. 결국 영화 예술의 모든 독창성을 부인하죠. 첫번째 입장의 사람들은 영화 분야에 속하는 것처럼 보이도록 계획했었지만 알고 보면 자신들의 영화의 생성 구조를 우리에게 통지한 것이라고 여겨집니다. 반면 두번째 입장의 사람들은 모든 영화를 걸고 순진하게 말했지만 결국 모든 영화에 해당하는 제안은 잘못될 수밖에 없다는 것으로 귀결되었죠.

제 생각에는 선생님 논문이 발표되기 전까지 **숏**과 **시퀀스**는 거의 '금기'된 용어였습니다. 그런데 부정에서 출발한 접근 방식에서 이 용어들을 현실적 무게를 줄인 채 안정적인 기준으로서의 부담도 내려놓은 채 사용하셨습니다. 기준이란 랑그와 비교해서는 외재적이면서 그만큼 내재적이기도 합니다. 음성 랑가주를 모방한 많은 것이 특정 약호, 즉 언어학 모델을 쫓아 만들어진 약호들에 의해 재분배되었는데, 선생님의 논문에서는 이런 점들이 사라지고 제자리를 잡았습니다. 저는 이 작업이야말로 선생님 연구에서 가장 주목할 만한 부분이라고 생각됩니다.

영화 기호학은 일종의 반발을 일으킬 수밖에 없는 분야인 것 같습니다. 다시 말해 영화에 랑그적인 측면이 있다고 주장하는 사람들을 멀리하는, 결과적으로 랑가주로서 고려하는 가능성조차 모두 부정하는 관념론적인 전통과 정면충돌하는 학문인 것이죠.

메츠: 영화 기호학은 사실 두 가지 경향에 이의를 제기하고 있습니다. 첫째 가시 세계를 둘러싼 형이상학입니다. 영화가 현실을 진짜처럼 복제하는 특성, 즉 사진적인 정확성에 기반을 두는 이 입장은 랑가주에 못 미친다는 생각을 견지하고 있죠. 둘째는 순수 창조성을 신봉하는 입장인데, 막연한 관념론이라고 하겠습니다. 이러한 주장을 펼치는 이들은 영화가 랑가주를 넘어선다고 생각하죠.

제가 보기에 영화 기호학은 이상의 두 장애물을 모두 비껴갈 수 있습니다. 우선 영화는 영화적이지 않은 세상, 즉 '현실'에서 지각하는 방식과 다른 방식으로 다양한 광경을 배치합니다. 즉 랑가주 현상이란 것이죠. 또한 영화의 생산성은 전제된 약호들에 의해 구체화되는 것입니다. 물론 이때 약호들을 어떻게 결합하는가 혹은 파괴하는가 하는 행위는 온전히 창조적인 행위로 존재합니다.

가시성과 이미지의 아성을 수호하고자 하는 사람들은 결국 순수 언어학을 주장하는 사람들과 다르지 않다고 봅니다. 이미지 수호자들은 기호학자들이 언어학이 아닌 대상에 접근하면서 언어학 개념을 사용한다고 비난합니다. 하지만 유성영화의 등장 이후 이와 같은 지적 역시 옳지 않게 된 지 오래입니다. 순수 언어학자들은 언어가 아닌 다른 분야에 언어학 개념을 적용한다고 비난합니다. 이상의 반박들은 각각 서로 다른 분야에서 시작된 것이지만 서로 통하는 면이 많습니다. 그들은 모두 입을 모아 '확대 적용'이나 일반화는 '부당하다'고 주장합니다. 그리하여 영화 연구를 전통적으로 가장 좋지 않은 미학 보편론, 개론적 수준으로 끌어내리게 되는 것이죠.

개인적으로 저는 '부당한 확대 적용'이라는 반박을 제대로 짚고 넘어가야 한다고 생각합니다. 언어학은 우리에게 서로 완전히 구별되는 두 가지 개념을 제시하고 있습니다. 기호학자들은 반드시 이 개념들을 분간해야만 합니다. 예를 들어 음소와 같은 개념은 의미작용 시스템 전체와 관련이 없습니다. 따라서 영화 이미지 속에서 음소를 찾아보겠다는 야심은 잘못된 것이 아닐 수 없습니다. 여기에서 프랑카스텔이 비난했던 기호학의 몇몇 측면이 떠오르는군요. 그는 잘못 판단한 것 같아요. 사실 그 누구보다 그의 작업은 기호학적인데 말이죠. 사실 학파의 구분과 명칭이 뭐 그리 대단하겠습니까? 여하튼 분명한 점은 기호학이 랑그에만 해당하는 언어학적 개념을 적용해서는 결코 안 된다는 것입니다. 언어학자의 작업 중에서 일반 기호학에 매우 근접한 개념들이 있다는 사실을 주목해야 할 것입니다.

벨루르: 선생님의 말씀은 소쉬르가 언어학은 단지 일반 기호학의 한

특정 분야라고 했던 의미와 일맥상통하는 것 같습니다.

메츠 : 네, 그렇죠. 맞습니다. 결국 같은 결과에 도달하기는 하지만 두 가지 다른 양상에 따라 구분이 가능합니다. 우선 언어학자들이 정확히 일반 기호학이라고 부를 만한 관점에서 사용하는 용어가 있습니다. 이 때 '언어학으로부터 차용'했다는 생각은 아예 금지되죠. 가령 소쉬르의 '기호/기표/기의/의미작용'이라든지, 옐름슬레우의 '형식/실질/질료'와 '내용/표현' 등을 들 수 있습니다. 다른 한편으로 딱히 기호학을 생각하지 않은 채 언어학자들이 제안한 개념들도 있습니다. 이 개념들은 충분히 유연하고 포괄적인 것이어서 음성언어가 아닌 다른 약호 체계에도 직접 적용이 가능합니다. 예를 들어 마르티네가 제안한 '계열체'와 '통합체' 같은 개념은 다른 분야로 전파하기에 적합합니다. 왜냐하면 텍스트 내부에 존재하거나 혹은 반대로 부재하거나 하는 단위들은 랑그의 특수성과는 아무런 관련이 없으니까요. 텍스트에 사용된 요소를 쓰이지 않은 다른 요소들과 치환할 수 있는 가능성에 따라 존재 혹은 부재를 설명할 수 있죠. 통합체적인 현상과 계열체적인 현상은 언어와 다른 약호들을 구별하는 것이 아니라 오히려 가깝게 만드는 것입니다. 이러한 맥락에서 보면 부당한 차용이란 존재하지 않습니다. 아니 본질적으로 **차용 자체를 말할 수 없습니다.** 일반 기호학이 보유하고 있는 개념 창고에서 필요한 개념들을 사용한 것이죠. 물론 이 창고가 상당 부분 언어학자들에 의해 채워진 것은 사실입니다. 하지만 논리학자, 정신분석학자, 정보학자 등도 함께 참여했습니다.

그럼에도 불구하고 사람들은 일종의 편견을 버릴 줄 모릅니다. 언어학자인 저자가 어떤 개념을 강조했다는 이유만으로 '순수 언어학'이라고 평가하면서 다른 분야에 적용할 수 없다고 말해서는 안 됩니다. 여기서 사람들이 말하는 것은 개념이 아니라 개념을 만든 아버지의 직업일 뿐입니다.

벨루르 : 그렇다면 선생님께서는 기존의 정의들을 해체하는 작업을 근

거로 어떻게 기호학만의 특정 연구를 구체화시키셨습니까?

메츠: 제가 '거대 통합체grande syntagmatique'*라고 지칭했던 영화 약호를 면밀하게 관찰하는 작업으로 시작했습니다. 물론 이외에 다른 영화 약호도 많이 있습니다. 지금은 이 점에 관해 명확한 생각이 서 있습니다만 당시에 처음 연구를 시작했을 때에는 제 머릿속에서 정리되지 않았었죠. 솔직히 말하면 영화의 한 가지 약호를 연구했음에도 불구하고 바로 이 약호가 어쩌면 영화 약호 전부를 대변하는 것일지도 모른다는 생각을 어렴풋이 했습니다. 게다가 책에서도 이 혼란스러움이 읽힙니다.

저는 **시퀀스**라는 개념에서 출발했는데, 이 개념 속에는 시네아스트의 실제 작업이나 관객의 지각 방식과 같은 사회학적인 사고도 강하게 드러나 있습니다. 당시 생각으로 '시퀀스'라는 모호한 용어 속에 이미지 배열의 서로 다른 여러 유형이 포함되었으며, 유형들은 서로 대립되기도 했고 약호로 조직되기도 했습니다. 또한 영화 랑가주의 공시적 상태에서는 제한된 숫자로 정리할 수 있다고 보았습니다. 차후 랑가주가 발전됨에 따라 약호를 변화시킬 수도 있지만 말입니다. 제가 당시에 생각한 시퀀스 개념은 **통합체**라는 언어학 개념으로 충분히 설명이 가능했습니다. 왜냐하면 정의상 시퀀스는 영화 텍스트 속에 공존하는 연속적인 여러 개의 이미지 배열이기 때문이었습니다. 반면 시퀀스의 유형을 구분하는 차이는 **계열체**로 진술했습니다. 먼저 '고전'영화 시대의 '서사'영화 '이미지트랙'이라는 세 가지 차원에서 제한된 범위를 정했습니다. 이렇게 하니 어느 정도 제어가 가능했죠. 여하튼 이 범위 내에서 시퀀스 유형을 서로 교환하는 과정을 통해 그 종류를 집계했습니다. 그 결과 여덟 개의 계열체를 도출해냈습니다. 아니 오히려 열두 개라고 하는 편이 낫겠네요. 첫번째 유형은 다섯 개의 하위 유형으로 세분되니 말입니다.

제가 분석한 유형들은 '문법적'이면서 동시에 '수사학적'인 약호입니

---

* 메츠의 이미지의 거대 통합체 분석은 『영화의 의미작용에 관한 에세이』 제1권 제5장 「픽션영화에서 외연의 문제」를 참조하기 바란다.

다. 문법적이란 시각적인 플롯을 눈에 보이는 그대로 이해할 수 있게 도
와주기 때문입니다. 외연 약호라고 할 수도 있습니다. 물론 그 자체로
강력한 내포를 지니고 있습니다. 수사학이란 '시퀀스'라는 더 상위 차원
의 통합체적인 요소들에 관계하기 때문이고, 나아가 영화의 구성과 서
사 구성에 직결되기 때문입니다. 이는 고전 수사학에서 말하는 **논거 배
열술***의 약호라고 할 수도 있습니다. 물론 영화에는 숏 내부의 소재들을
배치하는 것과 같은 통합체 차원보다 더 작은 요소들을 조직하는 약호도
있습니다. 하지만 더 '작은' 단위들을 추적하면 할수록 고민거리가 발생
하는 것이 사실입니다. 이 수준에서 개입하는 약호들은 과연 영화적 약
호라고만 할 수 있을까? 촬영된 광경 자체에 포함된 것은 아닐까? 사실
후자의 경우 영화 분야에서 '현실'이라고 부르는 대상에 관계되는 것이
라고 하겠습니다. 지각의 구조, 도상적인 차원, 상징적인 차원 등 카메
라로 촬영하기 이전 존재하는 약호들입니다. 유비관계에 근거한 녹화,
미국 기호학자들이라면 도상성, 닮음, 재현이라는 용어를 쓸 부분과 관
련되는 것이고 그만의 특정 약호들을 가지고 있다고 하겠습니다.

　사실 저는 영화 분야에서 문법과 수사학이 서로 구분 없이 사용되는
것을 발견하고 흥미로웠습니다. 저뿐만 아니라 파솔리니, 미트리 등도
같은 생각을 했죠. 내포는 외연의 형태에서 발산되고 사람들은 외연의
다양한 구조 중 하나를 선택하면서 내포의 기표를 구성합니다. 어쩌면

---

* (옮긴이) 아리스토텔레스는 언어를 논리·수사·시의 세 범주로 구분하고, 이 세 범주가 저마다
의 목적을 지니고 있다고 주장했다. 논리는 명확성을, 수사는 설득을, 시는 모방을 목표로 삼는
것이다. 수사학은 애초에 약호화된 구두 언표 상황의 모든 기술을 의미하는 것이었고, 단지 '시
학'과만 구별되었다. 시학은 (일반적으로 글로 쓰어진) 허구적인 것의 이론, 현실 상황서의 개입
이 없는 것에 관한 이론이었다. 프랑스 고전주의 시대에, 이 경계막이 무너지고 시 역시 수사학
역량 아래 재배열된다. 아리스토텔레스 혹은 퀸틸리아누스는 수사학을 세 가지 계열로 정의했는
데, '장식' 연구의 일부인 elocutio(문체 작업), 구조를 짜는, 구성하는 기술인 dispositio(논거
배열술, 배열), 그리고 본질을 드러내기 위해 사고하는 과정인 논제의 선택, 즉 inventio(논거 착
상술, 주제 설정)이다. 수사학 기술은 종종 여기에 조작 행위의 두 가지 범주, 즉 담화를 말로
표현하는 기술, 제스처, 발성과 관련된 actio(발표)와 다른 담화에서 재사용할 수 있는 스테레
오타입을 완벽하게 기억하는 기술인 memoria(기억술)를 덧붙였다.

음성언어만이 '순수' 문법을 구별해낼 수 있는 유일한 약호라고 할 수 있습니다. 언어 문법을 논리적으로 수사학과 구별할 수 있다면 여러 개의 단어가 존재하기 때문일 것입니다. 물론 지금 우리는 내포가 전혀 없는 수학 랑가주, 논리의 랑가주 등의 형태는 고려하지 않고 있습니다만 상당히 복잡하고 광범위한 문제에 결론을 내리기란 쉽지 않습니다.

벨루르 : 거대 통합체 약호가 적절하게 맞는 분야는 무엇일까요? 선생님께서 방금 전에 영화 랑가주의 공시적 상태에만 해당한다고 이미 대답하셨다고 봐도 될는지요? 다시 말해 '고전 서사영화'라고 지칭하신 분야에서 말이죠.

메츠 : 제 생각에 거대 통합체는 영화가 19세기 고전소설처럼 되기 위해 했던 노력을 반영하는 것처럼 보입니다. 시퀀스의 여덟 가지 유형은 동일한 이야기 속에서 연속되는 이미지들 간의 시공간 관계를 여러 형태로 표현하고 있습니다. 이는 영화에서 명확하고 통일된 플롯을 읽을 수 있도록 하는 방법이죠. 또한 관객이 '디제시스 차원(즉 기의)에서 3번 이미지는 2번 이미지 전에 일어났다, 혹은 후에, 혹은 동시에 일어나는 일이다'라고 자신 있게 말할 수 있도록 하는 방법입니다. 역사적으로 이런 종류의 약호가 주효한 것은 제가 '고전'영화라고 부르는 작품들에서입니다. 구체적으로는 1930년대 이후 유성영화가 보편화되면서부터 '현대' 영화라고 지칭되는 초기 작품들이 등장할 때까지를 말합니다. 프랑스에서 현대 영화의 등장은 대략 1955년 '누벨바그' 단편영화들이 등장하면서부터라고 하겠습니다. 물론 1955년 이후에도 많은 영화가 매우 고전적인 요소들을 가지고 지속적으로 생산되었습니다. 여기에 그 어떤 쇄신의 노력도 찾아볼 수 없었죠. 물론 지금 우리가 이야기하고 있는 영역에서 말입니다. 이상의 범주에 속하는 영화들은 제가 제시한 도표를 이용하여 확실히 분석 작업을 진행할 수 있습니다.

뿐만 아니라 장르의 모방도 생각해볼 수 있습니다. 이 약호는 서사영화, 즉 픽션영화에만 적용됩니다. 교육영화 혹은 다큐멘터리 영화 등은 제외됩니다. 물론 이 영화들도 새로운 시도를 한다면 이야기는 달라지 겠죠.

매우 '현대적인' 영화들은 분명 거대 통합체를 수정하고, 다채롭게 혹 은 유연하게 만들고, 나아가 더 풍요롭게 만드는 결과를 낳습니다. 이를 목표로 한다고 해도 과언이 아니죠. 그 과정에서 때로는 파괴하거나 변 형시키기도 합니다. 제가 지금까지 설명 드린 내용은 결국 구조란 역사 속에 위치한다는 생각으로 안내합니다. 다른 분야에서와 마찬가지로 영 화에서도 통시적 관찰이 가능합니다. 따라서 영화가 본질적으로 시퀀스 의 여덟 가지 유형(제가 맞게 분석을 했다면 말이죠)으로 귀결되는 것은 아닙니다. 다만 일정 시기, 일정 범주의 작품들에 해당하는 특성일 뿐입 니다.

벨루르 : 약호를 분류한 작업 과정에서 선생님의 경험이 크게 작용했을 것이라고 여겨집니다. 가령 지금 설명하신 관점에서 고전영화 전체를 고려한 조사 과정과 같은 것이요.

메츠 : 당연합니다. 솔직히 우리는 경험에 근거한 조사만 할 수 있어 요. 이 작업은 장르나 시기를 제한할 수밖에 없어요. 이것만으로도 수 천 작품을 살펴보아야 합니다. 영화들을 조사하다 보니 여덟 가지 형태 중 그 어떤 것에도 속하지 않는 시퀀스가 없다는 결론을 내리게 되었습 니다. 사실 모든 영화를 각각 시퀀스별로 측정해볼 수는 없지만 거대 통 합체 도표만큼은 거의 수공업적인 방식으로 얻어졌습니다. 제가 선택한 시대와 장르의 수많은 영화를 계속 지켜보면서 점진적으로 시퀀스의 유 형을 증가시켜 나아갔습니다. 하나씩 늘려가다 결국 여덟 개 유형까지 도달했고, 더 이상 아홉번째 유형은 찾을 수 없었습니다. 기호학에서는 이와 같은 상태, 즉 텍스트의 분석이 새로운 구조 형태를 드러나게 하지 않고 단지 이미 설명된 양상들의 반복인 경우를 '자료체의 포화 상태'라 고 부르곤 하죠.

이는 **발견의 과정**이라고 지칭되는 문제이기도 합니다. 언어학의 가장 최근 이론에서는 발견의 과정이 없다고 평가합니다. 기호학에서는 훨씬 더 주저하게 되죠.

벨루르 : 거대 통합체를 성립하는 과정에서 선생님께서 스스로 밝히셨듯이 곤란한 경우도 있으셨던 것 같습니다. 자율 숏이라는 도표의 첫번째 유형이 너무 복잡한 탓에 겪으신 일이란 생각이 드는데요. 선생님께서 이미지트랙의 두 가지 통합체 도표를 만들 필요가 있다고까지 말씀하신 적이 있습니다. 어떤 의미였는지요?

메츠 : 맞아요. 자율 숏, 특히 하위 유형의 하나인 '플랑-세캉스'는 너무 복잡했습니다. 내부 삽입과 같은 다른 하위 유형에 대해 이 자리에서 언급하지는 않겠습니다. 제가 제시한 거대 통합체는 바쟁이 '고전 데쿠파주'라고 지칭한 시대를 중점적으로 다루고 있습니다. 고전 데쿠파주란 분석적인 데쿠파주라고도 할 수 있는데, 행위의 복잡한 단면을 이해하기 위해 한 번에 지속적으로 촬영하는 것보다 연속된 여러 개의 숏으로 잘게 나누는 방식을 선호하는 것을 말합니다. 저는 자율 숏을 첫번째 유형으로 보고 나서, 나머지 일곱 유형은 모두 여러 개의 숏으로 형성된 자율 분절체로 보았습니다. 방금 말한 고전 데쿠파주 분절체들은 정의상 그 성격에 따라 제 구분 도표에서 일곱 가지 유형 중 하나로 정리할 수 있습니다. 하지만 고전영화 시기 전후 시네아스트들은 실제 작업에서 하나의 숏 안에 길고 복잡한 서사 플롯 요소를 담아내기도 했었죠. 그 좋은 예로 프랑스 감독 푀야드를 들 수 있습니다. 바쟁은 플랑-세캉스의 등장을 두고, 다소 상징적인 방식으로 말하긴 했으나, '현대' 영화라고 정의한 바 있습니다. 사실 시대를 구분하는 일은 그 경계를 정확하게 가르기가 쉽지 않죠. 경계들끼리 서로 겹치는 때가 많습니다. 결과적으로 제가 연구 대상으로 삼은 영화들은 유형 1번에 해당하는 플랑-세캉스와 동시에 유형 2번부터 8번까지에 해당하는 분절체들을 포함하게 된 것이죠. 예를 들어 오손 웰스의 작품은 이 유형들이 공존하는 매우 흥미로운 경우입니다.

플랑-세캉스는 자율 숏의 형태 중에 굉장히 복합적인 양상입니다. 가령 제법 길게 한 장면을 지속적으로 보여주는 내부 구조가 있을 수 있습니다. 좋은 예로 오손 웰스의 「훌륭한 앰버슨 가」 중 젊은 주인공이 폭식하는 에피소드를 들 수 있습니다. 피사체들을 수직적으로 길게 배치하는 화면의 심도 문제에 해당되는 구조도 있을 수 있습니다. 예를 들어 윌리엄 와일러의 「우리 생애 최고의 해」 중 피아니스트 에피소드를 생각해보면 좋죠. 또한 피사체를 수평적으로 배치하는 화면 넓이와 직결되는 구조도 있습니다. 그 사례로 장 르누아르의 「게임의 법칙」에서 등장하는 교차 추격 장면을 들 수 있습니다. 혹은 화면 안으로 들어가고 나오는 내부 구조도 있죠. 요컨대 플랑-세캉스의 모든 배치 법칙은 시공간관계를 포함하고 있고 편집을 통한 붙이기를 하지 않고 하나의 숏에 모두 담아내는 것입니다.

제가 플랑-세캉스에서 주목한 점은 이 구조에 나타나는 다양한 시공간 형태가 유형 2번부터 8번까지의 구조에도 등장한다는 사실입니다. 일곱 개의 통합체 유형에서 논리적인 연결은 (엄밀한 의미의) 편집에 의해 이루어지는 반면, 플랑-세캉스에서는 카메라 움직임에 의해 실현됩니다. 이 주제에 관해 장 미트리가 명확하게 설명한 바 있죠. 넓은 의미에서의 편집, 다시 말해 통합체적인 배열을 위한 일반적인 행위는 '붙이기'를 훨씬 넘어서는 것이라고 말이죠. 영화에서 묘사는 여러 개의 숏으로 이뤄지기도 합니다. 1번 숏에서 시냇물을 보여주고, 2번 숏에서 그 옆에 있는 나무를 보여줍니다. 이는 제 분류표에서 4번 유형인 '묘사 통합체'에 해당하죠. 하지만 묘사는 하나의 숏으로도 가능합니다. 파노라마로 피사체를 찬찬히 보여주는 것이죠. 결국 논리적인 구도는 두 가지 경우 모두 동일합니다. 이때 기표 요소들의 전후 상관관계는 상응하는 기의들의 동시성을 의미하게 되는 것입니다. 이는 '묘사'에 관한 정의이기도 하죠.

저는 방법론적으로 플랑-세캉스 내부에서도 유사한 특성을 찾아볼 수 있는 유형이 2번에서 8번 유형 중 무엇에 해당하는지 조사해보았습니다. 왜냐하면 모든 유형이 편집을 통한 데쿠파주 형식과 동시에 플랑-세캉스로 표현될 수 있는 것은 아니기 때문입니다. 가령 괄호연결 통합체나 에피소드 시퀀스의 경우는 하나의 숏으로 만들어질 수는 없어요.

그래서 결국 저는 거대 통합체의 두번째 도표를 다시 만들게 되었습니다. 이 도표 안에는 플랑-세캉스 '내부' 구조들의 다양한 경우가 포함되기는 했으나 완벽한 통합체 유형 분석은 아닐 수 있습니다. 여하튼 수정된 거대 통합체 도표는 이분법적인 접근으로 다시 살펴볼 수 있게 되었습니다. 첫번째 유형은 다른 일곱 가지 유형과 다른 분류 축에 있다는 뜻입니다.

그리고 저는 이 문제를 잠시 제쳐두기로 했습니다. 플랑-세캉스는 다른 종류의 시퀀스와 치환될 수 있고, 전체 영화 맥락에서 보면 세부 범주들 중 하나를 표상하는 것일 뿐입니다. 사실 언어학자 중에는 언어 시스템의 음성 시스템을 철저히 조사하기 위해서는 자음과 모음이라는 두 가지 다른 하위 시스템으로 먼저 세분하는 편이 전략적이라고 주장하는 사람도 있어요. 하지만 프랑스어와 같은 언어에서는 자음을 모음으로 치환할 수도 있죠. 자음과 모음을 대체하면 서로 다른 두 형태소를 만들어낼 수 있게 됩니다. 언어학의 문제는 제 연구 분야의 문제와 방법론적으로 통하는 면이 있어요. 이에 영감을 얻어 저는 '고전' 시퀀스들에 관한 유형학을 둘로 나눌 수 있는 가능성을 엿보게 되었던 것입니다.

벨루르 : 선생님께서 두번째 도표를 재정비하면서 히치콕의 「로프」와 같은 영화 구조도 포괄할 수 있게 된 것 같습니다. 히치콕 감독은 80분 길이의 「로프」를 롱테이크로 찍으면서 단 하나의 숏으로 만들 의도였었죠. 당시 카메라에 한 번 장전할 수 있는 최대한의 필름 길이가 10분이었기에 물리적인 이유로 어쩔 수 없이 8개의 숏으로 구성되었지만 말입니다. 이런 작품을 기호학적인 관점에서 분석하기 쉽지 않을 것 같아요. 사실 히치콕은 그만의 독특한 배열 원칙이 있죠. 즉 숏을 잘게 나

누는 방식이요. 히치콕은 "카메라 움직임과 배우들의 움직임이 바로 자신의 편집 원칙에서 중요한 기준이 된다"고 밝힌 적이 있습니다. 아시다시피 그는 '주어진 순간에 감정을 극대화시키는 이미지의 효과'를 강조했습니다.

제가 보기에 선생님께서 제안하신 통합체 분류표는 자의적으로 시대를 구분하는 일을 재고해보는 계기도 제공한다는 생각이 듭니다. 일반적으로 고전영화의 시대를 유성영화가 안정적이 된 1933년부터 '현대' 영화의 등장으로 보는 1955년까지 대략적으로 규정해버리곤 하는데, 선생님께서 「훌륭한 앰버슨 가」 「게임의 법칙」처럼 1940년대 영화를 예로 드시면서 플랑-세캉스의 훌륭한 사례라고 말씀하시는 것을 듣고 솔직히 약간은 충격을 받았습니다. 1940년대에 이미 새로운 구조가 등장했다고 한다면 고전영화가 겨우 구축하기 시작한 일의성이 전부가 아니란 뜻이 되어버립니다. 선생님께서 제시하신 다양한 약호는 시기에 따른 너무 단순한 분류를 넘어서는, 서로 겹쳐지고 얽히는 다양한 차원이 있음을 관찰하게끔 인도해주고 있습니다. 면밀한 조사에 기반을 둔 공식화는 나아가 역사적으로 접할 수 있는 운동성과 복수성의 구체적인 사례들을 감지할 수 있게끔 도와주고 있습니다.

이런 생각을 하다 보니 궁금한 점이 있습니다. 선생님께서 정의하신 여덟 가지 유형이 영화의 실제 양상들을 충실히 반영한 분류표라고 생각하시는지 아니면 좀더 상세하게 분석될 여지가 있다고 보시는지 말씀해주십시오.

메츠: 물론 두번째 입장입니다. 제 책에서도 각주를 달아 이런 고민들을 담고 있어요. 예를 들어 '교차 통합체' '통합체의 반복 변이체' 등의 문제는 당시뿐만 아니라 지금까지도 계속 어려운 숙제로 남아 있습니다. 아직도 고민할 거리가 많이 남아 있어요.

또한 제가 '단단한'과 '무른'이라는 용어로 지칭하는 유형들을 모두 같은 범주에 넣은 것이 아닌가 자문도 많이 합니다. 가령 괄호연결 통합체와 비非디제시스 삽입은 매우 분명하고 특정한 형태로 등장합니다. 이와 같은 유형을 '알아보기'란 매우 쉽습니다. 실수도 별로 없어요. 하지만 일반 시퀀스 혹은 신scène은 희미한 윤곽선을 지녔다고 볼 수 있어요. 가끔은 알아보기 어려울 때도 있고, 영화 전체 흐름에서 이 부분을 고립시키는 작업도 힘들 때가 있습니다.

저는 영화 기호학이 초보 단계라는 사실을 숨겨서는 안 된다고 믿습니다. 그래야지만 영화 랑가주에 관한 전통적 사유에 비해 훨씬 더 발전할 수 있게 될 것입니다. 저도 지금으로서는 제가 들인 노력의 정도에 비해 결과물의 정확성이 떨어진다는 생각을 합니다. 이를 **학문적 상황, 역사적 상황**의 국면이라 여길 수밖에요. 받아들여야 합니다. 그리고 앞으로 나아가야 합니다. 순진하다 못해 거만하게 본인의 연구가 최고라는 생각을 없애는 데 가장 효과적인 처방전은 연구를 꾸준히 지속해야 하는 것 이외에는 없습니다.

벨루르 : 대담 초반에 선생님께서 연구 초기에는 이미지트랙의 거대 통합체를 마치 영화의 유일한 약호로 간주하고 싶은 마음도 있었다고 고백하셨습니다. 오늘날에는 이 약호가 다른 약호들 중 하나로 생각되지만 당시에는 아니었다고 말입니다. 제 생각에 약호의 다각화는 정말 중요한 문제인 것 같습니다. 선생님께서 직접적으로 책에서 다루지는 않으셨지만요.

메츠 : 솔직히 『영화의 의미작용에 관한 에세이』 제1권 집필 당시에는 복수의 약호에 대한 생각이 잘 정리되지 않았었습니다. 제가 연구했던 첫번째 약호를 거대 통합체라고 명명했을 뿐입니다. 아직까지는 다른 약호에 대해 그만큼 상세하고 면밀하게 조사하지 못했으니, 첫번째 약호이자 유일한 약호라고 하는 편이 맞겠네요. 그래서 아마 책에서도 그런 인상을 내비치는 것 같습니다. 몇몇 문단에서는 여러 약호 중 하나라고 하면서도 다른 문단에서는 거대 통합체 약호가 영화의 유일한 약호는 정확히 아닐지라도 가장 중요한 약호는 될 수 있다고 암시했던 이유일

것입니다.

오늘날에는 저의 사고도 좀더 성숙해져서 약호의 다각화를 가정하는 일만이 영화 기호학의 질료를 제대로 연구할 수 있는 가능성을 여는 해결책이라고 믿습니다. 기호학 연구 초반에는 **랑가주를 통해 약호**를 식별하고자 하는 보편적인 방식을 벗어나기 어려워요. '영화 랑가주' '음악 랑가주' '언어 랑가주' 등 외재성을 근거로 서로 다른 랑가주들을 나열해놓게 되죠. 사실 랑가주와 약호를 혼동하는 셈입니다.

저와 똑같은 시기에 에밀리오 가로니가 『기호학과 미학Semiotica ed Estetica』(Bari: Laterza, 1968)이라는 영화 기호학 책을 발표했습니다. 이 책을 읽으면서 제 연구를 되돌아보는 데 많은 도움을 얻었습니다. 가로니의 책에서는 분명하게 '랑가주'와 '약호'를 구분하고 있어요. 제 책 『영화의 의미작용에 관한 에세이』 제1권에서는 이 부분이 잘 정립되지 못했는데 말이죠. 이후 저는 이 문제에 천착하게 되었고 지금 거의 집필을 마친 『랑가주와 영화』(Larousse, 1971)에서는 핵심 사안으로 자리 잡았습니다. 옐름슬레우의 개념에 따라 '표현수단'으로 정의할 수 있는 단위 혹은 『기호학 요소들』에서 바르트가 언급한 '전형적인typique 기호'로 정의할 수 있는 단위를 '랑가주'라고 지칭할 수 있을 것 같습니다. 문학 랑가주는 표현수단을 글쓰기로 삼는 텍스트를 일컫는 것이며, 영화 랑가주는 다섯 가지 표현수단, 즉 동영상 사진 이미지, 녹음된 음성 언어, 소리, 음악, 그리고 자막에 해당하는 글쓰기를 사용하는 텍스트를 지칭하는 것입니다. 이렇게 보면 '랑가주'는 기술적이고 감각적인 단위이며 즉각적으로 지각 경험을 통해 감지되는 단위이며, 따라서 '영화' '회화' '제스처' 등 통용되는 사회적 분류와도 일치하게 됩니다.

반면 약호는 순수하게 논리적이면서 관계에 초점을 맞춘 단위입니다. 분석가만이 구성할 수 있는 단위인데 질료에 근거하는 것이 아니라 '형태'에 근거하는 것이지요. 옐름슬레우가 정의한 내용의 형태와 표현의 형태를 모두 포함하는 차원에서요. 약호는 요소들 간의 치환 특성, 기표의 차이점을 모아놓은 장입니다. 따라서 동일한 랑가주 내부에 여러 약호가 있을 수 있습니다. 역으로 단일 약호가 서로 다른 여러 랑가주 내부에서 출현할 수도 있습니다.

에밀리오 가로니의 주장은 저보다 훨씬 더 과격하여, 랑가주만이 특정하고 약호는 결코 그럴 수 없다고 말합니다. 그에 따르면 영화에서 고유한 것은 여러 약호의 결합이죠. 이 약호들 각각은 다른 랑가주에서도 발견되기 때문에 영화적 특수성이라고 부를 만한 부분이 없습니다.

하지만 제 생각은 좀 달라요. 가로니처럼 극단적인 태도를 취할 필요는 없다고 봅니다. 이러한 제 생각을 담은 논문[149]을 발표한 바 있습니다. 여기에서 가로니의 책에 관한 이야기와 동시에 그에 따른 제 생각을 설명했습니다. 분명 **영화에 등장하는** 상당수의 약호가 **영화**만의 **특정 약호는 아닙니다.** 영화는 집단 표상, 이데올로기, 다른 예술에서 차용한 형태, 다른 종류의 법칙을 따르는 문화적 상징주의 등을 함께 포함하고 있습니다. 동시에 **영화에만 고유한 자신만의 약호**를 생산하기도 합니다. 영화는 일단 기계 장치이고, 기계를 사용하는 방법과 직결되는 기교적인 측면이 있습니다. 디졸브, 파노라마 등과 같이 영화에서만 실현 가능한 형태들이 분명 존재합니다. 그 사례를 일일이 열거하자면 굉장히 길고 복잡해질 것입니다.

벨루르 : 방금 대답해주신 내용에서도 엿볼 수 있었는데, 선생님께서는 영화의 특수성과 관련된 모호한 개념을 엄격하게 재정의하셨습니다. 이 과정에서 영화의 질료적인 차원과 질료를 구조로 만드는 약호 간의 이론적인 대립을 확실히 하셨습니다. 선생님께서 설명하신 약호작용 속에는 기계를 생산수단으로 하는 영화가 그 질적 완성도로 인해 픽션 랑가주의 장소가 될 수 있게 만드는 문화적 논리, 역사적 산물 그리고 존재론적으로 미리 결정된 효과 이상이 포함되어 있습니다.

이런 맥락에서 영화 기호학만의 연구 대상은 선생님께서 말씀하신 특정하게 영화적이라고 간주되는 약호 집합에 관해 약호 자체 내부의 더 치밀한 구분을 통해 묘사하는 것으로 볼 수 있을까요?

메츠 : 이를 영화 기호학의 대상이라고 할 수 있을 것입니다. 하지만 영화 구조주의 분석의 대상은 아닙니다. 영화 구조주의 분석은 각 영화의 개별 구조를 주요 대상으로 합니다. 따라서 연구 대상이 되는 영화에 등장하는 모든 약호, 영화의 특정 약호이건 그렇지 않건 간에 약호들을 전부 조사합니다. 제가 말한 두 연구 분야는 근본적으로 서로 다르지만 서로 이웃하는 보완적인 관계를 맺고 있습니다. 이 두 분야는 동일한 원칙을 따르지 않습니다. 요컨대 여러 텍스트를 거치면서 하나의 약호를 추적하는 작업과 텍스트 하나에서 모든 종류의 약호를 추적하는 작업으로 구분됩니다. 첫번째 방식은 약호 연구인 반면, 두번째 방식은 텍스트 연구라고 하겠습니다.

제가 거대 통합체를 연구한다고 해서 특정 영화 작품과 관련하여 지식을 쌓아가지는 않습니다. 물론 거대 통합체는 영화 속에서 구체화되지만 말입니다. 제 연구는 약호의 연구이죠. 역으로 한 영화 작품을 연구하는 경우 그 속에 나타나는 약호를 모두 조사하기는 하지만 이 약호 자체를 연구 대상으로 삼지는 않습니다. 텍스트 시스템 내부에서 이 약호들이 어떻게 독창적인 방식으로 결합되는가에 주목하는 것입니다. 결합은 곧 텍스트의 움직임이기도 한데 이는 약호에 의거하여 구축되긴 하지만 동시에 약호에 대항하여 발생하는 움직임이기도 합니다. 고유한 텍스트 시스템은 영화가 진행되는 동안 유일하게 적합한 시스템으로 자리를 잡으면서 적절하지 않다고 여겨지는 다른 약호들을 밀어내기에 이릅니다. 사실 텍스트 시스템이란 것이 다른 약호들에 근거하거나, 약호들을 가지고 혹은 반대로 약호들을 파괴하면서 구축되는데도 말입니다.

벨루르 : 그렇다면 선생님께서는 기호학은 영화만의 특정 약호를 철저히 조사해야 한다고, 그리고 그렇게 할 수밖에 없다고 보시는 것입니까? 제가 보기에 이 가정은 어쩌면 너무 이상적인 것 같은데요.

메츠 : 말씀하신 방향의 연구가 이미 시작되었다고 보는 것이 맞습니

다. 특정 요소들을 추려내고 그들끼리 치환해보면서 약호와 하위-약호들로 분류하는 작업을 하고 있습니다. 가령 페이드인·아웃과 디졸브의 대립이 시대에 따라, 영화에 따라, 장르에 따라 다양한 변주 형태로 나타나는 양상을 살펴보는 것이지요. 제가 보기에 몇몇 형태와 기법은 아무런 주저 없이 영화만의 특정 약호라고 판단할 수 있습니다. 왜냐하면 이런 형태는 영화를 정의하는 표현수단과 직결되어 있기 때문입니다.

하지만 영화 기호학이 아무리 심화된다고 할지라도 특정 약호들로만 구성된 완성된 목록을 작성할 수 있으리라고 보지는 않습니다. 약호와 텍스트 사이에는 매우 본질적으로 왕복 운동이 이루어지고 있습니다. 텍스트는 기존의 약호에 근거하여 구축되지만 언제나 새로운 약호 혹은 새로운 하위-약호 요소들을 남길 수 있습니다. 약호의 목록이란 따라서 더 이상 아무도 영화를 만들지 않는 순간이 올 때에만 완성될 수 있다는 뜻입니다.

벨루르: 기호학자는 항상 창작자가 작업을 마친 후에 개입할 수밖에 없고, 약호는 텍스트를 토대로 연구된다는 사실을 보면 선생님 말씀에 수긍이 갑니다. 하지만 연구자가 역사적으로 한정된 일정 시기만을 대상으로 삼는다면 얘기가 달라질 수 있지 않을까요? 차라리 이 경우에는 자료체의 실험을 통해 약호 행위에 새로운 요소들을 제공하는 일이 불가능하다고 말할 수 있지 않을까요? 혹은 기호학 프로그램 안에 완결성이 끼어들 자리가 없다는 편이 맞지 않을까요?

메츠: 연구자는 항상 작업의 매 단계마다 부분적으로 완수해야 할 임무를 철저히 마칠 필요가 있습니다. 하지만 절대적인 완결성이란 제가 보기에 기호학 프로그램 내부에 자리할 수 없습니다. 그럴 수도 없고, 그래서도 안 됩니다. 만약 더 이상 영화 촬영을 하지 않는다고 한다면 기호학자는 종결된 텍스트를 연구 대상으로 갖게 되는 셈이겠죠. 가령 현실적으로 보면 작고한 시네아스트의 필모그래피 전체를 연구하는 식으로 제한된 소범위에서는 가능합니다. 하지만 더 이상 생산되는 영화

가 없다고 하더라도 '종결 효과'가 분석 담론 혹은 '창작'의 역사 전반에 걸친 진화 과정으로 확장되는 경우는 절대 없습니다. 또한 새로운 글쓰기가 무한대로 생산될 수 있는 것처럼, 새로운 읽기도 무한대로 가능합니다. 영화는 더 이상 발전하지 않는다고 할지라도 영화 기호학은 진화를 계속할 수 있다는 뜻이죠.

벨루르 : 이제 선생님께 몇 가지 질문을 드리고자 합니다. 이 질문들은 서로 구별되는 것이긴 하지만 크게 보면 거대 통합체의 지위, 영화 약호의 다각화, 구조주의 분석의 관계, 기호학적인 연구 작업 등에 관해 보다 분명한 이해를 도와줄 것이란 점에서 일맥상통한다고 볼 수도 있을 것입니다. 우선 거대 통합체 이외에 영화의 특수성 개념을 지지해줄 만한 다른 약호들이 있다면 설명해주십시오.

메츠 : 가령 전통적으로 '영화적 구두점'이라는 명칭으로 분류하는 약호가 있습니다. 페이드인·아웃, 와이프, 아이리스, 디졸브 등이요. 이 약호는 시대에 따라 달라진 다양한 하위-약호들을 가지고 있죠. 하위-약호들까지 포함해서 광학 효과의 전체 목록은 상당히 다양하고 시스템에 따라 서로 대립되는 양상도 변화하곤 합니다.

카메라 움직임이 있는 경우가 있죠. 이 범주에 트래블링, 파노라마, 트래킹, 핸드헬드, 그리고 줌처럼 시야를 가깝게 하거나 멀게 움직이는 기법 등이 해당합니다. 여기에 상당수의 하위-약호들이 첨가됩니다. 예를 들어 데이비드 린의 「밀회」(영국, 1945)에서처럼 주인공의 얼굴을 향해 전진하는 트래블링이 어떤 시기에는 등장인물의 '내면'으로 들어가는 암시 기능을 했습니다. 다른 시기에는 전진 트래블링이 주관적이라고 간주되는 플래시백의 삽입과 연결되기도 했습니다. 이 경우 과거를 환기시키는 역할은 직접적으로 영화 언표 상황의 주체가 담당하지 않고 과거를 회상하는 등장인물에게 맡겨집니다.

영화 구두점 말고도 시각 요소와 말의 관계를 규정하는 대단히 중요한 약호도 생각해볼 수 있습니다. '보이스오버'와 '비非싱크로니즘'을 둘러싼 1930년대 논쟁들을 떠올려봐도 좋겠죠(푸도프킨, 발라즈, 아른하임, 르네 클레르 등이 참여했었죠). 하지만 약호는 그 이상을 넘어서는 문제입니다. 영화에서 사용되는 말의 상위 분절체, 즉 문장, 문장의 일부, 가끔은 단어까지, 이런 단위들이 어떻게 이미지가 전개되는 과정에서 분절되는지 그 방식에 관한 약호라고 하겠습니다. 사실 음소와 같은 매우 작은 단위들을 고려하면 영화의 말은 영화적인 그 어떤 것도 포함하지 않고 있습니다. 단지 랑그 시스템과 연관될 뿐이죠.

이외에도 편집과 관련된 모든 약호, 적어도 영화에서 고유한 편집 약호에 관해 말씀드릴 수도 있습니다. 그리고 음악과 이미지의 관계와 관련된 형태도 꼽을 수 있습니다. 이 주제에 관해서는 에이젠슈테인과 프로코피예프의 공동 작품을 참조로 하면 좋겠습니다. 그리고 더 있습니다만 이쯤에서 그만두기로 하죠.

벨루르 : 선생님께서 묘사적인 형태의 영화 분절체에 관해 서로 다른 두 개의 숏과 파노라마로 찍힌 한 개의 숏은 묘사라는 현상을 두고 보면 완전히 대등하다고 말씀하신 적이 있습니다. 문체적인 내포는 별도로 하고서라도, 두 구조 간의 차이는 기호학적으로 카메라 움직임의 약호를 적용하여 설명되는 것 같습니다.

메츠 : 네, 정확히 맞습니다. 한 가지 현상을 제대로 이해하기 위해 거대 통합체와 카메라 움직임이라는 두 약호를 모두 참조하는 것입니다.

벨루르 : 묘사와 관련해 한 가지만 더 여쭤보겠습니다. 선생님의 거대 통합체에서 4번 유형인 '묘사 통합체'는 '서사 통합체'(이는 다시 '교체 통합체'와 '선형 통합체'로 세분화되죠)와 상반되는 것으로 분류되어 있습니다. 그리고 이 두 통합체는 연대기적 통합체라는 한 단계 상위 범주에 같이 포함됩니다. 쉬운 예를 하나 들어보기로 하죠. 서부극 영화에서 한 기병이 인디언들이 파괴한 마을을 발견합니다. 불탄 집 앞에 서 있는 주인공은 우선 등이 보이는 쪽으로 화면에 잡힌 채 집 쪽으로 다가갑니다. 그리고 이 주인공의 정면이 바스트 숏으로 잡힙니다. 그리고 다음 숏들

이 이어집니다. 1번 고정 숏의 파괴된 담장, 2번 고정 숏의 깨진 창문, 3번 천천히 마당 안으로 전진하는 트래블링으로 화살이 꽂힌 시체를 발견하는 숏. 세 개 숏 이후 마지막으로 시퀀스를 종결짓는 숏, 기병이 떠나는 장면을 파노라마로 보여줍니다.

제가 구체적으로 설명한 세 개 숏은 사실 '주관' 숏이라고 부를 수는 없을 것 같습니다. 왜냐하면 분명하게 이 화면들이 등장인물의 시각에서 본 것이라고 암시되지 않기 때문입니다. 가령 지시적으로 주관 숏을 나타내기 위해 보는 사람의 얼굴과 보이는 광경을 교체하는 방법과 같은 외연이 전혀 없습니다. 하지만 영화에서 매우 자주 사용되는 시선의 법칙을 빌려 모든 정황이 어렵지 않게 짐작이 됩니다.

선생님의 약호작용에서 보면 이상의 세 개 숏은 아마도 서사 통합체와 대립되는 묘사 통합체로 분류될 것 같습니다. 반면 기병이 처음 등장하는 숏이나 사라지는 숏은 서사 통합체에 속하겠죠. 제가 궁금한 점은 연속되는 이 숏들의 통합체를 등장인물이 천천히 발견한다고 보았을 때 묘사가 아닌 서술이라고 해도 되지 않을까 하는 것입니다. 이 부분이 등장인물의 주관적 관점이라고 직접적으로 암시하지 않는다는 맥락에서요. 물론 이 부분을 시네아스트가 직접 묘사한다고 볼 수 있기도 합니다.

메츠: 제가 분류한 거대 통합체는 완전히 딱 들어맞는다고 여겨지는 좁은 범위 안에서만 원칙을 세웠습니다. 일부러 고려 대상에서 제외된 경우도 많이 있습니다. 따라서 선생님께서 지적하신 부분은 합당하다고 하겠습니다. 저는 거대 통합체를 정리하면서 단지 디제시스만 고려했습니다. 디제시스를 이해하게 만드는 '관점point de vue'은 이 도표 안에 포함시키지 않았습니다. 선생님께서 예로 드신 경우를 저는 '묘사 통합체'로 약호화할 것이 맞습니다. 그러나 선생님께서 말씀하신 것처럼 이 묘사는 달리 보면 서술에 해당하는 것 역시 맞습니다. 등장인물이 지각하는 대상을 서술하는 것이죠. 하지만 디제시스 차원에서 보면 시체가 창문 '이후' 혹은 '이전'이라고 규정하기가 불가능합니다. 시체는 창문 옆

에 있는 것입니다. 이 부분에서 서술과 묘사의 차이가 그대로 드러납니다. 다시 말해 기표의 연쇄 속에서 차례대로 이어지는 요소들이 동일하게 기의의 연쇄 속에서도 차례대로 이어진다면 서술이라고 정의하고, 시간적으로 동시에 발생하거나 공간적으로 공존하고 있다면 묘사라고 보는 것이죠.

선생님의 의견이 틀리지는 않습니다만 그 지위를 고려하면 이야기가 좀 달라질 것 같습니다. 묘사 통합체가 동시에 서사 통합체가 될 수 있다고 말하기 곤란하다는 뜻입니다. 혹은 적어도 분류 축에서 묘사라고 정의되었다면 서사적이라고 정의된 통합체와 혼동되어서는 안 된다는 뜻입니다. 관점은 시간에 따라 변화합니다. 디제시스는 그렇지 않죠. 제 생각에는 서로 다른 두 약호라고 보는 편이 맞을 것 같습니다. 거대 통합체란 약호와 관점 혹은 시선이란 약호입니다. 선생님께서 이미 시선에 관한 훌륭한 연구[150]를 발표하신 적 있지 않습니까? 히치콕의 「새」 중 84개의 숏에서 멜라니의 시선을 관찰한 작업 말입니다.

벨루르 : 이번에는 조금 다른 질문을 드리려고 합니다. 선생님께서는 혹시 사운드트랙 차원에서 약호 연구를 하실 계획은 없으신지요? 일전 세미나에서 자크 로지에의 단편영화 「블루−진」에 관한 선생님의 발표를 듣고 굉장히 흥미로웠기 때문에 드리는 말씀입니다. 선생님께서 이미지뿐만 아니라 서사 과정 전체에 거대 통합체 유형을 적용하시려는 게 아닐까 생각했었거든요. 그렇게 된다면 영화에 개입되는 다양한 차원이 서로 어떻게 겹쳐지고 또 어떻게 자율성을 유지하는지에 대해 명확히 이해할 수 있게 될 것입니다. 특히 소리 요소들은 연구하기 여간 힘들지 않습니까?

메츠 : 그렇죠, 매우 복합적인 문제들입니다. 분명 연구 대상으로 삼아야 합니다. 하지만 제 분류표를 기반으로 하여 사운드트랙 연구를 할 수 있을지는 확신이 없습니다. 애초에 이 약호화 작업은 전적으로 이미지 트랙을 위해 작성된 것이거든요. 사운드트랙을 위한 별도의 연구가 필

요할 것입니다. 물론 제 분류표에서 어떤 유형이 사운드트랙에도 적용 가능한지 혹은 적용 불가능한지를 가늠해볼 수는 있을 것입니다. 그래도 여전히 일종의 목발 같은 보조 역할을 할 뿐입니다.

게다가 저는 영화가 단지 시각과 청각, 두 개의 연쇄로 나눠진다고 생각하지 않습니다. 영화 연쇄는 다섯 가지로 구성되고 있습니다. 즉 이미지, 말, 음악, 배경 소리, 자막이라는 다섯 가지 구성 요소로요. 따라서 우리는 이 다섯 트랙을 각각 별도로 연구하거나 혹은 하나의 집합 전체로 이해하려고 노력하는 편이 적합할 것입니다. 하나의 집합이란 이미지-말, 말-음악 등 혼합된 구성을 바로 접하는 방식이죠. '사운드트랙'이란 개념은 다섯 가지 구성 요소 중에서 벌써 세 가지를 포함하고 있습니다. 현재 연구 상황에서는 특히 어렵고 다루기 곤란한 요소들을 모아놓았지요. 그럼에도 불구하고 여전히 일부분에 해당합니다.

벨루르: 선생님께서 자주 언급하시는 하위-약호란 개념 역시 역사적 구분과 어느 정도는 일치하기도 하지만 그만큼 다른 구분 기준들도 뒷받침할 수 있다고 여겨집니다. 서부극, 코미디 뮤지컬 등의 좁은 의미에서 장르라든가 나라, 영화 학파 혹은 경향 등이요. 하위-약호란 개념은 기호학 연구와 구조주의 분석이라는 양축 사이에 존재하는 것처럼 보입니다. 기호학 연구에서는 랑가주의 경계선 윤곽을 잡는 데 초점을 맞추는 반면, 구조주의 분석에서는 그 영역을 넓혀 영화 한 편에서 출발하여 더 넓은 문화 분야로 확장시키는 노력을 한다고 생각됩니다.

메츠: 그렇기도 하고 아니기도 합니다. 선생님께서 방금 아주 잘 설명해주신 것처럼, 하위-약호 개념은 두 관점에 모두 속합니다. 그런데 또 한편으로는 두 입장이 단지 공통된 자료체를 함께 쓰고 있을 뿐이라는 점에서 아니기도 합니다. 이 두 분야에서 하위-약호를 규정하는 원칙은 항상 서로 다릅니다. 고전 서부극 영화에서 찾아볼 수 있는 고유한 하위-약호들이 있을 수 있죠. 고전 서부극을 영화들 간의 경계를 넘어 하나의 연속된 커다란 텍스트로 연구할 수도 있습니다. 두 입장 모두 고전

서부극 영화 전체 혹은 이 장르를 대변하는 표본이라는 동일한 자료체를 다루게 됩니다. 하지만 연구의 과정이나 결과는 다릅니다. 하위-약호에 초점을 맞추는 경우, '그룹'에 속하는 영화들 각각을 별도로 조사하게 될 것이고, 연구 대상이 되는 하위-약호가 구체화된 특성들을 추려내게 될 것입니다. 연구 과정에서 그룹은 작은 단위들로 쪼개집니다. 근본적으로 단위들을 열거하는 작업 방식이며, 하위-약호와 관련된 특성에만 주목하여 장르, 나라, 경향 등 이러저러한 그룹에 속하는 작품들을 재편성하게 되죠. 그리고 이 작품 각각은 다시 약호 특징들로 분해됩니다. 이 과정에서 약호와 관련된 특징들만 연구 대상이 되고 영화의 나머지 부분은 제외됩니다. 한마디로 하위-약호 연구도 약호 연구란 것입니다. 영화 전체를 고려하지 않는다는 것뿐이지요. 역으로 텍스트 연구는 다루는 텍스트가 한 편의 영화보다 더 길다고 할지라도 약호의 복수성을 유지하고 이 약호들이 '텍스트 시스템' 내부에서 어떻게 결합되었는지를 관찰하면서 특정한 총체성을 고민합니다. 고전 서부극의 구조를 분석하는 연구자는 넓은 공간을 다루는 방식, 롱숏, 느린 파노라마 등 영화적 약호뿐만 아니라 명예에 대한 가치 변화, 여러 종자의 말馬 등 영화 외적인 약호들에도 관심이 많습니다. 게다가 이 두 종류의 약호가 서로 어떻게 결합되고 유기적으로 구성되는지 연구합니다. 고전 서부극만의 영화적 하위-약호를 찾는 연구자는 약호들을 개별적으로 연구할 수밖에 없으며, 정의상 영화 외적인 하위-약호들은 다루지 않습니다. 다시 말해 고전 서부극을 전체적으로 살펴보거나 작품을 통합적으로 연구하지 않고 오직 매우 구체적인 도식을 열거하는 데 더 심혈을 기울인다는 것입니다. 그리하여 고전 서부극이 아닌 다른 작품이라면 결코 발견할 수 없는 약호들을 찾아내는 것이죠.

구조주의 분석이 한 편의 영화 이상을 대상으로 삼는 경우 **영화 그룹** groupe des films을 파악하게 됩니다. 약호 연구가 하위-약호를 대상으로 삼게 되면 **영화 계층**classe des films을 파악하게 됩니다. 영화 그룹 연구는 영화적 복수성을 내재한 총체적인 단 하나의 텍스트를 갖게 되는 반면, 영화 계층 연구는 부분적이고 추상적인 모태의 구체적 출현을 대상으로 합니다.

벨루르 : 그렇다면 선생님께서는 기호학이 약호들을 규정하는 동안 영화를 분석하는 과정에서 상상계 대상을 읽어내는 통합적 관점을 가지게 된다고 보십니까? 예를 들어 언표 상황 주체의 위치를 명백하게 표시하는 것이라든지, 최종 심급에서 상징계의 질서를 읽어낸다든지 하는 관점이요. 결국 정신분석적 관점과 통한다고 할 수 있는지요?

메츠 : 확실히 영화에는 언표 상황 주체와 상관되는 약호들이 존재합니다. 더 정확히 말하면 영화 담화에서 주체의 존재 방식에 관한 약호들이 있습니다. 작가라고 지칭하기는 좀 곤란할 것 같습니다. '작가'라는 한 개인을 연구하고자 하는 것이 아니기 때문에요. 여하튼 선생님께서 말씀하신 것처럼 저도 프로이트의 정신분석학이 이런 종류의 연구에서 매우 중요한 기반이 된다고 생각합니다. 그럼에도 불구하고 이런 종류의 약호가 모두 영화의 특정 약호인가 하는 문제는 의심이 갑니다. 정신분석학에서 관찰하고 조사하는 대상은 사실 영화 이외 다른 분야에서도 얼마든지 찾을 수 있지 않습니까?

이러한 맥락에서 저는 선생님의 제안과 좀 다른 방식으로 접근하는 게 맞는다고 보는데요. 즉 영화-대상이 어떻게 무의식의 메커니즘(특히 1차 과정*)과 밀접하게 연관되어 있으며, 왜 유독 영화가 책과 같은 다른

---

* (옮긴이) 프로이트의 정신분석은 심리 활동을 두 단계로 나눈다. 1차 과정은 무의식적 과정들이 조직하는 단계(신경증적 징후, 꿈)이며, 2차 과정은 전통적 심리학이 고려했던 단계(의식적 생각)이다. "프로이트에게 2차 과정은 현실 원칙의 엄격한 감독하에 최초의 심리적 에너지가 통제되거나 때로는 억압되는 단계이다. 현실의 원칙이란 언어와 그 제도적 강압에 의해 문명화된 사회적 표현의 원칙으로서 이성적 담론과 재현을 낳는다. 1차 과정은 반면 심리적 에너지의 자유로운 흐름의 단계이며. 다른 강압은 없고 욕망의 유희라는 강압에 의해서만 이런 형태에서 저런 형태로, 이런 재현에서 저런 재현으로 옮아 다닌다. 1차 과정이란 무의식의 언어와 그 전위, 압축의 과정 위에 성립되는 신경증적, 주관적 표현의 단계이다"(자크 오몽, 『이마주—영화, 사진, 회화』, 오정민 옮김, 동문선, 2006, p. 152 참조). 메츠는 1차는 무의식에 관련된 일련의

표현 형태보다 더 친밀하고 직접적인 연관관계를 맺는지 살펴보는 작업입니다. 일반적으로 사람들은 영화는 꿈과 같고 꿈은 영화와 같다고 말하곤 하죠. 그 이유로 영화가 이미지를 사용하는 본성을 꼽곤 합니다. 프랑스에서는 '아방가르드 영화'와 초현실주의 영화 시절 많은 사람의 지지를 얻었던 생각이기도 합니다. 그리고 최근 장-프랑수아 리오타르 Jean-François Lyotard, 앙드레 그린André Green, 자닌 샤스게-스미르겔 Jeanine Chasseguet-Smirgel 등에 의해 새로운 관점이 추가되면서 더 상세하고 세밀한 형태를 꿈꾸게 되었습니다. 영화의 시각성과 '정신분석성'이 서로 만나게 되면 영화와 다른 랑가주를 구별하는 특정하면서도 보완적인 관점을 얻게 될까요?

솔직히 제가 영화에서 본 '꿈 장면들'은 모두 진실다움이 결여되고 제멋대로 만들어졌었습니다. 이미지로 구성된 일반 시퀀스들도 사실 환상적인 흐름과 별다른 관계가 없어 보였습니다. (물론 브뤼넬이나 펠리니 혹은 다른 감독들의 작품 중 훌륭한 몇몇 장면을 제외하고요.) 하지만 정반대로 문자 텍스트나 음악 작품에서 발견되는 분석적인 차원은 놀랍게도 여실히 느껴집니다. 분석적이란 곧 구조적이란 뜻도 됩니다. 이 특별한 힘은 시각성과 움직임이라는 표현 질료 때문에 발생하는 것일까요?

하지만 저 역시 이미지와 환상fantasme 사이의 특별한 관계를 부정하는 일은 어리석다고 생각합니다. 안타깝게도 아직까지는 이 분야에서, 적어도 영화 이론 분야에서는 이미지와 환상의 관계를 설득력 있게 설명해주는 심화 연구를 보지 못했습니다. 도전해볼 만한 핵심 주제라고 여겨집니다.

벨루르 : 영화와 꿈, 무의식 메커니즘과 영화 담론 과정을 너무 단순하

행위, 사유, 발생 과정을, 2차는 의식에 관련된 범주를 그리하여 언어, 제도, 사회, 체제 등을 통칭하기 위해 사용한다. 벨루르와의 담론에서 감지할 수 있는 정신분석학과 기호학의 교차 연구는 차후 『상상적 기표』(크리스티앙 메츠, 이수진 옮김, 문학과지성사, 2009)에서 심화된 형태로 제시되고 있으니 참조하기 바란다.

게 유사하다고 단정짓지 말아야 한다는 선생님의 염려에도 불구하고, 저는 다음과 같은 생각을 하게 됩니다. 영화적 현상에서 그 특수성의 근원을 찾는다면 약호의 본성보다는 표현 재료와 더 관련이 있지 않을까, 그렇다면 정신분석적 관점에서 구조화 혹은 조직화하는 측면과 직접적으로 연관이 있지 않을까 하구요. 특히 나르시시즘 같은 개념은 움직이는 이미지와 바로 연결될 수 있지 않을까요? 거울, 시각적인 복제, 매료, 신체 등. 또한 환영과 같은 개념은 시각적이고 청각적인 이중 방식으로 이루어진다는 접근도 가능하지 않을까요? 어찌됐건 이상에서 너무 단순하게 결론을 내어 말씀드린 내용은 접어두고 이제 약간 다른 성격의 질문을 드리고자 합니다.

다름 아니라 '관점'이라는 영화적 문제에 관해 다시 여쭤보려고 하는데요. 일단 정신분석적 질서를 시스템화하는 방식은 접어두겠습니다(히치콕의 영화에서는 관점이 매우 분명하게 정체성의 문제와 연결됩니다). 선생님께서는 혹시 시선을 다루는 방식이 고유한 약호가 될 수 있다고 생각하시는지요? 그렇게 된다면 배우의 연기를 약호화하는 접근도 될 수 있을 것이고, 언어학에서 인칭과 관련된 계열체 연구를 진행하는 것처럼 이미지 내부에서 언표 상황 주체의 자리를 표시하는 통합체적인 배열과도 연결될 수 있을 것 같은데요.

메츠 : 글쎄요. 언어에서 동사 인칭을 정리하는 것처럼은 아니겠죠. 하지만 다른 방식으로는 가능합니다. 벨루르 선생님께서 이 주제와 관련해 훌륭한 논문을 발표하시지 않았습니까? 저보다 훨씬 더 면밀하게 구체적으로 특정 영화를 조사하셨죠. 사실 선생님의 논문을 읽고 영화에서 '관점'이 고도로 심사숙고된 특정 구조를 만들 수 있다는 영감을 얻었습니다.

벨루르 : 선생님께서는 거대 통합체를 설명하기 위해 자크 로지에의 장편영화 「아듀 필리핀」의 자율 분절체를 철저하게 조사하셨습니다. 이를 고려하면 선생님께서는 약호를 관찰하기 위해 여러 작품을 조사하면서

설명을 분산시키는 방법보다 단 한 편의 영화를 통해 자세히 설명하시는 방법을 선호하신다고 생각됩니다. 그렇다면 한 편의 영화에서 모든 특정 영화 약호를 추적할 수 있다고 생각하시는 것인지요. 물론 기호학적 관점에서 말입니다.

메츠 : 그렇게 될 수만 있다면 얼마나 좋겠습니까? 그런데 실제로는 불가능하다고 봅니다. 선생님께서 말씀하신 작업이 가능하려면 다음 두 가지 사안이 충족되어야 합니다. 첫째 특정 약호 목록, 대략적으로라도 완성된 목록이 필요합니다. 둘째 이 약호들 각각이 개별 영화에서 어떻게 기능하는지에 관한 '모델' 작성, 가정일지라도 비교적 구체적인 목록이 있어야지만 영화를 보면서 합당한지 아닌지를 면밀히 검토할 수 있게 됩니다. 이 두 목록이 선결해야 할 과제입니다. 만약 우리가 영화를 보면서 무엇을 찾아야 하는지 미리 생각이 없다면 그저 아무것도 발견하지 못한 채 바라보게만 됩니다.

또한 우리가 세운 가정이 어느 정도 정확성 여부를 판단하게 될 때마다 지체 없이 영화 전체 혹은 여러 영화에서 증거를 확보하는 것이 좋습니다.

벨루르 : 이제 우리 대담의 결론을 맺기 위해 영화 분석과 영화 기호학의 공통점 혹은 구별점을 다시 정의해봤으면 합니다. 선생님께서 『랑가주와 영화』에 밝히시기를 **영화 분석은 영화 글쓰기**에 관련된 것이고, **영화 기호학은 영화 랑가주**에 관련된 것이라고 말씀하셨지요?

어떤 면에서 보면 이 둘은 서로 근접해 있는 것 같습니다. 서로 아주 가까이 겹쳐져 있다고 생각할 수 있습니다. 기호학적 연구에 기반을 둔 분석은 모든 텍스트 시스템에서 시스템 약호의 분절에 의해 결정되는 영화 약호의 고유 법칙을 조사하면서 기호학에 긍정적 이미지를 부여합니다. 기호학 연구와 영화 분석이 논리적인 상호작용을 하면서 좋은 결과를 낸다고 생각하게 합니다.

하지만 제 생각에 다른 한편으로는 영화 분석에는 그만의 엄격함이 있는데 과연 이 조화를 깨뜨리는 일이 결코 발생하지 않을까 하는 의구심이 듭니다. 선생님께서도 동의하시는 약호의 복수성에 대해 생각해보면 필연적으로 인문학 분야에서 도움을 얻을 수밖에 없습니다. 분석의 매 순간 언어학, 사적 유물론, 정신분석 등 인식론과 관련해 어떻게 하나로 통합해야 할 것인가 선결 과제들이 놓이게 됩니다. 또한 실제 분석 작업에서 연구자는 기호학자의 방법론을 적용하기보다는 오히려 자신의 고유한 단위들로 분절하기를 바랄 수 있을 것입니다. 기호학의 방법론이 매우 정확하고 다채로운 관점을 제공한다 할지라도 자신만의 방법론이 편할 수 있지요. 정리하면 제 생각에 근본적으로 이 두 분야가 서로에게 도움이 된다고 할지라도 강제적으로 어느 하나가 다른 쪽으로 치우지 않고서는 두 분야가 완전히 동등하게 선택될 수는 없을 것 같습니다. 즉 이 둘 사이에는 언제나 일정한 거리가 유지되지 않는지 궁금합니다. 엄격히 두 분야를 분리시키는 차이일 수도 있고, 바르트가 본인의 책 『S/Z』(Paris: Éditions du Seuil, 1970)에서 보여준 것처럼 둘 사이의 경계를 넘나드는 모호한 차이일 수도 있고요.

메츠: 이런…… 선생님 질문에 답하기 참 어렵네요. 해야 할 답이 너무 많기도 하고, 또 선생님 의견에 전적으로 동의하기도 하고요.

법칙을 항상 현상에 맞출 수는 없습니다. 또한 무슨 수를 써서라도 법칙에 현상을 맞춰 넣는 것도 바람직한 일이 아니죠.

약호 연구와 텍스트 연구는 오래전부터 현실적으로 서로 결합되거나 겹쳐진 적이 없습니다. 약호 연구는 도식적이거나 무미건조한 형태를 유지하고 텍스트 연구는 상당한 내부 발전에도 불구하고 언제나 '텍스트를 설명'하는 오랜 전통을 따르고 있습니다. 바로 이런 이유에서 제 생각에 앞으로 달성해야 할 (도달하기 힘든) 목표가 되는 것입니다. 그러기 위해서는 바로 지금 기다림의 토대가 되는 초석을 깔아야 할 것입니다.

하지만 두 분야의 결합이 현실화되기 위해서는 두 분야 서로 각자 자신만의 확고한 무엇인가를 만들고, 발전하고 당당하게 살아 있어야만 합니다. 따라서 두 분야가 나름의 방식으로 잘 살아가게 두어야 합니다. 사실 연구란 것이 계획에 따라 통제되지는 않습니다. 숨 쉴 여지가 필요합니다.

선생님께서 텍스트를 연구하는 사람들의 욕망에 대해 언급하셨습니다. 약호를 연구하는 사람들에게도 욕망이 있습니다. 조화롭게 조직된 '학문적 집단성'의 내부에서 기호학만의 몫을 차지하고 싶어 합니다. 바로 이 합리성 자체가 환상이죠. 학자들의 환상 말입니다.

연구자는 일종의 공인된 도덕주의를 가지고 있습니다. **앎의 윤리학** éthique du savoir이라고 부르는 것인데요. 하지만 분명한 것은 연구자들의 학문에서 현실적 동기는 다른 행위와 마찬가지로 충동을 따른다는 사실입니다. 연구자들도 인간이니까요. 지적인 담론의 근간 역시 감정이라는 사실에 슬퍼할 필요는 없습니다. 욕망이 없다면 그 누구도 결코 글을 쓰지 않을 테니까요.

연구자는 각자 매순간 본인에게 중요한 연구 주제에 대해서만 열정적으로 말할 수 있습니다. 심지어 지금 이야기를 나누고 있는 우리 역시 마찬가지이죠. 약호 연구와 텍스트 연구는 현실적으로 서로 연결되기가 어렵다라는 주제 말입니다.

하지만 원칙적으로 엄격함과 동시에 소통 가능성을 항상 유지해야 한다고 믿습니다. 이 두 분야가 서로 결합될 수 있다고 믿는 누군가가 개인적으로 연구에 매진할 기회를 박탈해서는 안 됩니다.

요컨대 공감할 줄 아는 마음이 연구자에게는 필요합니다. 똑바로 걸으려고 노력하면서도 동시에 비뚤거리며 걸을 수도 있다고 포용하는 마음이요.

믿고 있던 것을 흔들어주어라.
가르치는 사람이 할 일이다.

크리스티앙 메츠는 영화 기호학의 창시자로 익히 잘 알려진 학자이다. 하지만 그는 역시 훌륭한 교육자이기도 했다. 1960년대 프랑스 대학에서 접할 수 없었던 '영화 연구'라는 분야를 개척하면서 영화의 고유한 면모를 개념적으로 접근하여 많은 젊은이의 지지를 얻었던 선생님이다. 영화의 본질을 이해하고자 했던 당시 젊은이들의 목마름에 샘물로 답한 선생님이었으며, 또한 1960년대 새롭게 등장한 현대 프랑스 영화, 누벨바그 작품들을 지지한 선생님이었으며, 그리하여 68혁명의 정신을 공감했던 지식인이었기 때문이다.

1993년 메츠의 죽음을 애도하면서 제자 마르크 베르네는 그가 겉으로 봐서는 한없이 너그럽고 수더분한 이웃집 아저씨 같았으나, 그 이면에는 학자로서의 날 선 매서움이 있었다고 회고한다. 강의실에서의 그는 학생들이 필요할 때는 언제든지 시간을 내어 자세하게 설명해주는 배려를 잊지 않았으나, 저서에서만큼은 원숙하지 못하다고 판단되는 자신의 사유가 공개되는 것에 엄격히 대처했다고 한다. 하지만 결정을 내리고 나면 복합적이고 심층적인 담론을 명료하게 제시하고자 노력했으며, 화려한 수식어들로 지면을 낭비하는 것을 싫어했다고 한다. 그를 기리는 많은 제자는 '타인과의 관계를 존중한 따뜻한 사람, 위엄만을 강조하는 교수가 되기를 거부한 스승, 긴 호흡으로 천천히 인문학적 작업의 엄밀함을 실천한 학자'로 기억한다. 1960년대 대학에서 그의 세미나에 참석하고 강의를 들었던 후학들이 이제는 독자적인 분야를 발전시키면서 영화 연구를 쇄신하고 있다.

* * *

Essais sur la signification au cinéma Tome I (1968)

Langage et cinéma (1971)

Essais sur la signification au cinéma Tome II (1973)

Le signifiant imaginaire (1977)

Essais sémiotiques (1977)

L'énonciation impersonnelle, ou le site du film (1991)

20여 년 동안 발표된 여섯 권의 책은 대부분 논문집의 형태를 띠고 있다. 특히 현재 독자가 보고 있을 이 책『영화의 의미작용에 관한 에세이』제2권은 (문학과지성사에서 동시에 출간한 제1권 역시) 영화 기호학을 정립하는 과정에서 다양한 경로로 발표된 논문들을 모아 재정비한 경우이다. 『영화의 의미작용에 관한 에세이』제1권(1968), 이 책을 집필할 당시의 부족했던 점을 다듬고 보완하여 발표한 『랑가주와 영화』(1971), 그리고 『영화의 의미작용에 관한 에세이』제2권(1973)까지, 대략 5년간의 작업을 메츠의 이론에서 첫번째 단계라고 구분할 수 있다.

초기 메츠 이론의 독창성은 영화 미학, 영화 역사, 영화 비평 등에서 논의되는 담론과 확연히 차별되는 다른 시각으로 영화를 관찰하는 데 있었고, 그 시각이 기호학적 접근이라는 데 있었다. 메츠는 "영화처럼 유연한 시스템을 지닌 랑가주는 그에 적합한 분석 틀을 통해 유연한 체계로서 인식되어야 한다"(1968)는 입장을 견지하면서 영화의 각 숏은 그 자체로 이미 여러 요소가 결합된 한 문장이자 언표이자 담화라고 주장한다. 따라서 영화에 걸맞은 기호학, 즉 영화 기호학이 필요하다고 말이다. 10여 년의 시간 동안, 영화 기호학 정립에 필요한 개념들, 용어들, 약호들, 시스템과 구조 분석 틀 등을 제시한 논문들이 발표되고, 세 권의 저서로 응집된다. 요컨대 영화 기호학은 "영화라는 개별 텍스트를 잠정적으로 일순간 멈춰진 작업 결과물로 보고, 그 근저에는 텍스트를 넘어서는 약호들이 있다"(1971)고 설명하는 이론이다. 조직과 배치를 중시하는 구조주의적인 시각이 조금 더 유연한 사고를 대면하면서, 개별 텍스트의 구조 자체뿐만 아니라 그것을 형성하는 역동성과 생산 가능성을 인식하는 이론이라고도 할 수 있겠다. 이처럼 생산 에너지에 관심을 보인 메츠의 사유 방식은 고정된 시스템으로 상징되는 구조주의를 이어 등장한 1970년대 후기구조주의의 흐름과 맞물려 조금 다른 국면에 접어들게 된다.

문학과지성사에서 2009년에 펴낸 『상상적 기표─영화·정신분석·기호학』은 메츠 이론의 두번째 단계를 여실히 담고 있는 저서이다. 그에게 영화를 이해하는 작업은 텍스트가 만들어지기까지의 여정을 관찰하는 것이고, 텍스트가 경험했던 여행길을 따라 역으로 거슬러 올라가 보는 것이다. 이러한 맥락에서 영화 세계 내에서 발생하는 일련의 정신적·심리적 경험을 체계적으로 설명하기 위해 정신분석학의 도움을 받아, '영화에 관한 기호·정신분석 연구'란 새로운 영역을 개척한 성과라고 할 수 있다. 영화 텍스트에 내재하는 다양한 요소의 결합은 정신 여정에서 유래하는 추동력에 따른 한 순간의 결정에 해당한다. 구조주의 언어학에서 영감을 받았던 영화 기호학은 이제 두번째 단계에서 구성 요소들을 작동시키게 하는 그 무엇인가, 고정된 의미가 아니라 계속 과정 중에 있는 '생산 중인 의미', 이를 파악하는 관객의 힘, '인간의 근원적인 정신 운동'으로까지 확장되었다고 할 수 있다.

메츠가 자신의 연구서들을 다시 검토하고 수정하면서, 기존의 이론을 더욱 정교하게 다듬는 숙고의 시간을 보내는 동안, 전 지구적으로 정보화시대라고 일컬어지는 1990년대가 도래한다. 이제 학문적 관심은 행위자들 간의 커뮤니케이션 문제로 이동했고, 소통의 담론이 지배적이 되었으며, 언표 그 자체보다는 언표 상황에 더 집중하게 되었다. 그의 마지막 저서에서는 영화를 소통시키는 심급들에 관해 고찰하고 그 개념들을 세분화하기에 이르는데, 언표 주체의 문제나, 텍스트 생산 과정에서의 참여 방식 등에 관한 문제 제기는 후세대 연구자들에게 상당한 영향을 주었다는 의의를 지닌다.

메츠의 학문적 창작 과정의 궤적을 추적하는 일은 불행히도 1990년대 초반에 멈출 수밖에 없다. 1993년 그는 갑작스럽게 이 현실을 버렸고, 수십 년간 한 곳에 정체하지 않고 정신적 고통을 감내하며 정진했던 그의 노력 역시 끝을 맞이한다. 그럼에도 불구하고 20년이 지나버린 오늘날까지도, 그의 학문적 여정은 곧 영화 기호학의 발전 역사와 (거의) 동일하다.

* * *

『영화의 의미작용에 관한 에세이』 제2권은 크게 4부로 구성되어 있다.

제1부 「영화의 전통적 이론에 관하여」는 메츠 자신의 독자적인 이론을 소개하는 글은 아니다. 대신 1963년부터 1966년까지 메츠의 이론을 발전시키는 데 도움을 준 학자 장 미트리의 이론을 통해 선행 연구에 대한 이해를 목표로 하고 있다. 메츠는 영화 기호학이 단독적으로 시작된 고유한 학문이 아니며, 기존의 모든 학문의 영향을 받고 있기 때문에, 학문으로서 가치를 인정받고 효율적이 되기 위해서는 반드시 선행 연구를 살펴보아야만 한다고 설명한다. 진정한 혁신은 이와 같은 과정을 통

해서 의미를 얻을 수 있기 때문이다. 안타깝게도 장 미트리의 저서, 『영화의 미학과 심리학』은 국내에 전권 번역되지는 않았으나, 메츠의 글이 언젠가 행해질 우리의 독서에 길잡이가 될 것은 분명하다.

제2부「다양한 기호학적 문제에 관하여」에서는 영화 매체에서 생각할 수 있는 주요 특성에 관해 사유하고 있다. 제3장은 편집의 문제를, 제4장은 내용과 형식, 기표와 기의의 문제, 제5장은 영화에서 편집 지점을 표시하는 경계의 문제를 다룬다. 『영화의 의미작용에 관한 에세이』제1권에서 충분히 논의된 '통합체적인 랑가주' 개념은 영화 기호학의 근간이기도 한데, 제2권의 글들에서는 개념을 반복적으로 설명하기보다는 더 구체적으로 구성 요소들을 사유하는 데 집중한다. 다시 말해 영화가 랑가주로서 결국 일련의 현존하는 관계, 이미지의 '그리고-그리고'의 관계로서 분석될 수 있다는 점에 착안하여 편집을 바라보는 것이다. 또한 '기표 연구의 중요성'도 강조하고 있는데, 우리가 흔히 접하는 영화 비평이 근본적으로 영화 기의, 즉 내용에만 집중하고 있는 현실을 안타깝게 여긴 태도에서 접근한 것이다. 내용과 관련해서는 별 거부감 없이 분석자의 개인적인 감수성과 감정, 혹은 실존적 고민, 정치적 의견 등으로도 충분하다는 생각이 수용되면서, 제법 오랫동안 영화 기의를 논하는 인상주의적인 비평이 옳다고 받아들이는 풍토가 지속되었다. 그런데 영화 기의를 이야기하는 것은 사실 '형식'은 제외하고 '내용'에만 해당한다. 만약 영화 비평가들이 똑같은 인상주의적인 접근으로 영화 기표 요소들을 말하고자 한다면 분명 부끄러운 마음이 들 것이다. 영화 형식에 관한 분석에서 약점을 드러내지 않기 위해서는 새롭게 공부하여 기술을 연마해야 한다. 그렇기 때문에 차라리 기표에 관한 언급을 회피하는 것이다. 당당하고 용감하게 고백하기보다는, 혹은 도전 정신으로 무장하기보다는, 오히려 별로 중요하지 않다고 암묵적으로 비하 발언을 퍼뜨리는 것이다. 메츠는 바로 이 점을 극복하기 위해 영화 기호학에서 기표 연구의 중요성을 주장하고 실질적으로 그 방법 역시 제안하고 있다. 더구나 기

술적인 접근에 깊이를 부여하는 추상적인 의미도 함께 설명하면서, '의미작용'의 문제 역시 설명한다.

제3부 「유사성의 전과 후」에서는 이미지의 1차 특성으로 주저 없이 언급되는 '닮음' '도상성' '유사성'을 꼼꼼하게 살펴본다. 이미지에 관한 기호학 사유가 진행된 초기에는 다른 형태의 기표 대상, 특히 언어학이나 문학과의 차이점을 극명하게 드러내는 특성, 즉 재현된 대상과 전체적으로 비슷하다고 지각되는 특성을 연구하는 데 심혈을 기울였다. 메츠는 이미지 연구가 1차원적인 도상성에서 머물 게 아니라 그 너머, 혹은 그 속에 숨어 있는 다른 차원으로 확장되어야 한다고 주장한다. "이미지는 홀로 자율적이고 폐쇄적인 왕국을 세울 수 없다. 이미지를 둘러싼 것과 소통 없는 닫힌 세상을 만들 수 없다. 단어나 혹은 다른 나머지와 마찬가지로, 이미지도 의미의 법칙과 작용에 포함될 수밖에 없고 사회 내부에서 의미작용을 만드는 광대한 영향권 내부에 속할 수밖에 없다. 이미지 창조자의 영혼에 문화는 항상 내재하게 마련인데, 문화와 관련되자마자 도상적인 텍스트는 담화 형태를 지닐 수밖에 없게 된다. 이미지 기호학은 따라서 일반 기호학 영역 외부에 속할 수가 없다. 〔……〕 대다수의 이미지에서 가장 두드러지는 특성인 도상적 유사성이란 개념은 이미지에 관한 사유에서 출발점이 될 수밖에 없다(물론 이 출발점이 반드시 필수불가결하지는 않다. 단지 매우 편리할 뿐이다). 유사성과 관련하지 않고는 이미지에 대해 할 이야기가 아무것도 없다는 착각을 할 수도 있다. 하지만 기호학 연구는 유사성을 넘어섰을 때만 시작할 수 있다. 유사성 너머를 '저편'이라고 본다면 마찬가지로 '이쪽 편'도 생각해봐야 할 것이다. 유사성에 부가적으로 덧붙여지는 약호가 있고 유사성을 가능하게 하는 약호도 있다. 후자의 경우나 전자의 경우 모두 결국 시각 기호학의 연구 작업이 유사성이란 개념을 넘어 진행되어야 함을 의미한다. 유사성의 개념은 기호학의 최초 개화 지점은 될 수 있지만 완전히 꽃 피우기도 전에 말라죽을 자리는 되지 말아야 할 것이다"(제7장).

이러한 맥락에서 제8장에서는 외연과 내포의 문제를, 제9장에서는 영화에서 사용되는 특수 기법들을 앞서 언급한 경계 표시와 연결시켜 설명한다. 제3부 제6장 「이미지와 가르치기」는 특히 메츠의 교육자적인 면모를 살펴볼 수 있는 글이다. 이미지를 가르치는 일이 강의자의 취향을 강요하는 과정이 되어서는 안 된다고 단호하게 설명하면서, 오히려 영화가 교묘하게 전파하는 고정관념에서 벗어날 수 있도록 학생들이 그동안 믿고 있던 것을 흔들어주라고 권유한다. 게다가 이 과정에서는 가르치는 사람이 반드시 다른 분야의 연구 경향에 관심을 가져야 하며, 미학, 언어학, 사회학, 심리학 등의 연구 경향을 참조하면서 '순수 취향' 대신 '분석 정신'을 더 우선시하라고 설명한다. "특정 취향은 아예 취향이 없는 경우보다 더 안 좋을 수 있다. 개인의 취향이란 오랜 기간의 사고 과정, 다양한 지식과 정보, 점진적으로 넓혀진 문화적 소양, 기존의 취향을 쇄신하는 기회 등이 축적된 개인적인 여정을 통해 도달하게 된 것이다. 그리하여 어떤 사람은 같은 장르 내부에서도 이런 영화는 좋고 저런 영화는 나쁘고 하는 선구안을 가지게 된다. 우리가 취향을 발전시키는 과정은 결코 타인의 취향이 형성되는 과정을 보고 따라 하면서 어떤 취향이 옳다고 표명하는 길이 아니다. 선생은 학생이 스스로 만들어갈 수 있는 조건을 만들어주면서 더 성숙된 취향 쪽으로 발전시킬 수 있게 돕는 편이 옳다. '이미지 선생'은 학생에게 어떤 것이 좋고 나쁜지를 강요해서는 안 된다. 이는 선생의 궁색한 취향일 뿐이다. 이미지의 구조를 밝히는 작업을 통해 학생이 스스로 점차 자신의 길을 찾아가도록, 그리하여 좋은 혹은 나쁜 이미지의 개인 목록을 채워갈 수 있도록 도와주면 된다."

마지막 제4부는 크리스티앙 메츠와 레몽 벨루르 간의 영화 기호학에 관한 대담으로 이루어졌다. 메츠가 직접 설명하는 영화 기호학에 관한 이야기가 진솔하게 펼쳐져 있어서, 이 글을 먼저 읽고 다른 글을 읽어도 좋겠다는 생각이 들 정도로 유익한 부분이다.

* * *

필자의 개인적인 생각에 『영화의 의미작용에 관한 에세이』 제2권은 다른 어떤 책보다 메츠의 내면이 녹아 있는 글인 것 같다. 때로는 직접적으로 때로는 간접적으로, 메츠 자신의 삶을 대하는 태도, 세상을 대하는 태도, 그리고 학문을 대하는 태도가 느껴지게 하는 문장들이 곳곳에 숨어 있기 때문이다. 이런 까닭에 필자는 종종 내 자신을 되돌아보게 하는 명구名句를 발견하고, 나도 모르게 감탄사를 외치곤 한다. 그리고 반드시 영화 기호학을 근간으로 하는 글이 아니더라도, 다른 방면의 글이나 강의에서도 인생 선배의 훌륭한 생각을 전하곤 한다. 바로 이 적용 가능성이 진정한 학자의 힘이지 않을까 생각한다. "공감할 줄 아는 마음이 연구자에게는 필요합니다. 똑바로 걸으려 노력하면서도 동시에 비뚤거리며 걸을 수도 있다고 포용하는 마음이요." 카~ 아…… 멋진 말이다.

수많은 주옥같은 말을 곳곳에 비밀처럼 담고 있는 메츠의 저서가 문학과지성사의 노력에 힘입어, 이제 세번째로 한국의 독자를 만나게 된다. 이 자리를 빌려 마지막 순간까지 최선을 다해 꼼꼼하게 챙겨주신 문학과지성사 모든 관계자분께 감사의 마음을 전한다. 그리고 그 중간자 역할을 필자에게 맡겨주신 점에 대해서도 깊은 고마움을 전한다. 메츠의 저서를 통해, 국내에 제대로 소개된 적 없는 영화 기호학이란 학문 분야가 원전의 깊이를 담고 대중을 찾아갈 수 있기를 기대해본다. 또한 새롭게 학문 분야를 창조해내는 저력을 지녔던 한 학자의 인간적 깊이 역시 독자들 마음에 전달되기를 기대해본다. 이 과정에서 필자의 번역이 조금이나마 도움이 될 것도 희망해본다.

이제 이 글을 마무리하려니, 필자에게 늘 힘이 되어주는 고마운 사람들이 떠오른다. 스승, 선배, 동료, 제자, 친구, 연인, 가족을 막론하고 지적·정서적·예술적·문화적·감각적인 그 모든 면에서 영감을 주는 사랑하는 이들이다. 그들이 아니었다면 (이전에도, 지금도 그리고 앞으로도) 성장이란 없었을 것이며, 또한 행복도, 불행도 느끼지 못했을 것이며, 그리하여 배움도 없었을 것이다. 서강대 불문과 은사님들, 선배님들, 프랑스의 지도교수님, 친구들, 이화여대 이화인문과학원의 원장님 이하 교수님들, 다매체분과 동료 선생님들, 나의 제자들. 그리고 강한 의지로 언제나 우리를 지켜주는 특별한 나의 어머니, 묵묵히 자기 일에 충실하신 나의 아버지, 조용한 지지자 오빠네 가족, 나의 사랑하는 조카 채민이. 패배라는 구렁텅이에서 꺼내준 빛나는 나의 연인. 이미 만났던 혹은 앞으로 만날 나의 적과 동지. 그리고 나를 중독시킨 많은 영화와 영화감독. 모두에게 순수한 심장에서 우러나오는 고마움의 말을 전한다.

2011년 가을 서울에서
이수진

제1부 영화의 전통적 이론에 관하여—장 미트리의 이론을 중심으로
제1장 「영화에 관한 사유의 1단계」

1) 예를 들어 루이 옐름슬레우의 경우 "Linguistique structurale", dans *Acta linguistica*, tome IV, 1944, pp. 5~11을 생각할 수 있다. 이 논문은 다음 책에 재수록되었다. *Essais linguistiques*, Copenhague: Nordisk Sprog og Kulturforlag, 1959, pp. 21~26. 이 책 25쪽에서 옐름슬레우는 음성언어가 도대체 어느 지점까지 또 어떤 의미에서 다른 기호학적인 시스템과 구별되는 특정 시스템이라고 판단해야 할지 매우 어렵다고 고백하고 있다. 따라서 더 심화된 연구를 필요로 한다고 끝맺는다.

2) *Cours linguistique générale*, p. 33.

3) Eric Buyssens, *Les langages et le discours*, Bruxelles: Office de publicité, 1943, pp. 13~14.

4) Charles Bally, "Qu'est-ce qu'un signe?", dans *Journal de psychologie normale et pathologique*, tome 36, n° 3~4, 1939, pp. 161~74, 특히 p. 165. 우리 책에서는 (이야기하고자 하는 의도 없이 말해지는 어떤 대상을 가리키는) 지표의 문제에 관해서는 전혀 생각하지 않기로 한다. 물론 지표의 문제는 더 많은 사고를 요구한다. 지표 유형은 일종의 징후이다. 익히 알려진 것처럼 의학 분야에는 그만의 '기호학'이 있다.

5) André Martinet, "Arbitraire linguistique et double articulation", dans *Cahiers F. de Saussure*, tome 15, 1957, pp. 105~16, 특히 p. 109.

6) Eric Buyssens, *Les langages et le discours*, Bruxelles: Office de publicité, 1943, p. 61. 뷔상스는 벨기에 도로 표지판과 법령을 공포하는 왕령을 비교하면서 그 구조에서는 완전히 다른 두 랑가주이지만 같은 것을 말한다고 설명한다. 즉 두 랑가주 모두 이전의 생각을 상정하는 것이다.

7) Gustave Guillaume, "Psycho-systématique et psycho-sémiologie du langage", dans *Le français moderne*, 21, n° 2, 1953, pp. 127~36, 특히 p. 127.

8) *Revue internationale de filmologie*, n° 32~33, janvier-juin 1960. 이 글에서 요약하기에는 너무 압축적인 글이므로, 여기에서는 한 가지 점만 짚고 넘어가기로 한다. 최근 발표된 바르트의 논문 "L'imagination du signe", dans *Arguments*, n° 27~28, 1962, pp. 118~20에서 보면, 그는 점점 더 기표와 기의를 연구하는 순수 언어학에서 멀어지는 듯하다. 반면 그는 기호학의 범주를 확장하여 통합체와 시스템의 개념을 정의하는 데 주목하고 있다. 이러한 맥락에서 바르트는 '영화 랑가주'를 구성하는 더 넓은 영역 속에 유사성의 지위를 포함시키는 방향으로 선회했을 것이라고 유추해볼 수 있다.

9) *Le cinéma ou l'homme imaginaire*, Paris: Éditions de Minuit, 1956.

10) *Diogène*, juillet 1961.

11) 정확히 이 부분과 관련해서 장-루이 코몰리 Jean-Louis Comolli가 미트리의 주장에 반박한 것을 반영하여 1971년 개정판에 각주를 붙여 보완하고 있다.

12) Éditions du Cerf, 1955, p. 25, note 1.

13) Préface (pp. 5~10) de *L'univers filmique*(collectif), Paris: Flammarion, 1953. "La structure de l'univers filmique et le vocabulaire de la filmologie" (*Revue internationale de filmologie*, n° 3~4, octobre 1948, pp. 243~61.

14) "Le caractère de 'réalité' des projections cinématographiques" dans *Revue internationale de filmologie*, n° 3~4, octobre 1948, pp. 243~61.

15) "L'impression de réalité au cinéma; les phénomènes de croyance", dans *L'univers filmique*, Paris: Flammarion, 1953, pp. 33~45.

16) *Le cinéma ou l'homme imaginaire*, Paris: Éditions de Minuit, 1956, p. 145.

17) "Théâtre et cinéma", dans *Esprit*(juin et juillet-août 1951). *Qu'est-ce que le cinéma?* 제2권(1959), pp. 69~118에 재수록. Passage considéré: p. 100.

18) *De la compréhension*, "Problèmes actuels du cinéma et de l'information visuelle", 1959(*Cahiers de filmologie*, P. U. F.), vol. II, pp. 63~77에 재수록.

19) "Activité ou passivité du spectateur", dans *L'univers filmique*, Paris: Flammarion, 1953, pp. 47~58.

20) "L'acte perceptif et le cinéma", dans *Revue internationale de filmologie*, n° 13, avril-juin 1953.

21) *L'art du roman américain*(1948) 중 영화에 관해 쓴 부분. 이 글은 인류학자 피에르 레르미니에 Pierre L'herminier의 책에 재수록되었다. *L'art du cinéma*, Seghers, 1960, pp. 145~52. '대리 경향'에 관한 정의는 p. 146.

22) *Problèmes du cinéma et de l'information visuelle*, P.U.F., 1961.

23) "L'évolution du langage cinématographique." 이 논문은 다음 세 글을 모아 편집한 것이다. *Cahiers du cinéma*, I, 1950; dans *Vingt ans de cinéma à Venise*, collectif, 1952; *Age nouveau*, n° 93, 1955; Tome I de *Qu'est-ce que le cinéma?*

(Éditions du Cerf, 1958), pp. 131~48. Passage considéré : p. 132.

24) 영화와 표의문자 사이의 관계는 상당히 복잡하고 광대하기 때문에 이 글에서 영화적인 표의 특성과 관련된 특정 형태에 관해서만 언급한 바로는 충분치 않다. 이 주제에 관해서는 필자의 책 『랑가주와 영화』의 「영화와 표의적 특성」 장을 참조하기 바란다.

25) 이 글에서 참조한 책은 프랑스어 번역본이다. Pierre L'herminier, *L'art du cinéma*, Seghers, 1960, p. 208.

26) *Ciné-œil*, 1924. 이 글은 다음 책에서 프랑스 번역본으로 실렸다. *La critique cinématographique*(15 avril 1937).

27) *Cinéa-ciné pour tous*, 1926. 페스쿠르와 부케의 논문 이외에 '순수 영화'를 비슷한 이유로 비판하면서 같은 주제를 심도 있게 관찰한 다음 논문도 참고하기 바란다. Lionel Landry, "Formation de la sensibilité", dans *L'art cinématographique*, Alcan, n° 72, 1927, pp. 51~81.

28) *Qu'est-ce que le cinéma?*, tome I, Éditions du Cerf, 1958, pp. 132, 136, 140, 148.

29) "Montage 1938", repris dans *Réflexions d'un cinéaste*(Moscou : Éditions en langues étrangères), pp. 67~105. "Word and Image", dans *The film sense*, Édition Jay Leyda, pp. 3~65.

30) "L'évolution du langage cinématographique", p. 133. 가공되지 않은 이미지와 영화 시나리오 사이에 세번째 심급에 해당하는 은유적이고 '보완적인 중계자'가 개입된다.

31) *Op. cit.*, pp. 126~29.

32) 이후 편집 원칙에 관한 좀더 전문화되고 심화된 분석들이 등장한다. 특히 다음 두 글을 참조하기 바란다. Noël Burch, *Praxis du cinéma*, Gallimard, 1969 ; Jean-Paul Fargier, "Le processus de production du film", *Cinéthique*, n° 6, 1970. 이 논문에서 파르지에는 '텍스처texture 내부의 연결'이라는 새로운 유형을 제시했다.

33) "Le film et le monde", dans *Les temps modernes*, mars 1951, pp. 1701~1708.

34) *Film als Kunst*, Berlin : Rowohlt, 1932.

35) *Les fondements de l'art cinématographique*, tome I, Éditions du Cerf, 1960.

제2장 「영화 이론의 실제적 문제들」

36) *Orson Welles*(Paris : Chavanne, 1950, p. 57) ; *Qu'est-ce que le cinéma?*(Paris : Éditions du Cerf) ; *Ontologie et langage*, 1958 ; "Montage interdit", pp. 117~29 (Repris dans *Cahiers du cinéma*, 1953 et 1957) ; "William Wyler ou le Janséniste de la mise en scène", pp. 149~73(Repris de la *Revue du cinéma*, 2ᵉ série, n° 10~11, 1948) ; "L'évolution du langage cinématographique", pp. 131~48 (Refonte de trois textes antérieurs parus respectivement dans les *Cahiers du*

cinéma, I, 1950; dans *Vingt ans de cinéma à Venise*, collectif, 1952; et dans *Age nouveau*, n° 93, 1955).

37) 이들의 작품에 등장한 몽타주 기법의 부활에 관해서는 다음 논문을 참조하기 바란다. 이 논문은 필자의 책 『영화의 의미작용에 관한 에세이』 제1권에 수록되었다. "Le cinéma moderne et la narrativité", *Cahiers du cinéma*, n° 185, décembre 1966.

38) 이 주제에 관해서 다음 논문을 참조하기 바란다. 이 논문은 필자의 책 『영화의 의미작용에 관한 에세이』 제1권에 수록되었다. "Le cinéma: langue ou langage?", *Communications*, n° 4, 1964.

39) 이 부분과 관련해서 다음 논문을 참조하기 바란다. Albert Laffay, "Le récit, le monde et le cinéma", *Logique du cinéma*, Paris: Masson, 1964, pp. 51~90.

40) '추론'이라는 표현은 루돌프 아른하임이 이미 사용한 바 있다. *Film als Kunst*, Berlin: Rowohlt, 1932, p. 121.

41) *Theory of the film*, Londres: Dennis Dobson, 1952, p. 126.

42) 공간에 민감한 현실과 달리 편집은 항상 실망스러운 면모를 포함하고 있다.

43) *Le langage cinématographique*, Paris: Éditions du Cerf, 1955, pp. 152~53. 카메라 움직임은 결코 필수불가결한 요소는 아니지만 가끔씩 편집 작업보다 더 표현적일 수 있다.

44) *Logique du cinéma*, pp. 94~97(Repris d'un article intitulé "Le cinéma subjectif", *Les temps modernes*, n° 34, 1948).

45) Jean Leirens, *Le cinéma et le temps*, Paris: Éditions du Cerf, 1954, pp. 38~39; Barthélémy Amengual, "Le je, le moi, le il au cinéma", *Image et son*, 1950; Marcel Martin, *Le langage cinématographique*, pp. 35~36. Jean Masarès, "Cinéma et psychologie", *Les temps moderne*, n° 45, juillet 1949, pp. 149~64(Sur *La dame du lac*, pp. 153~55); 모리스 메를로-퐁티 역시 일반적으로 주관적 이미지에 관해서 유사한 의견을 피력한 바 있다. *Le cinéma et la nouvelle psychologie*, 1945년 3월 13일 이덱에서 개최한 컨퍼런스 발표(Repris dans *Sens et non-sens*).

46) "Les films à la première personne sonore et l'illusion de réalité au cinéma", *Revue du cinéma*, 2e série, n° 4, janvier 1947, pp. 32~41.

47) Jean Leirens, *Le cinéma et le temps*, p. 57을 참조하기 바란다.

48) *Logique du cinéma*, p. 71.

49) 특히 Jean-Pierre Chartier와 Albert Laffay의 연구를 들 수 있다. Albert Laffay, *Logique du cinéma*, 주관적 이미지에 관해서는 pp. 73~85, 94~97, 105~108.

50) *Réflexion faite*(Paris: Gallimard, 7e éd., 1951), pp. 137~61. 이 저서에서 르네 클레르는 본인이 20년 전에 쓴 글에 대해 언급하고 있다.

51) Londres: Georges Newnes, 1929, dans la série "The Filmcraft", traduit par Ivor Montagu; 이탈리아 번역본 역시 알려져 있다. *Film e fonofilm*(traduction

Umberto Barbaro, éd. Bianco e Nero), 소리와 말에 관해서는 제4권을, 비동시성에 관해서는 이탈리아 번역본 pp. 192, 194, 200을 참조하기 바란다.

52) Marcel Pagnol은 "Deuxième manifeste"에서 우스꽝스러운 사례를 많이 소개하고 있다. "Cinématurgie de Paris", *Cahiers du film*, 15 décembre 1933.

53) *Film als Kunst*, pp. 282~91, "Parallelismus und Kontrapunktik" et pp. 291~302, "Asynchronismus."

54) *Ibid.*, pp. 282~83.

55) *Ibid.*, pp. 282~83.

56) *Ibid.*, p. 283.

57) 알베르 라파이도 같은 입장이었다. "Bruits et langage", *Logique du cinéma*, pp. 38~42. 영화의 말과 일상의 말은 같은 특성을 지닌 반면, 연극의 말과는 다르다.

58) 미켈 뒤프렌이 일상언어에서 의미작용과 표현의 관계에 대해 면밀히 분석한 사실은 이미 잘 알려져 있다. 뒤프렌이 영화를 언급하지는 않았으나 그의 연구는 미트리나 라파이의 연구와 일맥상통함에는 틀림없다. *Phénoménologie de l'expérience esthétique*, tome I(*L'objet esthétique*), Paris: P. U. F., 1953, p. 175.

59) 이 표현은 메를로-퐁티가 이미 인용한 컨퍼런스에서 처음 언급한 이후 장 마사레스, 마르셀 마르탱 등에 의해 보편화되었다.

60) *Esquisse d'une psychologie du cinéma*. Première parution dans *Verbe*, 1940, II-8; Tiré à part: Gallimard, 1946; Repris pour constituer le chapitre "Cinéma" du *Musée imaginaire*(dans *Psychologie de l'art*); Reproduit dans le recueil de Marcel L'Herbier, *L'intelligence du cinématographique*, Corréa, 1945, pp. 372~84. Passage cité ici: pp. 380~81.

61) 이 주제와 관련해 여러 학자의 공통된 의견을 접할 수 있다. Robert Bresson, *Ecran français*, novembre 1946, Barthélémy Amengual, *Présence et évocation au cinéma*, Alger, éd. Travail et Culture, 1951; Henri Agel, *Le cinéma*, Paris: Casterman, 1954, pp. 121~22; Albert Laffay, *Logique du cinéma*, pp. 46~49.

62) *Theory of the film*, pp. 252~53.

63) *Logique du cinéma*, p. 79.

64) *Ibid.*, p. 81.

65) Dans *Esprit*, avril 1936, et dans les *Cahiers de l'I.D.H.E.C*, n° 1, 1944; Reproduction d'une conférence intitulé *La musique dans le film*. 두번째 논문은 1946년 7월 3일 *Ecran français*에 재수록되었다.

66) Pierre Schaeffer, "L'élément non-visuel au cinéma", *Revue du cinéma*, 2e série, n° 1, octobre 1946, pp. 45~48; n° 2, novembre 1946, pp. 62~65; n° 3, décembre 1946, pp. 51~54.

67) 일찍이 루돌프 아른하임이 이 주제에 관해 언급한 바 있다. *Film als Kunst*, p.

265. 많은 이론가가 소리는 이미지에 볼륨을 선사하며 일종의 3차원을 형성한다고 말했다. 다음 저서를 참조하기 바란다. Werner Schmalenbach, "Dialogue et bruitage dans le film", *Cinéma d'aujourd'hui*, Suisse: Éd. des Trois Collines, 1946, pp. 99~113; Claude-Emile Rosen, "Le bruit", *Revue d'Esthétique*, 1955, tome 8, n° 2, pp. 157~70.

68) *Theory of the film*, p. 216.

69) 루돌프 아른하임의 경우 전체 성향이 그러했으며, 그 제자 중 한 명인 데브릭스는 더욱 분명히 이와 같은 입장을 견지했다. *Les fondements de l'art cinémato-graphique*, Paris: Éditions du Cerf, 1960. 앙리 에젤의 경우 색의 문제에서만 이와 같은 입장을 표명했다. *Le cinéma*, p. 159.

70) Intervention au *Symposium sur les effets du film en fonction des techniques nouvelles*, Sorbonne, février 1955; Repris dans *Revue internationale de filmologie*, n° 20~24, 1955, pp. 92~95. Passage cité: p. 93.

71) "Colour and meaning", 3e partie de *The film sense*(1942), pp. 113~53 dans l'édition globale *Film form + The film sense*, édition Jay Leyda, New York: Harcourt Brace, 1957; et "La couleur au cinéma ou le cinéma en couleurs?", texte de 1940 recueilli dans *Réflexion d'un cinéaste*, Moscou: Éditions en langues étrangères, 1958, pp. 124~29.

72) 에이젠슈테인과 장 미트리는 이 개념을 영화에 적용하면서 동일한 생각을 했다. 더 일반적인 의미에서 이 개념은 현대 구조주의에서도 자주 설명된다. 그중 특히 클로드 레비-스트로스와 롤랑 바르트를 들 수 있다.

73) Jean Germain, "La musique et le film", *L'univers filmique*, Flammarion, 1953, pp. 137~55; Eisenstein, "Form and content: practice", 4e partie de *The film Sense*, pp. 157~216.

74) "Georges Méliès et la première élaboration du langage cinématographique", *Revue internationale de filmologie*, n° 1, juillet-août 1947, pp. 23~30. Passage cité: p. 24.

75) "Théâtre et cinéma", *Esprit*, juin 1951 et juillet-août 1951; Repris dans *Qu'est-ce que le cinéma?*, tome II(*Le cinéma et les autres arts*, 1959), pp. 69~118.

76) "Les grands thèmes de l'écran", *Revue du cinéma*, n° 12, avril 1948, pp. 3~19. 영화는 공간을 묘사하거나 관통하는 데에는 적합하지만 공간을 닫거나 경계를 짓는 데에는 능숙하지 못하다. Repris dans *Logique du cinéma*, pp. 115~35.

77) "Personnages"(chapitre VI, pp. 137~55, de *Logique du cinéma*, reprise des *temps modernes*, 1948). "Bruits et langage"(chapitre II, pp. 31~49). 영화의 말이 지니는 자연스러운 면모에 관해서는 pp. 38~42.

78) 알베르 라파이도 같은 의견을 공유하고 있다. *Logique du cinéma*, p. 13.

79) Étienne Souriau, Préface(pp. 5~10) de *L'univers filmique*(collectif), Flam-

marion, 1953. "La structure de l'univers filmique et le vocabulaire de la filmologie"(*Revue internationale de filmologie*, n° 7~8, pp. 231~40.

80) "Personnages", *op. cit.*, p. 143.

81) "Théâtre et film"(Préface de l'ouvrage *Le film de la Duchesse de Langeais*, Paris: Grasset, 1942).

82) *Esprit*, 1937.

83) *Phénoménologie de l'expérience esthétique*, Paris: P. U. F., 1953, tome I(*L'objet esthétique*), p. 60.

84) *Op. cit.*, chapitre III, pp. 51~90, "Le récit, le monde et le cinéma."

85) Albert Laffay, *Logique du cinéma*, pp. 61~62.

86) *Logique du cinéma*, pp. 51~90.

87) *Le cinéma et le temps*, Éditions du Cerf, 1954, pp. 17~23.

88) 『영화의 미학과 심리학』 제1권 참조.

89) *Film als Kunst*, pp. 219~20.

90) *Mercure de France*, juin 1962; Diogène, juillet-septembre 1961("Cinéma et langage").

91) Christian Metz, "Les sémiotiques ou sémies(À propos de travaux de Louis Hjelmslev et d'André Martinet)", *Communications*, n° 7, 1966, pp. 146~57. plus spécialement: pp. 154~56.

92) chapitre 22(pp. 155~67) de *Prolégomènes à une théorie du langage*, Paris: Éditions de Minuit, 1968(éd. originale en danois, 1943).

93) 재현된 것과 표현된 것의 구분은 미켈 뒤프렌의 저서를 참조하기를 바란다. *Phénoménologie de l'expérience esthétique*.

제2부 다양한 기호학적 문제에 관하여
제3장 「영화의 편집과 담화」

94) "Georges Méliès et la première élaboration du langage cinématographique", *Revue internationale de filmologie*, n° 1, juillet-août 1947, pp. 23~30. Passage cité: p. 24.

95) André Malraux, "Esquisse d'une psychologie du cinéma", *Verve* II, 8(1940). Reproduit in *L'Intelligence du cinéma*, recueil constitué par Marcel L'Herbier (Paris, 1945), pp. 372~75.

96) *Theory of the film*, Londres, 1952, pp. 30~31.

97) *Le cinéma ou l'homme imaginaire*, chapitre III, Paris, 1956, pp. 55~90.

98) *Esthétique et psychologie du cinéma*, tome I, Paris, 1963, pp. 269~79.

99) "Montage 1938", in *Iskusstvo Kino*, Moscou, janvier 1939. Repris dans *Réflexions d'un cinéaste*(Moscou, 1958), pp. 67~105. Passage cité: p. 86.

100) "L'unité organique et le pathétique dans la composition du *Cuirassé Potemkine*", in *Iskusstvo Kino*, Moscou, juin 1939. Repris dans *Réflexions d'un cinéaste*, pp. 57~67.

101) *On film technique*, Londres, 1929. D'après le recueil de Pierre L'Herminier, *L'art du cinéma*, Paris, 1960, p. 197.

102) In *Cinéa-ciné pour tous*, France, n° du 1er janvier 1924.

103) *Film als Kunst*, Berlin: Rowohlt, 1932, pp. 133~34. 이 부분에서 아른하임은 '부차적인 표현수단'이라는 표현을 쓰면서 카메라 움직임을 무시하는 것처럼 보인다. 하지만 p. 110에서는 편집을 향한 맹목적인 열광을 비판하고 있다.

104) *Theory of the film*, Londres, 1952, pp. 139~42.

105) Surtout dans *Cinematografo*, Rome, 1939, et dans *Cinque capitoli sul film*, Rome, 1941.

106) Surtout dans *Film, soggetto e sceneggiatura*, Rome, 1939.

107) *A Grammar of the Film*, Londres, 1935.

108) *Il linguaggio del film*, Milan, 1947.

109) *Cahiers du cinéma*, Paris, numero de juin 1958.

110) *Cinéma 64*, Paris, n° 91, décembre 1964, p. 77.

111) *Logique du cinéma*, 책 전체를 참조하기 바란다. 직접적으로 연관된 부분은 "Le récit, le monde et le cinéma", pp. 51~90.

112) *Esthétique et psychologie du cinéma*, tome I, Paris, 1963, pp. 119~34.

113) *Ibid.*, p. 138.

114) *Esthétique et psychologie du cinéma*, tome I, Paris, 1963, pp. 149~57, 165~80.

115) *Film als Kunst*, pp. 57~110.

116) "Rhétorique de l'image", in *Communications*, n° 4, Paris, 1964, pp. 40~51. Passage cité: p. 47.

117) "L'évolution du langage cinématographique", *Qu'est-ce que le cinéma?*, tome I, Paris, 1958, pp. 131~48; *Orson Welles*, Paris, 1950, p. 57.

118) *Esthétique et psychologie du cinéma*, tome II, Paris, 1965, pp. 9~28. Plus spécialement, pp. 21~22.

제4장 「영화 분석에 관한 몇 가지 방법론」

119) Louis Hjelmslev, "La stratification du langage", *Word* 10, pp. 163~88(Repris in *Essais linguistiques*, Copenhague: Nordisk Sporg og Kulturforlag, 1959, pp. 36~68). Passage cité: pp. 49~50.

제5장 「디제시스 영화에서의 구두점과 경계 표시」

120) *Esquisse d'une psychologie du cinéma*, Première parution dans *Verbe*, 1940,

II-8; Tiré à part: Gallimard, 1946; Repris pour constituer le chapitre "Cinéma" du *Musée imaginaire*(dans *Psychologie de l'art*); Reproduit dans le recueil de Marcel L'Herbier, *L'intelligence du cinématographique*, Corréa, 1945, pp. 372~84. Passage cité: p. 377.

121) *Theory of the film*, Londres: Dennis Dobson, 1952, tout le chapitre 3, pp. 30~32("A new form-language").

122) *Le cinéma*, Paris: Casterman, 1954, 2e éd., 1963, p. 73.

123) "Les embrayeurs, les catégories verbales et le verbe russe", U.S.A.: Harvard University, 1957; Repris in *Essais de linguistique générale*, Paris: Éditions de Minuit, 1963, pp. 176~96. Passage cité: p. 178.

124) Lille: Éd. Taffin-Lefort, 1947, p. 6.

125) *Les langages et le discours*, Bruxelles: Office de publicité, 1943, chapitre VI-A, pp. 49~52.

126) *Le langage cinématographique*, Paris: Éditions du Cerf, 1955, p. 80.

127) Étienne Fuzellier, *Cinéma et littérature*, I.D.H.E.C. 강의, 1957년 책으로 발행, pp. 11~40. 차후에 좀더 상세한 설명과 함께 같은 제목의 저서로 출간되었다(Paris: Éditions du Cerf, 1964).

128) *Esthétique et psychologie du cinéma*, tome I, Paris: Éditions Universitaires, 1963, p. 157.

129) *Esquisse d'une psychologie du cinéma*, p. 379.

130) *Grammaire cinégraphique*, p. 63.

131) *Le langage cinématographique*, pp. 77~78.

132) 마르셀 마르탱이 페이드인·아웃과 관련하여 설명한 바 있다. *Le langage ciné-matographique*, p. 79.

133) "Copule zéro et faits connexes", *Bulletin de la société de linguistique de Paris*, tome XXIII, 1922.

134) "Le verbe et la phrase nominale", pp. 253~81 dans *Mélanges de philologie de littérature et d'histoire ancienne offerts à J. Marouzeau*, 1948(Reprise d'une communication à l'Académie du Danemark, 1946).

135) Jean Mitry, *Esthétique et psychologie du cinéma*, tome I, pp. 395~96; Bianka et René Zazzo, "Niveau mental et compréhension du cinéma", *Revue internationale de filmologie*, n° 5, p. 33; Edgar Morin, *Le cinéma ou l'homme imaginaire*, Éditions de Minuit, 1956, pp. 126~27; Paul Fraisse et G. de Montmollin, "Sur la mémoire des films", *Revue internationale de filmologie*, n° 9, 1952, pp. 37~69, surtout 44~45, etc..

136) *Le langage cinématographique*, pp. 78~79.

137) *Le langage cinématographique*, Paris: Éditions Ligue Française de l'En-seignement, 1962, pp. 56~57.

138) *Le langage cinématographique*, pp. 80~85.

139) *Theory of the film*, pp. 143~44.

제3부 유사성의 전과 후
제9장 「특수 기법과 영화」

140) "Les grands caractères de l'univers filmique", contribution à *L'univers filmique* (collectif), Flammarion, 1953, pp. 11~13. Passage cité: p. 19.

141) *Theory of the film*, Londres: Dennis Dobson, 1952, p. 144.

142) *Theory of the film*, p. 143.

143) "Technique et idéologie", *Cahiers du cinéma*, n° 231, 1971, p. 47.

144) Georges Sadoul, "Georges Méliès et la première élaboration du langage cinématographique", *Revue internationale de filmologie*, n° 1, juillet-août 1947, pp. 23~30.

145) *Entretiens autour du cinématographique*, recueillis par André Fraigneau, Paris: Éditions André Bonne, 1951, pp. 126~38.

146) Georges Sadoul, "Georges Méliès et la première élaboration du langage cinématographique", *Revue internationale de filmologie*, n° 1, juillet-août 1947; Edgar Morin, *Le cinéma ou l'homme imaginarie*, Paris: Éditions de Minuit, 1956, pp. 57~63; Jean Mitry, *Esthétique et psychologie du cinéma*, Paris: Éditions Universitaires, tome I, 1963, pp. 271~79.

147) "Rhétorique de l'image", *Communications*, n° 4, 1964, pp. 40~51.

148) *Cinéma et idéologie*, Paris: Éditions Sociales, 1971.

제4부 기호학자가 말하는 기호학
제10장 「크리스티앙 메츠와 레몽 벨루르 간의 영화 기호학에 관한 대담」

149) "Spécificité des codes et spécificité des langages", *Semiotica I*, 4, 1969, pp. 370~96.

150) Raymond Bellour, "*Les oiseaux* de Hitchcock: analyse d'une séquence", *Cahiers du cinéma*, n° 216, octobre 1969, pp. 24~38.

ㄱ